111 GRÜNDE, MAINZ 05 ZU LIEBEN

AF648028

Mara Pfeiffer & Christian Karn

111 GRÜNDE, MAINZ 05 ZU LIEBEN

Eine Liebeserklärung an den großartigsten Fußballverein der Welt

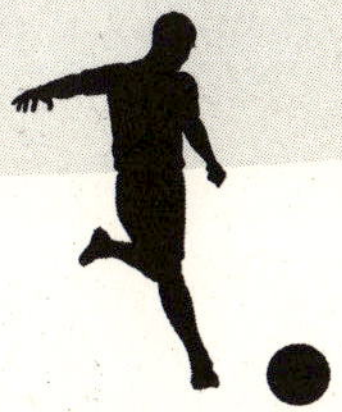

WIR SIND DER ZWÖLFTE MANN, FUSSBALL IST UNSERE LIEBE!

Ein Leben lang Rot-Weiß

VORWORT

Die Ursprungsfassung dieses Buches ist im Herbst 2019 sechs Jahre alt. Quasi ein Schulkind – und in dieser Zeit ist im Verein auch ähnlich viel passiert, wie das bei einem Menschen bis zur Einschulung der Fall ist. Eine erste kleine Überarbeitung der 111 Originalgründe fand im Jahr 2015 statt und wurde vom Autorenduo gemeinsam getätigt, für diese nun vorliegende dritte Auflage hat die Autorin erneut zart den Korrekturstift angesetzt, um die Texte auf den neuesten Stand zu bringen. Dafür waren viele »damals«, »ehemalige« und »dereinst« nötig, außerdem etliche kurze Absätze, um unsere Texte zu aktualisieren.

Wie bei den ersten 111 Gründen, so ist es auch mit dieser Überarbeitung und den elf neuen Herzbewegungsbeschreibungen unmöglich, Vollständigkeit zu erzielen. Liebe, auch die zum Verein, war, ist und bleibt individuell und die 111+11er Liste würde jede*r anders fassen. Der Fokus lag deshalb diesmal darauf, die Jahre seit dem ersten Erscheinen abzubilden und Lücken zu füllen, die unsere Erzählung hatte, weil diese Entwicklungen darin fehlten.

Viele weitere Gründe wären möglich gewesen und hätten es verdient, erzählt zu werden. Sei es die großartige Aktion der aktiven Szene zur Spielansetzung samstags um halb vier, bei der am Bruchweg auf dem Platz und den Rängen eine unvergleichliche Sause stattfand. Seien es Spieler wie Niko Bungert, die unseren Verein in den letzten Jahren mitgeprägt haben, sowie die intensivere Auseinandersetzung mit noch weiteren Köpfen, die in Verantwortung für den Club in der neuen Geschichte hinzugekommen sind. Oder sei es die absolut famose Arbeit der Fanabteilung, deren Entstehung hier bloß gestreift wird, auf die wir in Mainz aber sehr stolz sind. Und wie unglaublich wichtig waren die aktuellen Kämpfe um den

Klassenerhalt, war das Festhalten an Martin Schmidt, als es richtig eng wurde, war überhaupt der Schweizer Coach? Auch der Ausflug einiger Mitglieder der Szene nach Liverpool, wo Kloppo aus der Ferne den Zusammenhalt der 05er beschwor, geht als wunderbar und unverzichtbar in die neuere Vereinsgeschichte ein.

Diese 111 Gründe können, auch in ihrer Erweiterung, nur einen kleinen Teil dessen abbilden, was diesen Verein für uns alle so besonders macht. Und ist das nicht eigentlich schon wieder ein weiterer Grund dafür, Mainz 05 zu lieben?

Mara Pfeiffer

1. KAPITEL

MEHR ALS EIN MAINZER KANN EIN MENSCH NICHT WERDEN

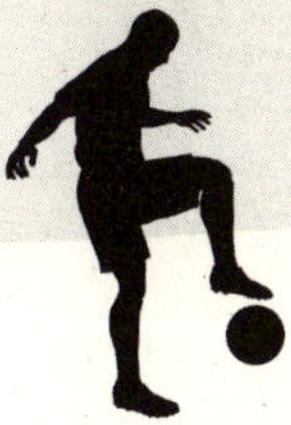

GRUND 1

Weil wir nur ein Karnevalsverein sind

»Ihr seid nur ein Karnevalsverein, Karnevalsverein, Karnevalsverein« – ab und zu hört man das heute noch. Meistens kommt es von den Bayern, was in der Regel ein dezent gegähntes Lederhosenlied herausfordert, Auge um Auge, Nerv um Nerv, denn auch das weiß inzwischen jeder. Wirklich jeder.

Unsere Generation, die Generation des Autorenduos, geboren in den späten 1970ern, kam an den Bruchweg, bevor es hip wurde, in Mainz Fußball zu gucken. Die ersten von uns haben noch die Oberligaspiele auf der staubigen Gegengerade gesehen und waren froh über vierstellige Zuschauerzahlen. Die meisten kamen nach dem Zweitligaaufstieg 1990 dazu, als es am Bruchweg noch nach Bier, Kippen und Schinken-Käse-Stangen von der Brezelbude roch und die Gesänge des harten Kerns nicht zitierfähig waren. Was alle konnten bis auf die Nummer soundso des Gegners, das möchten wir hier lieber nicht verraten: Minderjährige könnten mitlesen.

Wir haben in der zweiten Bundesliga gegen den Abstieg gekämpft, unsere Helden trugen Schnauzbart – und Fußballspielen konnten die wenigsten. 4000 Zuschauer wurden normal. Dann kam mal wieder ein neuer Trainer, der Visionär Wolfgang Frank, ließ uns zum ersten Mal von der Bundesliga träumen und verdoppelte das Publikum. Unter Jürgen Klopp wurden die Zuschauerzahlen fünfstellig. Und immer hörte man aus dem Gästeblock das gleiche Lied: »Ihr seid nur ein Karnevalsverein, Karnevalsverein, Karnevalsverein!«

Das war ernst gemeint, ohne eine Spur von Ironie, denn in der Zeit, aus deren Geist der Gesang geboren wurde, gab es keine Ironie in den Fußballstadien. Es war das letzte Aufbäumen der Hooligans der 1980er, die sich bald von den Antifaschisten und Punks verdrängt sahen, die wiederum von den ersten Ultras abgelöst wurden.

Dazwischen: Wir. Die von unseren Opas, Vätern oder Schulfreunden ins Stadion mitgenommen wurden und mit unserer jugendlichen Euphorie, unserer Abenteuerlust, mit dem vagen und natürlich vollkommen abwegigen Gefühl, gegen das Establishment – was auch immer wir dafür hielten – zu rebellieren, etwas Verruchtes zu tun, immer öfter hingingen. Um den einzigartigen Duft des Bruchwegs einzuatmen. Um uns an den Fluggrätschen und Flugkopfbällen Jürgen Klopps zu berauschen, über Thomas Zampachs wehende blonde Haare zu staunen, um den gegnerischen Vierer, Fünfer oder Sechser niederzumachen. Und um uns über das Karnevalslied zu ärgern, denn Ironie kannten wir noch nicht.

Zehn Jahre später kam das Internet, kamen erste 05-Foren. Die Furchtloseren unter uns, die sich früh an dieses unerhört neue Medium heranwagten, stellten bald fest: Wir sind nicht alleine im Stadion. Es gibt in unserer Generation, aber auch unter den Älteren, unter den nachwachsenden Jüngeren, so viele Gleichdenkende, -fühlende, -fiebernde! So entwickelte sich parallel zur Evolution, zur Weiterentwicklung unseres Vereins, auch eine ganz neue Fanszene, eine ganz neue Stimmung im Stadion.

Dass wir nur ein Karnevalsverein sind, hatten wir schon ein paar Jahre vorher auch selbst zu singen begonnen. Und zwar mit Stolz in der Stimme, mit einem ganz eigenen Selbstbewusstsein, das die ursprüngliche Schmähung mit unseren eigenen Inhalten füllte, nicht nur dem Gegner die Munition klaute, sondern eine ganze Generation prägte, die plötzlich einfach anfing, das unerschöpfliche Repertoire der Fastnacht ins Stadion zu übertragen.

»Olé, olé, Fiesta, Fiesta hier am Rhein«[3] – der Gassenhauer der Mainzer Hofsänger wurde zum Soundtrack großer und glücklicher Siege. Gegnerische Missgeschicke, kläglich vergeigte Elfmeter ebenso wie banale Steilpässe ins Seitenaus, verspotten wir seither mit »Helau«-Rufen, und wenn wirklich alles gegen uns läuft, trösten wir textsicher uns selbst und unsere Buben auf dem Platz mit unserer größten Fastnachtshymne, dem Manifest der Mainzer: »Am Rosenmontag bin ich geboren, am Rosenmontag in Mainz am Rhein! Bis Aschermittwoch bin ich verloren, denn Rosenmontagskinder müssen närrisch sein!«[4] Nach und nach hat's jeder kapiert; bis auf die Bayern.

Aber diese Geschichte, die Geschichte unserer Generation, ging weiter. Unsere Mannschaft wurde immer besser und hatte nichts davon, verpasste 2002 aus eigener Doofheit und 2003 unter tragischsten Umständen den Aufstieg – und wer weiß, was passiert wäre, hätte der Karnevalsverein in diesen Jahren nicht den großen Volksredner Jürgen Klopp zum Trainer gehabt. Der in den Stunden der schwersten Niederlagen immer wieder die passenden Worte fand, um uns Fans noch enger aneinander, an die Mannschaft, an den Verein, unseren Verein zu binden. Uns das unersetzliche Gefühl zu geben, etwas Besonderes zu sein, etwas Besonderes zu erleben. Die absolute Gewissheit, dass hier in Mainz, hier bei Mainz 05, Dinge passieren, die es nirgendwo sonst auf der Welt gibt. In dieser goldenen Ära unseres Vereins, in den Jahren vor und nach dem 100. Jubiläum, wurde Mainz 05 viel mehr als ein Fußballverein für uns. Wir *sind* der Verein und der Verein ist unsere Familie. Eine Familie, aus der wir unendlich viel Kraft ziehen. Die immer für uns da ist, für die wir immer da sind.

Das war das Selbstverständnis, das dahinter steckte, als 2004 unzählig viele Mainzer zu unserem ersten Bundesligaspiel nach Stuttgart fuhren. In konservativen Schätzungen ist von 8000 Fans die Rede, es könnten auch über 10.000 gewesen sein – und die Stuttgarter staunten. Sportlich waren wir beim VfB überfordert, aber das Gesamterlebnis Mainz 05 wurde schon an diesem ersten Spieltag als Bereicherung für die Liga wahrgenommen. Weil die ganze Stadt mitgefahren ist. Weil eben keine Horde Jugendlicher in den Krieg zog. Weil alle dabei waren, Vater, Mutter, Kind, Oma, Opa, alle in Rot, alle eingefügt in eine homogene Einheit, zahlreich und positiv. Wir haben uns in der gesamten Untertürkheimer Kurve häuslich eingerichtet mit Rücksicht auf die Gastgeber, haben die Mainzer

Fahne im fremden Stadion gehisst, ohne die heimische Flagge zu verbrennen. Genauso war's in Berlin, auf Schalke, bei den Bayern, beim HSV und in Dortmund. Wir waren viele und wir hinterließen einen derart guten Eindruck, dass wir augenblicklich ehrenhalber in den Europapokal komplementiert wurden.

Knapp zehn Jahre später war diese große Zeit der Besonderheiten vorbei und vieles normal geworden. Spiele gegen den VfB Stuttgart sind inzwischen nicht mehr per se Feiertage, wir haben uns an sie gewöhnt. Nach der traurigen Rückrunde der Saison 2012/13 mit nur zwei Siegen mussten wir uns die Frage stellen lassen, ob es überhaupt 111 Gründe gebe, Mainz 05 zu lieben, und ob wir unser Buch nicht lieber *111 Gründe, Mainz 05 geliebt zu haben* nennen wollten.

Aber die Sommerpause hatte kaum angefangen, da fehlte uns schon wieder etwas. Sicherlich nicht sofort die tatsächlichen Fußballspiele. Aber unsere Familie. Die vielen Freunde und Verwandten, die wir nur durch Mainz 05 gefunden haben, die wir erst ein paar Wochen später beim ersten Vorbereitungsspiel zur neuen Saison wieder treffen würden, auf irgendeinem Sportplatz irgendwo im Landkreis. Sie sind der erste Grund für unsere Liebe. Einhundertzehn weitere folgen.

GRUND 2

Weil hier noch jeder einzelne Fan zählt

In der Sommerpause 2013 konnte man diese Feststellung auch zynisch verstehen: Vor und zu Beginn der damals fünften aufeinanderfolgenden Saison in der 1. Liga schien im erweiterten Fanumfeld der eine oder die andere ein wenig satt zu sein in Sachen Stadionbesuch – oder vielmehr in Sachen Dauerkarte. Irgendwie nicht weiter verwunderlich, gehörten doch die Zeiten, in denen die Chance, ein paar Spiele am Bruchweg zu sehen, für Nicht-Dauerkartenbesitzer prozentual knapp oberhalb des Gefrierpunktes lagen, inzwischen schon eine Weile der Vergangenheit an. So weh das im Stadion auch manchmal tut, aber der Kapazitätsunterschied zwischen dem alten Schmuckkästchen und der neuen Arena liegt eben bei fast 14.000 Plätzen – da ist natürlich eine Wachstumskurve über die nächsten Jahre eingerechnet. Und so kommt es, dass bei Spielen gegen gemeinhin als weniger attraktiv empfundene Gegner auch mal nur um die 27.000 der 34.000 Tickets verkauft werden, was wiederum zur Folge hatte, dass der Verein im Vorfeld zur Saison 2013/14 die Werbetrommel für die Dauerkarten heftig rührte. Dabei wurde niemand geschont: Spieler, Trainer, Stab – alle posierten vor der Foto- oder Videokamera, um teils sehr treuherzig zu erklären: »Samstag? Hab ich was vor!«

Dass in Mainz noch jeder einzelne Fan zählt, gilt aber glücklicherweise auch abseits solcher Werbeaktionen und lässt sich vor allem an der Art und Weise ablesen, wie Spieler und Vereinsverantwortliche mit den Anhängern umgehen: Die ist mit dem herrlich altertümlichen Begriff »volksnah« prima beschrieben. Autogrammwünsche an einen Spieler, der länger bei keinem offiziellen Termin war? Trainingskiebitze werden nach der absolvierten Einheit freundlich und geduldig bedient. Dringende Fotowünsche, auch nach einer fiesen Niederlage der Buben? Kein Spieler, der sich dem Gang durch die Fantraube nicht stellt und tapfer in die Handykameras der Anhänger lächelt. Spät- oder Sonntagsspiele schauten sich Ex-Manager Christian Heidel & Co. weiland auch gerne mal in der Stadionkneipe »Hasekaste« an, und strahlten dabei alles andere als Unnahbarkeit aus. Etliche Spieler der 05er tummeln sich in sozialen Netzwerken, aber nicht (nur), um diese als Werbeplattform zu nutzen, sondern um den Dialog mit ihren Fans zu pflegen. Und kommt doch einmal der Vorwurf auf, der Verein distanziere sich von seinen Anhängern, reagieren die Verantwortlichen prompt – und verpassen dem Stadionfest bewusst das Motto »Fannähe«; das damit gegebene Versprechen wird dann auch mit Leben gefüllt.

All diese Kleinigkeiten vermitteln im Gesamtbild eine tief empfundene Nähe zwischen Mainz 05 und seinen Fans, die intensiv gelebt wird und der häufig zitierten Formulierung des »familiären Vereinsumfeldes« recht gibt.

Das war zum Ende der Saison 2012/13 nicht nur bei der sehr emotionalen, beinahe wochenlangen Verabschiedung von Andreas Ivanschitz zu spüren, dessen Abgang kummervoll begleitet wurde, sondern auch, als Elkin Soto von seiner Heimatstadt Manizales als »Sportler des Jahres« geehrt wurde. Dafür nämlich bedankte sich der Kolumbianer in einem emotionalen Beitrag auf seiner Facebook-Seite beim Mainzer Umfeld, woraufhin wiederum der Spieler von einer Welle der Dankbarkeit und Sympathie durch seine Fans umspült wurde. Kein Wunder also, dass in Mainz bei so viel Nestwärme über die Jahre Spieler aus allen Ecken der Welt bestens integriert wurden.

GRUND 3

Weil wir keine Tradition haben, davon aber jede Menge

Es ist schon komisch, wie unsere Freunde aus Fürth auf ihren drei Meisterschaften 1914, 1926 und 1929 herumreiten. »Ihr wart noch nie Deutscher Meister«, haben sie uns mal zugerufen. »Ihr doch auch nicht«, haben wir gedacht, »allerhöchstens eure Urgroßväter« – und ein »Ihr wart noch nie Südwestmeister« zurückgeschossen, damit Ruhe ist. Anno 1927 haben wir mal 0:8 in Fürth verloren, was damals normal gewesen sein mag, aber wen interessiert denn, was 1927 war?

Zugegeben: Es ist noch nicht lange her, da mussten wir Mainzer uns auch auf Zeiten berufen, in denen die Zeitungen schwarz-weiß waren, wenn wir schwärmen wollten. 1953 haben wir den FCK geputzt, 5:2! 1981 waren wir Amateurmeister; oder war das 1982? Ja, da guckt ihr! Da gähnt ihr? Na gut, auch zugegeben: So toll ist das nicht.

Wolfgang Frank war's, der uns vor rund 25 Jahren – und an dieser Stelle zucken die Autoren zusammen: Ist das wirklich schon so lange her? Tatsächlich! – mit seinen unerhörten Ideen aus dem Museum gezerrt hat. Und uns klar gemacht: Den FCK mal abgeschossen zu haben, anno Steinzeit, das ist ja schön und lustig, aber habt Ihr denn gar keine größeren Ambitionen, als von vergangenem Glanz zu reden, um das Gewürge am unteren Rand der 2. Liga zu rechtfertigen?

In die Bundesliga hat Frank uns nicht gebracht, dafür fehlte ihm die Geduld. Sein Schüler Jürgen Klopp war es, der Franks Ideen umgesetzt, Thomas Tuchel, der sie fortgeschrieben, Sandro Schwarz, der daran angeknüpft hat. Alle haben uns in diesen knapp 25 Jahren einen Höhepunkt der Vereinsgeschichte nach dem nächsten geschenkt: Den ersten Aufstiegsversuch seit 1973, erste ausverkaufte Spiele, Zweitliga-Startrekorde und unseren eigenen Torschützenkönig. Dann, nach einer der größten sportlichen Tragödien des Vereins, einen Zusammenhalt, wie man ihn selten erlebt hat im Fußball. Schließlich im soundsovielten Anlauf tatsächlich, echt und in Farbe den Aufstieg in die 1. Liga. Auswärts-Völkerwanderungen mit Massen, die wenige Jahre zuvor bei Heimspielen undenkbar gewesen wären. Eine Europapokal-Teilnahme durch Zufall, drei qua Tabelle, einen Bundesliga-Startrekord – und was nicht alles!

Beim Autor dieses Buches hängt im Flur das 11-Freunde-Poster vom Grünwalder Stadion mit einem Regionalliga-Ticket von 2003, Bayern-Amateure gegen die der 05er: Das war das erste Mal überhaupt, dass eine 05-Mannschaft in einem Ligaspiel dem ruhmreichen FC Bayern begegnet ist (und dank der Tore von Claudius Weber gegen Schweinsteiger, Trochowski und Misimović 2:2 gespielt hat). Thomas Tuchel war dann ein paar Jahre später tatsächlich der einzige Bundesligatrainer mit einer positiven Bilanz gegen die Bayern-Profis – drei Siege, ein Remis, zwei Niederlagen. Unsere

Vorfahren mussten von so etwas noch träumen – wir haben es erlebt. Wir waren dabei! Und sind es noch.

Wir haben aus dem Gästeblock heraus ganze Kurven erobert und zum Jubiläum den Tabellenführer gestürzt. Wir waren in Eriwan, Reykjavík, Sevilla und, wenn's auch keiner zugeben mag, irgendwo in Siebenbürgen und auf dem Peloponnes. Wir waren dabei, als unsere Buben Manuel Neuer in seinem letzten Heimspiel für Schalke sechs Stück eingeschenkt haben (von denen die Hälfte sogar gezählt hat) und als uns Aristide Bancé (auch gegen Neuer? Tatsächlich!) ins Pokal-Halbfinale geschossen hat. Oder als der kleine Shawn Parker beim Startelf-Debüt die Eintracht in ihrem eigenen Stadion versenkt hat, was sicher nicht weniger aufregend war als die drei Treffer von Karl-Heinz Wettig damals, 1953, gegen den FCK, die wir eben nur vom Hörensagen kennen. Und wir sind gespannt, was als nächstes kommt! An dieser Stelle hören wir natürlich die Stimmen aus den Staubecken, die uns gerne wieder in die unteren Ligen schicken würden, »wo wir ja hingehören«, wie sie behaupten. Weil wir den Traditio-ho-honsclubs, den armen, ihre angestammten Plätze wegnehmen. Kaiserslautern, Hertha, 1860, Braunschweig, die Alten, die früher mal wichtig waren, ab und an wieder auftauchen, vielleicht wirklich wieder groß werden, das seien die Vereine, die man in der Bundesliga sehen wolle – nicht Mainz, Freiburg oder Augsburg. Komisch eigentlich, dass keiner die Bochumer vermisst, mit ihren 34 Erstligajahren.

Man kann es eben nicht wegdiskutieren, dass der Größenwahn der 1970er in Mainz einen tiefen Einschnitt in die Vereinsentwicklung gehauen hat – und das absolut selbst verschuldet. Dass Mainz 05 deswegen binnen weniger Jahre zweimal komplett neu aufgestellt werden musste. Das war nicht schön, es war auch nicht einfach, es hat sehr viel Zeit gekostet – und dazu geführt, dass vieles vergessen wurde.

Dass Mainz 05 zwischen den beiden Weltkriegen regional eine ganz große Nummer war zum Beispiel, mehrmals in der Süddeutschen Meisterrunde vertreten, mit einem vereinseigenen 12.000-Zuschauer-Stadion, das in Spitzenspielen gegen Nürnberg, Fürth oder die Frankfurter Clubs regelmäßig ausverkauft war. Ein Stadion, das 1937 allerdings, als die Nazis Mainz 05 wegen des jüdischen Hintergrunds nach Kräften drangsalierten, beschlagnahmt und abgerissen wurde – und nein, wir wollen uns lieber nicht ausmalen, was in den Nachkriegsjahren sonst hätte möglich werden können – vielleicht wären *wir* heute der VfL Bochum.

Dass Mainz 05 jahrzehntelang nicht abgestiegen ist, wird auch gerne vergessen, der Verein hat bis zur Gründung der Bundesliga durchgängig erstklassig gespielt. Dass man nur durch die Ligareform in die 2. Liga und wegen der Pleite in die 3. Liga musste – und dass 1983 und 1984 zweimal Platz acht in der 3. Liga die schlechteste Platzierung in der gesamten 114-jährigen Geschichte ist, der 1989er-Abstieg aus der 2. Liga der erste (sportliche) seit 1938 war. Und der 2007er aus der 1. Liga der erst fünfte insgesamt – andere bringen so etwas in nur fünfzehn Jahren fertig. Auch daran, dass Mainz 05 selten ganz oben dabei war, aber fast immer dicht dahinter, schielen viele gerne vorbei.

Aber das ist sie, unsere Geschichte – die wir inzwischen, da alles andere wieder einigermaßen stabil ist, nach und nach wiederentdecken. Die uns daran erinnert und davon erzählt, wo wir herkommen, wie wir entstanden sind und uns entwickelt haben, wer die Mainzer Helden waren und warum. Interessanter bleibt aber dennoch, was – siehe oben – als nächstes kommt.

So viel steht fest: Wir werden es erleben.

GRUND 4

Weil Mainz 05 ist und 05 Mainz

10. August 2002. Berlin-Köpenick, Alte Försterei. Vielleicht das komplizierteste Auswärtsspiel, das Mainz 05 je erlebt hat. 97 Tage ist es her, dass wir dort unter hässlichen Umständen den Aufstieg verpasst haben. Die Mittelfinger der Berliner Spieler vor der 05-Trainerbank und die feixenden gegnerischen Fans sind uns in Erinnerung geblieben. Weniger als 100 Tage nach diesem Drama müssen wir am ersten Spieltag der neuen Saison mit einer umgebauten Mannschaft direkt wieder zu Union Berlin – und niemand kann einschätzen, wie die Spieler reagieren werden, wie mit der Situation umgehen.

Nach 36 Minuten gibt es Elfmeter für Mainz 05, direkt vor den tobenden Union-Fans. Andrey Voronin schießt und trifft. Danach zeigt er der Berliner Kurve lange das 05-Logo auf seiner Brust. »Sie haben drei Monate über uns gelacht«, erklärt der Torjäger nach dem Auswärtssieg. »Jetzt wollte ich ihnen zeigen, dass wir wieder angreifen. Wir sind Mainzer.«[5]

Wir sind Mainzer. Andrey hat's begriffen, er hat es formuliert und ausgesprochen, dieses identitätsstiftende Mantra, so simpel – und doch so bedeutungsvoll. Wir sind Mainzer. Lineal raus, unterstreichen. Das ist wichtig: *Wir sind Mainzer.*

Mit einer »Krone der Schöpfung«-Einstellung hat das nichts zu tun. Als Mainzer hat man es nicht leicht, man macht es den Leuten nicht leicht und macht es sich selbst nicht leicht. Wir haben als Resultat unserer turbulenten 2000-jährigen Geschichte Komplexe, von denen andere nicht mal etwas ahnen. Aber wir beherrschen den Spagat zwischen der Aufrechterhaltung eigener Traditionen und Weltanschauungen auf der einen Seite und dem Anpassen an Situationen auf der anderen. Das ging schon bei der Gründung los; eigentlich wollten die Römer an der Mündung des Mains nur ein

Militärlager bauen, um die Rheingrenze gegen die Germanenvölker zu sichern, die prompt die Gleichung »Soldaten = Geld« aufstellten, und eben dieses Geld haben wollten – ruckzuck hatte das Lager deshalb eine Kneipe und ein Bordell vor der Tür. Und als der Kommandant eines Morgens aus seinem Zelt schaute, sah er ein: Das ist kein Lager mehr, das ist eine Stadt. Also fing er an, den Krempel eben zu verwalten, um den Sold, den seine Truppen verprassten, wenigstens als Steuern wiederzubekommen. So macht man das.

Und in diesem Schmelztiegel der Kulturen, der »Völkermühle Europas«, vermengten sich von da an der römische Feldhauptmann, die blonde Germanin, der jüdische Gewürzhändler, der katholische Klosterbruder, der schwedische Reiter, der Soldat Napoleons, der desertierte Kosak, der Offizier aus Wien, des Teufels General womöglich und noch eine ganze Reihe anderer Gestalten, die über die Jahrhunderte hier hängen blieben, zu Mainzern.[6]

Die nur kurz lachen, wenn sie lesen, wie der englische Schriftsteller Terry Pratchett seine Scheibenwelt-Metropole Ankh-Morpork damit kokettieren lässt, dass sie nie erobert worden sei, nie im Sinne von ständig. Nur, dass die Eroberer jedes Mal nach ein paar Tagen feststellen mussten, dass ihre Pferde und ihre Waffen gar nicht mehr ihnen gehörten – tja, denken sich die Mainzer da, so haben *wir* es *wirklich* gemacht!

Mainz, die uralte Residenzstadt, Regierungssitz des Reichskanzlers, des zweitwichtigsten Manns der mittelalterlichen deutschen Länder, und höchste Stellvertreterin Roms innerhalb der katholischen Kirche, war ja ab der Französischen Revolution ständig besetzt von irgendwem – von Franzosen oder Österreichern erobert, von den Preußen zu Klump geschossen – und hat einfach alle assimiliert. Hat, wie die Borg, die Maschinenwesen aus den Star-Trek-Serien, Besonderheiten all dieser Besatzer und Überrenner den eigenen hinzugefügt, Widerstand war zwecklos. Nur, dass es eben nicht durch Zwang geschehen ist, sondern viel subtiler, viel schleichender. Die Fremden verjagen, das kann jeder; zumindest kann es jeder probieren. Die Mainzer aber tragen schon immer Sorge dafür, dass die gar nicht mehr weg wollen – und eines Tages einfach keine Fremden mehr sind, eines Tages mit vollendeter Überzeugung selbst zu echten Mainzern werden. Und der Dom in seiner gnadenlos heterogenen Architektur spiegelt den vieldimensionalen Mainzer Stammbaum ebenso wider wie das kreuz und quer gebaute Stadion am Bruchweg.

Wir sind Mainzer – und ob Andrey wirklich so weit gedacht hat, darf bezweifelt werden. Aber Andrey war Torjäger, und die sollen bekanntlich (Klischeeschublade auf) nicht denken, Torjäger sollen einfach machen – wodurch sie sich wiederum vorzüglich dazu eignen, Mainzer zu sein. Denn wir denken bisweilen auch nicht groß nach, dafür sind wir viel zu pragmatisch, viel zu aktionistisch, viel zu holterdiepolter. Was beispielsweise dazu führen kann, dass nach einer Trainerentlassung gar kein Nachfolger eingestellt wird, sondern die nahezu untrainierbare Mannschaft das einfach alleine regeln soll. Jener in die Jahre gekommene, verletzte Führungsspieler, der es geregelt hat, hat übrigens inzwischen mit Liverpool die Champions League gewonnen …

Wir sind Mainzer, gerade in der Führungsebene des Vereins, in der man bis zum großen Umbruch ab 2016 kaum jemanden fand, der außerhalb der Sichtweite des Doms aufgewachsen war. 05-Präsident a.D. Harald Strutz ist der Sohn des ehemaligen Präsidenten Walter Strutz. Die damaligen Vize Peter Arens und Karl-Heinz Elsäßer schreiben »05er seit Jahrzehnten« ins Jahrbuch, Ex-Manager Christian Heidel »05er seit Geburt«. Ihre Nachfolger in der neuen Struktur haben schnell gelernt, wie Mainzer ticken – nicht zuletzt, weil mit Stefan Hofmann und Eva Maria-Federhenn langjährige 05er darunter sind. Es bleibt also dabei: *Wir sind Mainzer*.

Das ist der Vorteil, wenn man unter Druck aufgewachsen ist, eingekeilt zwischen Eintracht Frankfurt im Nordosten und dem 1. FC Kaiserslautern im Südwesten, die zwischen der Gründung der Bundesliga und ihrem gemeinsamen Abstieg 33 Jahre Zeit hatten, ihre regionalen Claims abzustecken. Die Grenze zwischen den beiden Platzhirschen verlief in den 1970ern, 1980ern, 1990ern quer durch Mainz hindurch, von wo aus viele 05er aus Gewohnheit nebenher zum FCK oder zur Eintracht fuhren – Bundesligafußball in der eigenen Stadt war ja undenkbar! Mainz 05 konnte niemals ein Flächenverein werden wie die beiden lokalen Konkurrenten. Aber wir haben uns längst emanzipiert von den großen Nachbarn, haben uns freigeschwommen in der Region. Wir haben gerade auf unserer Rheinseite dem FCK große Territorien abspenstig gemacht. Und doch konzentriert sich die Fanbasis auch weiterhin vor allem auf die Stadt, das unmittelbare Umland. Dadurch bleiben Lokalkolorit und Mainzer Mentalitäten im Verein bestehen: *Wir sind Mainzer.*

Und wir wissen, wie man diese Karte ausspielt.

So bestellte Christian Heidel potenzielle Neuzugänge zu seiner Zeit nicht etwa ans Stadion, sondern holte sie am Frankfurter Flughafen ab und fuhr mit ihnen am Spätnachmittag über die herrliche, viel zu profan benannte Theodor-Heuss-Brücke über den Rhein direkt in die Innenstadt. Noch vor dem rechtsrheinischen Wiesbadener Stadtteil Mainz-Kastel erhaschten die künftigen 05er von einer Anhöhe den ersten kurzen Blick auf die Stadt im Rheintal. Auf der Brücke, über dem glitzernden Strom, erblickten sie rechts die mächtige Kuppel der Christuskirche im Licht der untergehenden Sonne, daneben vielleicht die Bruchweg-Flutlichtmasten. Links die Domtürme, dahinter, auf der höchsten Erhebung der Stadt, die Stephanskirche, direkt voraus die Renaissance- und Barock-Prachtbauten der alten Residenzstadt. Die merkwürdige Verkehrsführung vermittelte den Eindruck, man würde gleich im Zeughaus parken; die eine oder andere Spielerfrau soll jedenfalls noch auf der Brücke entschieden haben, dass der Vertrag umgehend zu unterschreiben sei.

Wir haben etwas, das viele andere so nicht haben. Die klimpern nur mit Geld. Und wer das in den Vordergrund stellt, den wollen wir hier sowieso nicht.

GRUND 5

Weil der Bruchweg ein magischer Ort ist

Wer ganz genau hinhört, wenn in Mainz das Wort »Bruchweg« gesagt wird, bemerkt gleich – es gibt keine Möglichkeit, diesen Begriff hart auszusprechen oder banal; immer schwingt da eine Zärtlichkeit mit, die sich Fremden allerdings partout nicht erschließen mag. Die konnten entsprechend auch nicht nachvollziehen, wieso in Mainz nicht ausschließlich Begeisterung um sich griff, als die Bagger endlich ihre ersten Löcher für die neue Arena gruben – sondern auch jede Menge Wehmut darüber, ein echtes Zuhause zu verlieren.

Dabei war weder der Bruchweg die erste Heimspielstätte der Mainzer, noch war Mainz 05 der erste Hausherr am Bruchweg. Als die Vereinsmitglieder um ein Sechstel dezimiert aus dem Ersten Weltkrieg zurückkehrten – 26 von ihnen waren gefallen – war der 1910 eingeweihte, erste eigene Platz in einen Kartoffelacker umgewandelt worden, das Material der Tribünen und der Umzäunung unter Wert verkauft. Privatdarlehen der Mitglieder Eugen Salomon, Fritz Bauer und Wilhelm Müller machten es möglich, auf dem von der Stadt neu zugewiesenen, ehemaligen Exerzierplatz am Fort Bingen einen neuen Sportplatz anzulegen.[7] Bald waren hier 4000 Zuschauer keine Seltenheit, bei Spitzenspielen kamen durchaus auch mal 12.000 Fußballfans und drängten sich dicht an dicht im ausverkauften Rund.[8] Der Bruchweg wurde 1929, also zehn Jahre später, 500 Meter nördlich errichtet – als städtisches Stadion für Großveranstaltungen, mit einer Laufbahn, dem Hartplatz und einer unüberdachten Tribüne.

Im Sommer 1937 verloren die 05er ihr komplettes Gelände am Fort Bingen. Das Stadion wurde vollständig abgerissen, das Grundstück beschlagnahmt und mit einer Kaserne bebaut, die heute noch Teil des Universitätscampus ist. Die Fußballer kickten von da an auf dem Platz des TV 1817 an der Pariser Straße. Auch sportlich ging es bereits seit geraumer Zeit bergab – und so kurz vor Ausbruch des Zweiten Weltkrieges hatte der Sportverein mit jüdischer Vergangenheit auch noch mit ganz anderen Problemen zu kämpfen ... Nach langwierigen Verhandlungen und dank alter Verbindungen kam es schließlich 1938 zu einer Fusion des Vereins mit dem Reichsbahn SV Mainz zum Reichsbahn SV Mainz 05 – dem Fusionsverein wurde der Bruchweg zur Verfügung gestellt. Somit begann also die Ära in diesem Stadion durchaus unfreiwillig.[9]

Und unterbrochen natürlich, wie alles andere auch, von den Jahren des Krieges. Erst im September 1949 wurde der Bruchweg wieder für den Spielbetrieb freigegeben, zwei Jahre später folgte die Einweihung der Stehränge rund um den Hauptplatz. Bis die Haupttribüne überdacht wurde, vergingen weitere zehn Jahre – ab 1961 aber durfte hier wetterfest Fußball geschaut werden. Glatte zwei Jahrzehnte danach erfolgte 1981 die Überdachung der staubigen Gegengerade.

Mitte der Neunzigerjahre schließlich ward es am Bruchweg auch Licht – mit einem Freundschaftsspiel gegen Borussia Mönchengladbach wurde im Juli 1995 die neue Flutlichtanlage eingeweiht. Als zwei Jahre später der Aufstieg in die 1. Liga zum ersten Mal seit Jahrzehnten im Bereich des Möglichen lag, wurde der alte Bruchweg dank abermaliger Baumaßnahmen zum Profistadion: Fortan feuerten die Fans ihre Mannschaft von den neuen Stahlrohrtribünen hinter den Toren an.

Anfang der 2000er Jahre rückte die 1. Liga Saison um Saison in greifbare Nähe. Um auch die Spielstätte der Mainzer bundesligatauglich zu machen, wurden Gegengerade und Haupttribüne abgerissen und neu gebaut. Das Stadion fasste nun 18.700 Zuschauer – die kamen auch regelmäßig. Als der Aufstieg 2004 tatsächlich gelang, wurde deswegen erneut angebaut. Zwei Ecktribünen, auf denen die Fans bis zum Umzug in die Bretzenheimer Felder 2011 jahrelang Wind, Regen und Sonne gnadenlos ausgesetzt waren, erweiterten die Kapazität auf 20.300 – und ausverkauft war im Grunde immer. In der Coface Arena fanden zunächst 34.000 Zuschauer Platz, später wurde die Kapazität auf 33.305 reduziert. Auch das bleibt eine Zahl, die manchmal unbegreiflich erscheint, wenn man sich an die »guten alten Zeiten« erinnert, die doch noch gar nicht so lange her sind.

Böse Zungen behaupten, der Bruchweg sehe aus wie eine Wellblechhütte. Wer dieses Bild zeichnet, spricht freilich schon von den Zeiten mit Ecktribünen – und hat die großen Tage der alten Spielstätte vermutlich nicht miterlebt. Aber auch in der neueren Zeit wurde hier Geschichte geschrieben, und wurden viele Geschichten, die das heutige Selbstverständnis der Mainzer prägen, zu Ende gebracht. Einen Termin wie die Hundertjahrfeier mag man bewusst auf ein Spiel vor heimischem Publikum setzen können, dass aber sowohl der große, erste Aufstieg in die 1. Liga als auch die endgültige Gewissheit, nach drei Jahren zurück zu müssen in die Zweitklassigkeit, der verpasste Aufstieg im letzten Jahr unter Klopp und das erneute Aufstiegsglück mit Trainer Jørn Andersen allesamt auf heimischem Rasen passierten, trägt schon zur Magie bei, die den Bruchweg in unser aller Erinnerung umgibt.

Letztlich ist es mit diesem Stadion ein wenig wie mit den Zimmern, die man in seiner Kindheit und Jugend bewohnt: Vieles ist dort zum ersten Mal passiert, diese »Wände« haben uns dabei begleitet, wie wir erwachsen geworden sind. Einige Zeiten, die wir dort erlebt haben, sehnen wir allein deshalb zurück, weil sie vorbei sind, andere, weil sie wahr und gut und schön waren, wieder andere, weil damals noch mehr Chaos herrschte und Anarchie, und auch das (zumindest im Rückblick) auf seine Weise schön war und besonders; und ein ganz klein bisschen Nostalgie liegt sicher auch im Wissen darum, damals schon einen Zauber gespürt zu haben, dessen prickelnde Erkenntnis andere erst Jahre später ereilte.

GRUND 6

Weil wir die »Humba« erfunden haben

Am 27. Februar 1945 wurde die Mainzer Innenstadt gründlich in Schutt und Asche gebombt. Wer wissen möchte, wie es danach hätte weitergehen können, kann sich mal über Marcel Lods[10] informieren – wir wollen lieber nicht; uns wird schwindlig bei dem Gedanken. Statt Mainz nun, nach Lods' Vorstellungen, ohne Rücksicht auf Verluste als »die modernste Stadt der Welt« – eine funktionalistische französische Planstadt – wieder aufzubauen, lieber ohne einen Plan irgendetwas zu tun, mag nicht so wesentlich sinnvoller gewesen sein, es entspricht aber immerhin der Mainzer Wesensart.

Sieben Jahre später, die Stadt lag immer noch in Trümmern, sang zur Fastnacht der Dachdecker Ernst Neger (Annäherung zur einzig zulässigen Aussprache: »Ännst Nejschä« mit einem langen e und einem sehr weichen sch) das alte Fastnachtslied *Heile heile Gänsje*[11] um eine neue Strophe erweitert: »Wär' ich emol de Herrgott heit, dann wüsste ich nur eens: Ich nähm' in meine Arme weit mein arm' zertrümmert' Meenz. Ich streichelt' es ganz sanft und lind und sagt': Hab nur Geduld! Ich bau dich wieder auf geschwind, ei, du warst doch gar nit schuld. Ich mach' dich wieder wunderschön. Du kannst, du derfst nit unnergehn!« Der Saal war vollständig in Tränen aufgelöst, Ernst Neger augenblicklich unsterblich – und Mainz endlich wieder am Leben.

1955 begann die Fernsehfastnacht. 1964 brach der ganze Sendeplan zusammen, und verantwortlich war wieder Ernst Neger: Sein Lied *Das Humbta Täterä*[12], ein Gassenhauer über Blasmusik mit der wunderbaren Zeile »Und schießt bei uns der Sportverein am Sonntag mal ein Tor, steht alles auf dem Kopf, denn das kommt selten vor« war ein Riesenerfolg, das Publikum stand auf den Stühlen, verlangte die Zugaben im Dutzend, beruhigte sich erst nach einer Stunde wieder einigermaßen.

Wer sich schließlich das »Gebt mir ein H«-Spiel fürs Fußballstadion ausgedacht hat, darüber streiten sich die Gelehrten. Uns ist das letztlich egal, denn wir wissen, wer die ältesten Rechte daran hat.

Ernst Neger wäre 2009 hundert Jahre alt geworden. Vor dem Fastnachtsspiel gegen Hansa Rostock, ein paar Wochen nach seinem runden Geburtstag, bekam er von den 05-Ultras verdienterweise seine eigene Choreografie. Und als Einlauflied gab's ausnahmsweise *Das Humbta Täterä.*

GRUND 7

Weil unser Klaus auch die Gastmannschaften ansagte

»Hier in Mainz begrüßen wir den Schiedsrichter mit einem herzlichen Applaus. Wie wir ihn dann verabschieden, das entscheidet er selbst: durch seine Leistung.« Wenn dieser Satz jahrzehntelang fiel, konnte nur einer am Mikrofon stehen: Klaus Hafner. Der hat ein ungewöhnliches Silberjubiläum geschafft. Ab 1989 war er Stadionsprecher von Mainz 05, er hielt also 2014 seit 25 Jahren das Mikro für den Verein. Will heißen, er trug zuletzt natürlich ein Headset, denn wie so vieles haben sich auch Equipment und Arbeitsweise der »Stimme vom Bruchweg«, die dann bis 2019 die »Stimme der Coface bzw. Opel Arena« war, mit den Jahren professionalisiert.

Klaus Hafner bleibt auch oder gerade im Rückblick ein Unikat. Seine Art, im Stadion aufzutreten, hat Mainz 05 geprägt. Nicht nur sein Spruch über die Schiedsrichter war in seiner Art einmalig, auch die Tatsache, dass hier die gegnerischen Fans ihr Team selbst ansagen, ist ein echter Hafner. Darüber mag manch Gastfan lächeln oder spotten, doch das ficht in Mainz nun wirklich niemanden an; Hafner hat sich und den 05ern damit einen Namen gemacht. Und das spätestens, seitdem er beim Spiel gegen den SC Paderborn 2007/08 gar einen der 35 (vom Autor handgezählten) Fans der Auswärtsmannschaft ans Mikro holte – sein Name war Udo – um die Aufstellung zu verlesen. Dessen Brief wurde zwei Wochen später im Stadionheft der 05er abgedruckt: »So etwas ist in keinem anderen Stadion möglich. (…) Ich werde dieses Erlebnis in meinem Leben nicht vergessen.«[13]

Wenn in späteren Kapiteln dieses Buches bezüglich einiger Spieler die Aussage fällt, man habe das Gefühl, sie seien »schon immer da gewesen«, bleibt festzuhalten: Klaus Hafner war *tatsächlich* schon immer da. Und so selbstverständlich, wie er lange Zeit jedes Spiel vor mehreren Zehntausend präsentierte, hatte er früher einer Handvoll Fans die Spieler im Staub des Bruchwegstadions angesagt und dabei zur Stimmungsmache mit dem Kugelschreiber gegen sein Mikrofon geklopft: Klack-klack, klack-klack, klack-klack.

In gewisser Weise verkörpert Klaus Hafner die Entwicklung, die Mainz 05 über die Jahre durchgemacht hat, perfekt. Er trägt in sich die Nostalgie und Erinnerung an längst vergangene Zeiten, wirkte in den heutigen hin und wieder putzig oder zuletzt sogar etwas fehl am Platz, hatte sich aber auf der anderen Seite eben in diese neuen Zeiten prima hineinentwickelt, ohne zu vergessen, wo sein Weg angefangen hat. Und er trägt das Herz am rechten Fleck.

Es war für Mainz 05 in den Jahren ab dem ersten Aufstieg nicht immer eine leichte Aufgabe, das, was den Verein für Urfans im Kern ausmacht, beizubehalten – und sich gleichzeitig attraktiv für neue Fans zu präsentieren, die den Fußball teils eher als Event begreifen, denn als Herzensangelegenheit. Doch es war genau dieser Spagat, der Hafner am Mikro perfekt gelang: Und sei es nur, *weil* er eben schon immer da war (und man manchmal vermutete, er würde auch immer bleiben). Es mochte dabei sein Geheimnis sein, dass man sich ihm nicht entziehen konnte, es schlicht unmöglich war, ihn nicht wahrzunehmen – oder, hatte man ihn erst wahrgenommen, zu vergessen, dass es ihn gibt. Wer nur ein Mal dabei war, wenn er in voller Montur und mit variierendem Körpergewicht über den grünen Rasen tobte, ist im besten Sinne fürs Leben gezeichnet.

Die beinahe ungewollte Niedlichkeit, das allzu Sympathische, das Hafner verkörperte, war einigen Fans allerdings auch ein Dorn im Auge, gemeinsam mit der Legende der immer fröhlichen und freundlichen Mainzer. Weil sie befürchteten, so auf Dauer nicht ernstgenommen zu werden im Fußballoberhaus, sondern auf ewig bloß der putzige Zaungast mit Fastnachtskappe zu sein. Deswegen war der Stadionsprecher vor allem gegen Ende durchaus nicht unumstritten, musste sich hin und wieder sogar Schimpftiraden der eigenen Anhänger anhören – und das, was manche Gastfans nach Besuchen in Mainz über Hafner, der ihnen nichts als Respekt entgegenbrachte, ins Internet absonderten, gehört leider teilweise bereits in den Bereich der Beleidigung und Diffamierung.

Vielleicht zeigte sich genau hier seine größte Stärke: Derlei brachte Klaus Hafner nie aus der Ruhe. Es ist ohnehin schon schwer vorstellbar, dass er sich Artikel dieser Art je angeschaut hat, ganz sicher aber ist auszuschließen, dass ihn diese Art der Kritik an seiner Person in irgendeiner Form interessierte. Er wusste immer genau, dass es ein sehr spezielles Geschäft war, in dem er sich da bewegte, und man in diesem gewisse Dinge einfach abkönnen muss. So sehr er auf der einen Seite seinen Job im Stadion stets ernstnahm, so wenig nahm er andererseits sich selbst oder derlei Beschimpfungen ernst – und warum auch? Es klingt vielleicht zu einfach, am Ende aber war es sein eigener Erfolg, der ihm recht gab: Stichwort Silberjubiläum oder die »Fair-Play-Auszeichnung« des DFB 2012.

Und wenn es darauf ankam, konnte Klaus Hafner sich ohnehin darauf verlassen, die 05-Fans gesammelt hinter sich zu haben. Denn wie heißt es in der alten Odenwälder Heimat der Autorin so schön? »Wenn ich zu meiner Nervensäge ›Nervensäge‹ sage, dann heißt das noch lange nicht, dass du zu meiner Nervensäge auch ›Nervensäge‹ sagen darfst.« – Will heißen: Kritik üben am Urgestein der Stadionsprecher durften wir seinerzeit nur höchstselbst. Gegen Angriffe von außen haben wir ihn jederzeit mit gewetzten Messern verteidigt! Danke für alles, Klaus! Es war eine besondere Zeit.

GRUND 8

Weil bei uns auch der Kardinal ins Stadion ging

Es dürfte quer durch die Republik bekannt sein, dass wir Mainzer uns auf die Gnade des Fußballgottes nun wirklich nicht immer verlassen können. Göttlicher Beistand aber war uns von einer anderen Seite gewiss – zumindest immer dann, wenn der inzwischen verstorbene Mainzer Kardinal Karl Lehmann im Stadion war.

Soll doch der abgedankte Ministerpräsident Kurt Beck auf den Betzenberg fahren, am alten Bruchweg und in der neuen Arena in den Bretzenheimer Feldern war der von den Mainzern innig geliebte und 05-begeisterte Kardinal gern gesehener Gast. Und das nicht nur, weil die Grundstücke, auf denen das neue Stadion errichtet wurde, zuvor teilweise im Besitz der katholischen Kirche waren, die sie – anders, als eine Handvoll Bauern 800 Meter weiter – dem Verein tatsächlich verkaufte, damit der dort bauen konnte.

Im Oktober 2002 steht der Kardinal mit dem Doppelrad im Herzen beim Benefizspiel zugunsten des Mainzer Dombauvereins gegen den FCK in der Halbzeitpause sogar mal selbst auf dem Rasen – und versenkt nonchalant einen Elfmeter, worauf durchs Bruchwegstadion ein begeisterte Chor schallt: »Kardinal Lehmann, Fußballgott«. (Der »rote Teufel« Kurt Beck kann seinen Elfer übrigens nicht verwandeln.) Der Kick in jenem Herbst bleibt – auch hier zeigt sich die beiderseitige Verbundenheit zwischen Verein und Kirche – nicht der einzige zugunsten des Mainzer Doms. Als dieser im Jahr 2009 sein großes Jubiläum »1000 Jahre Willigis-Dom« feiert, kommen die Bayern zum Benefizspiel. Zwar räumen sie Mainz mit 0:5 ab (eine derart hohe Niederlage haben sie uns in der Liga erst in der Saison 2018/19 mit 0:6 in München zufügen können), aber was soll's?

Ergebnisse sind in derlei Spielen nicht nur grundsätzlich nebensächlich, sie werden es erst recht an einem Tag, der die Gelegenheit bietet, den Kardinal zu beobachten, wie er – obschon gesundheitlich angeschlagen – mit frohem Gesichtsausdruck durch den Spielertunnel im Inneren des Bruchwegstadions verschwindet, um in der Mixed Zone die Fragen der Journalist*innen zu beantworten.

GRUND 9

Weil hier nicht ausgeschlossen ist, dass die höchsten Feste tatsächlich allesamt auf einen Tag fallen

Es ist der heiligste Feiertag in Mainz: der Rosenmontag. Am Rosenmontag ist man auf der Gass' – oder schließt sich an einem sicheren Örtchen ein. Dazwischen gibt es nichts. Es ist zwar bezeugt, dass Auswärtige bis zu zwei Jahre in Mainz leben können, ohne von der Existenz des Rosenmontags etwas mitzubekommen, aber die müssen bei der Assimilation schlichtweg übersehen worden sein. So wichtig sind der Rosenmontag und der Rosenmontagszug (nicht Umzug!), dass der Tag in diesem kurzen Absatz schon fünfmal erwähnt worden ist – und frühere Generationen der Mainzer für ihr Straßenbahnnetz speziell angefertigte Triebwagen kaufen mussten: Die Oberleitungen hingen hier höher als in anderen Städten, um in der Augustinerstraße den fastnachtlichen Motivwagen nicht im Weg zu sein.

Auf den Fußball hatte der Rosenmontag seit jeher eher schädliche Auswirkungen. Bereits aus den ersten Jahren der 05er sind plötzliche Leistungseinbrüche in der Fastnachtszeit belegt. Um die Jahrtausendwende entwickelte sich daraus der »Fastnachtsfluch«, also der größtmögliche Ergebnismist an just diesem Wochenende. Wobei genauere Überprüfungen irgendwann ergeben haben: Das Ärgerlichste an den Fastnachtsspielen ist, dass es sie gibt – das war früher nämlich nicht so.

1998 beginnt der Fastnachtsfluch da, wo (fast) jede Mainzer Misere ihren Ursprung hat: Am Fürther Ronhof, wo Torwarttrainer

Stephan Kuhnert zwischen den Pfosten aushelfen muss – und sich prompt in der harmlosesten Situation des ganzen Spiels den Ball selbst ins Netz legt. Neun Jahre lang wechseln sich von da an zur Fastnacht Niederlagen und Remis ab. Spaß hat dabei niemand – außer dem Gegner.

Dass der Rosenmontagszug ausfällt, ist selten: 1991 aufgrund des Golfkrieges, 2016 findet er »wegen Wetter« erst im Mai statt. 2002 sollten wir ihn doppelt sehen: »Wenn wir aufsteigen«, sagt Christian Heidel irgendwann im Laufe der Saison 2001/02, »gibt es eine Fete, die alles Dagewesene in den Schatten stellt. Dann lassen wir den Rosenmontagszug nochmal durch Mainz laufen.«[14] Kurz vorm letzten Spieltag stellt sich heraus: Der meint das ernst! Sämtliche Logistik ist erledigt, 1500 Aktive der Fastnachtsvereine stehen parat. »Nicht die gleiche Größenordnung wie am Rosenmontag«, sagt der inzwischen verstorbene Zugmarschall Ady Schmelz[15] – aber immerhin. Nur, dass aus dem Aufstieg bekanntermaßen nichts wird, also auch der Zug nicht durch die Stadt läuft … Den echten Rosenmontagszug haben die 05er verpasst, weil sie am gleichen Tag in Hannover spielten – ungewöhnlich, denn in der Regel konkurriert das Fastnachtsspiel mit der freitäglichen Fastnachtsfernsehsitzung *Mainz bleibt Mainz, wie es singt und lacht.*

2003 – und in der Tat drei Tage nach einem 1:1 gegen St. Pauli (Punktgewinn!) – fahren Spieler und Offizielle zum ersten Mal geschlossen auf einem Wagen mit und sind anschließend ganz baff, wie viele glückliche Fastnachter im 05-Trikot sie am Straßenrand sehen. 2004 sind sie nicht dabei, 2005 ist es dann fast unvermeidlich: Zum ersten Mal feiert der Mainzer Carneval-Verein als Ausrichter mit dem alljährlichen Zugplakettchen – dem kleinen Plastikfastnachter, der massenhaft verkauft wird und die Finanzierung des Zugs sichert – nicht sich selbst, sondern gratuliert einem anderen Verein zum Jubiläum: den 05ern. Die Mainzer Närrinnen und Narrhallesen haben in diesem Jahr 50.000 Kicker im roten Heim- oder blauen Auswärtstrikot und der Irokesenfrisur des Aufstiegshelden

Michael Thurk am Band um den Hals hängen. Der einzige nicht satirische Motivwagen zeigt den Erfolgstrainer Jürgen Klopp mit Zauberstab – in den Medien wird Klopp dank seiner neuen Brille seit Wochen mit Harry Potter verglichen. Der echte Klopp fährt mit seinen Kickern weit vorne mit – Zugnummer 12, begeistert gefeiert von den meisten der 600.000 Menschen an der Zugstrecke, trotz der vorangegangenen 0:3-Niederlage gegen Hertha BSC. Selbst Hanno Balitsch, dem der Mainzer Frohsinn nach Niederlagen bekanntermaßen zutiefst suspekt ist (was zu einer schnellen Vereinsflucht führt), gesteht hinterher: »Das war schon ein tolles Erlebnis. Es war beeindruckend, wie die Leute hier den Verein und die Mannschaft feiern, trotz der vergangenen Wochen, in denen es nicht so gut lief.«[16]

Dass im Frühjahr 2006 in der Zeitung steht, der MCV wolle durch den Verkauf der Zugplakettchen das neue Stadion finanzieren, ist allerdings ein Aprilscherz. Gefährlich, denn wer die Mainzer kennt, weiß: Über die Fassenacht lacht mer nit, die Fassenacht is' e' ernst' Sach'!

GRUND 10

Weil wir nicht wissen, wie man kapituliert

Ein größerer Schock ist im Fußball wohl schwer vorstellbar als der, der den 05ern am 25. Mai 2003 die Beine weggezogen hat. Die Bayern mit ihrem »Sekundentod von Barcelona« sollen schön still sein: Die Champions League mag zwar größer sein als die 2. Liga, aber sie haben die Gegentore wenigstens selbst kassiert. Die 05er aber standen längst im Kreis auf dem Rasen, das Telefon in ihrer Mitte, und konnten sich nicht wehren bei Frankfurts sechstem Tor gegen Reutlingen: Jenem Tor also, das sie – drei Minuten nach Saisonende – doch noch vom Aufstiegsplatz schubste.

Jetzt aber, am 26. Mai 2003, steht Jürgen Klopp auf einer Bühne vorm Mainzer Staatstheater. Ihm gegenüber, überlebensgroß und in Bronze gegossen, der größte Sohn der Stadt, Johannes Gensfleisch, genannt Gutenberg, der sich wohl ernsthaft Sorgen zu machen beginnt, ob er diesen jahrhundertealten Status noch viel länger verteidigen kann. Denn Klopp hebt an zu sprechen: »Gestern hab ich mir ja noch überlegt, für was ist das alles gut. Und mir ist es eingefallen, für was das gut ist. Irgendjemand hat entschieden, dass irgendwann mal gezeigt werden muss, dass man tatsächlich einmal, zweimal, dreimal, vielleicht sogar viermal hinfallen kann und immer wieder aufstehen kann, und er hat gedacht, es gibt keine bessere Stadt dafür! Oder sagt mir bitte eine Stadt, sagt mir eine Mannschaft, sagt mir irgendwelche Fans auf der Welt, die in der Lage wären, nach so einem Schmerz, wie wir es letztes Jahr hatten, so eine Saison zu spielen wie die letzte, nach so einem Schmerz, wie wir ihn gestern hatten, so eine Saison zu spielen wie die nächste – es gibt keinen anderen Verein außer Mainz 05!«

Egal, wie groß die Katastrophen sein mögen – und es ist ein weites Feld von »Fuß gebrochen« über »Job verloren«, »Freundin weggelaufen«, »gegen Freiburg aus dem Pokal geflogen« bis hin zu »Haus abgebrannt« – wer an diesem Tag dabei war, wer unter den zig Tausend Menschen stand, die dem großen Volksredner Klopp damals zugehört haben, hat eins gelernt: Wie man danach wieder aufsteht.

Und wer damals noch nicht dabei war, der kriegt es eben beigebracht. Wenn das ganze Stadion vor jedem Heimspiel singt, das man »never alone walken« wird (und dass Kloppo 1995 seine Diplomarbeit über das Walken geschrieben hat, dafür kann nun wirklich niemand was), dann klingt diese Hymne hier ganz anders, als in allen anderen Stadien der Welt; dann drückt das seit 2003 genau diese Mentalität aus.

GRUND 11

Weil wir auf dem Theaterbalkon feiern

Am 5. Mai 2002 fehlte Mainz 05 genau ein Punkt, um in die 1. Liga aufzusteigen, am 25. Mai 2003 war es noch ein Tor. Doch dann, am 23. Mai 2004, als die Vorzeichen um so viel schlechter stehen als in den beiden Jahren zuvor, gelingt, woran in jener Saison doch niemand so richtig zu glauben gewagt hat: der Aufstieg.

Um das unfassbare Gefühl auszudrücken, das sich in uns allen über drei endlose Zweitligaserien aufgebaut hatte, braucht es am Ende nur ein Wort, aus einer Kehle, nämlich der des Erfolgstrainers: »Jaaaaaaaaaaaaaaaaaaa!«, schreit Jürgen Klopp vom Theaterbalkon und die Fans – es sollen um die 30.000 gewesen sein – johlen und lachen und tanzen und klatschen und freuen sich sprichwörtlich wie bekloppt: Besser hätte man es nicht ausdrücken können.

Es muss uns nach dem Abpfiff, nach dem ersten glückstrunkenen Tumult auf dem Rasen des Bruchwegs niemand sagen, wohin wir gehen sollen, weil die Stadt uns magisch anzieht. Ob es (auch) an dem Wunsch liegt, das Trauma der Vorsaison zu überwinden, als Tausende Fans den Nichtaufstieg auf dem Theaterplatz an der Großleinwand verfolgt haben – schwer zu sagen. Vielleicht liegt es aber einfach daran, dass wir spüren: Es ist an diesem Tag nicht nur unser Verein aufgestiegen, sondern die ganze Stadt.

Und dann Jürgen Klopp auf dem Balkon vorm Staatstheater. Und die Frage, wer braucht denn schon einen Rathausbalkon, wenn er das Theater im Herzen seiner Stadt trägt? Im magischen Dreieck zwischen eben jenem, dem Gutenberg-Denkmal und dem Dom versammeln wir uns, um zu lauschen, wie Klopp genau die richtigen Worte findet; pardon – genau das richtige Wort. Ein »Ja«, von dem die Experten bis ans Ende der Fußballgeschichtsschreibung rätseln werden, wie viele Aaaaaaas es hinter sich hergezogen hat. So viel ist sicher – mindestens ein »A« mehr, als es in den Jahren zuvor Tränen gewesen sind. Das wissen wir so genau, weil eben jener Moment unter dem Theaterbalkon alles wettgemacht hat, was zuvor nicht klappen wollte. Weil alles, was wir im Kollektiv erleben mussten, um genau dort hinzukommen, es so absolut und unumstößlich wert war.

Und weil es wenige Momente gibt, die für die Ewigkeit bleiben – manch erster Kuss, ein geteiltes »Ja, ich will« –, aber wir einen von ihnen an diesem Tag unterm Theaterbalkon erlebt haben. Wenn es vielleicht sonst keinen Grund geben mag, um über eigene Enkel nachzudenken, dann doch den, ihnen von diesem Moment erzählen zu wollen. Amen.

2. KAPITEL

STRUKTURIERT, DOCH NICHT GEFESSELT

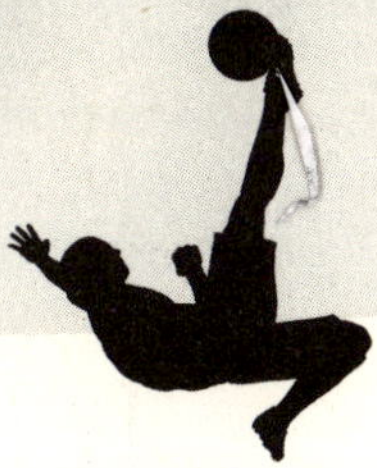

GRUND 12

Weil wir nicht nur zuschauen, sondern selbst aktiv werden

Eigentlich ein Wunder, dass wir Udo Seyfarth im Mai 2002 nicht mit Steinen vom Hof gejagt haben, immerhin bekennt sich der Mann, der jahrelang Vorsitzender der Supporters Mainz e.V. war (ihres Zeichens Dachverband der Mainzer Fans und Fanclubs), offen zu seiner dunklen Vergangenheit: Früher war Seyfarth regelmäßig bei den Eisernen im Stadion. Und es ist schon ulkig, wie er auch nach Jahren im rheinhessischen Exil unüberhörbar berlinert, während er über seine große Leidenschaft spricht: die 05er.

Aber nun denn, als der Wahlmainzer Ende der Neunzigerjahre in die Nähe des alten Bruchwegstadions zog, konnte vom Nichtaufstiegsdrama der späteren Klopp-Truppe bei Union Berlin ja noch niemand etwas ahnen. In der Domstadt angekommen, waren es dann seine Kinder, die den langjährigen Supportersvorsitzenden ins Stadion brachten – und je häufiger er dort zu Gast war, umso klarer wurde ihm: »Es gibt als Fan zwei Möglichkeiten. Entweder, du schaust nur zu, oder du wirst selbst aktiv.« Er entschied sich, aktiv zu werden.

Warum ein Dachverband Sinn macht, liegt auf der Hand: »Querverbindungen nutzen, Synergien aufbauen, eine gemeinsame Stimme, Mitglieder verschiedener Fanclubs zusammenbringen und basierend auf deren Aktivitäten weitermachen.« So sind auch im Zusammenspiel mit dem Verein ganz andere Dimensionen von Dialog möglich – der kann sich natürlich nicht mit Vertretern jedes Fanclubs einzeln zusammensetzen, mit den Supporters aber gibt es einen regelmäßigen runden Tisch. Wie gut die Arbeit mit den Vereinsverantwortlichen läuft, lässt sich vielleicht auch daran ablesen, dass mit Ben Praße ein langjähriges Beiratsmitglied der Supporters von der Saison 2013/14 an und bis März 2019 hauptamtlicher Fanbetreuer bei Mainz 05 war.

Einen offenen Wunsch freilich hatte Seyfarth im Frühjahr 2013 noch, wenn es um die Vereinsführung geht: Etwas mehr Mut und Wille, das eine oder andere Fanthema auf der bundesweiten Bühne anzuschneiden. Vor der Haustür läuft schließlich alles fast von alleine, da sähe man den eigenen Club schon gerne öfter als Sprachrohr der Fans insgesamt. Gleichwohl ist Seyfarth klar, die Aufmerksamkeit, die das nach sich ziehen würde, hätte auch ihre Schattenseiten: »Wer sich so zum Lautsprecher macht, steht natürlich auch ganz anders unter Beobachtung.« Da die 2005 gegründeten Supporters in Mainz keine Abteilung des Vereins sind, muten die Mitgliedszahlen (rund 600 Einzelmitglieder und 2000 über Fanclubs organisierte) im Vergleich zwar überschaubar an – sie sind für Seyfarth aber auch maximal in zweiter Linie entscheidend. »Wichtiger ist, dass in unserem Vorstand Mitglieder aus den verschiedensten Fanclubs sitzen und wir so nah dran sind an den Bedürfnissen der teilweise sehr unterschiedlichen Gruppierungen.«

Dabei müsse gleichwohl klar sein, dass der Dachverband nicht zu jedem Thema sofort eine Meinung präsentieren kann: »Wenn wie zuletzt in Mainz über das Für und Wider von Pfandbechern diskutiert wird, können wir nicht einfach einen raushauen – erst mal müssen wir uns entsprechend informieren, dann können wir Stellung zu der Sache beziehen.« Dass diese Herangehensweise nicht immer jedem der Beteiligten schnell genug geht, damit kann Seyfarth leben. »Wir können bei allem Bemühen so oder so nie für uns in Anspruch nehmen, tatsächlich für alle zu sprechen.«

Bei vielen Themen, die seitens der Supporters aufgegriffen werden, gibt es freilich einen breiten Konsens: Die Verlegung der Stolpersteine für Eugen Salomon – einst Vorsitzender von Mainz 05 – und seine Familie, im Frühjahr 2013 von Stadt, Verein und Supporters organisiert, war ein bewegendes Ereignis. Und jeder Mainz-Fan weiß herzklopfig und sicher, er ist wieder zu Hause, wenn ihm am Stadteingang das Logo des Vereins aus Blumen rot-weiß entgegenleuchtet und -duftet – möglich machen das alljährlich die

Supporters dank eingenommener Spendengelder. »Generell ist es uns neben dem Dialog mit dem Verein wichtig, jedem Fan das Gefühl zu vermitteln: Wir sind ansprechbar und nehmen Themen, die an uns herangetragen werden, auf.« Dazu gehört im Alltag die Mitgliedschaft bei der Interessenvertretung für Fankultur »Unsere Kurve« ebenso wie das mit Mainz 05 abgestimmte Angebot einer Auswärtsdauerkarte – und natürlich die Stellungnahme zu fanpolitischen Themen. Daneben spielen auch Akzente außerhalb des Alltagsgeschehens eine Rolle, zum Beispiel die rege Beteiligung an den Mainzer Fantagen im September 2012 oder die Organisation einer Schifffahrt zum ersten Pokalspiel der Saison 2012/13. Flagge zeigen, so lautet die Devise.

GRUND 13

Weil wir unsere Arena selbst gebaut haben

Also, nicht wirklich selbst, sozusagen von Hand. Wir sind nicht Union Berlin – und wollen es bei Gott auch nicht sein, aus verschiedensten Gründen. Wir betonieren nicht selbst, sondern beauftragen Fachleute. Es soll ja was taugen, am Ende. Aber … 2002 wurde Mainz 05 vom Fast-Aufstieg überrumpelt. Der Verein musste eiligst den Bruchweg erstligatauglich herrichten, war dabei aber sehr vorsichtig – denn es hätte ja schiefgehen können. Es hätte passieren können, dass wir direkt wieder absteigen und fortan weitere zehn Jahre in der 2. Liga spielen. Eine neue Haupttribüne gab's also, eine Gegengerade, die ein Provisorium und dennoch der alten unendlich überlegen war, das musste reichen. Inklusive der 2004 noch zusätzlich in die Ecken gequetschten Zusatztribünchen hatten wir knapp 5000 zusätzliche Plätze – und im Innenleben der Tribüne allen erdenklichen Luxus, den ein Verein vorweisen muss, der zur Top 24 des deutschen Fußballs gehören möchte.

Es ist – aus heutiger Sicht – nicht schief gegangen. Wir sind zwar 2002 noch nicht auf-, als es dann so weit war aber auch nicht direkt wieder abgestiegen – und dann gleich noch mal nicht abgestiegen. Wir erkannten unsere Konkurrenzfähigkeit, aber mussten darum fürchten, denn wir wussten: Im ganzen Land, bis hinunter in die 4. Liga, sprießen die Neubauten aus dem Boden. Aachen (wo man deutlich weniger vorsichtig war, wie heute zu sehen ist), St. Pauli, Augsburg, Düsseldorf, Duisburg, Cottbus, Ingolstadt, Dresden, sogar Jahn Regensburg, der inzwischen weit unterhalb unseres Ereignishorizonts vor sich hin kickt, überholen uns wirtschaftlich, wenn wir nicht mitziehen! Und nicht nur in dieser Hinsicht kamen wir mit unserem 20.300er-Stadion nicht weiter, denn das war immer ausverkauft, fast komplett mit Dauerkarten ausgelastet, hatte jede Woche das gleiche Publikum. Weiterentwicklung der Fanszene? Keine Chance. Das Umland erweitern? Völlig sinnlos, die Pfälzer, Südhessen oder Hunsrücker anzubaggern, wenn im Stadion kein Platz für sie ist. »Die sagen: Prima, wir kommen mal vorbei. Wir hätten sagen müssen: Leider grad schlecht, wartet mal, bis Fürth kommt, dann geht's vielleicht«, erklärt der damalige Supportersfunktionär Christian Gomolzig.

Beim Bruchweg-Ausbau von 2002 hatte der Architekt (der gleiche, der dem FCK den hässlichen Flugzeughangar auf den Betzenberg gestellt hat) dem Verein Girlanden in den Kopf gequasselt bezüglich einer weiteren Ausbaufähigkeit auf 32.000 Plätze, die – wie man feststellen musste – schlicht nicht vorhanden war. Allein baurechtlich nicht, mitten im Wohngebiet, wo es, um das ganze Projekt lahmzulegen, reichen würde, wenn ein Anwohner klagt – siehe Paderborn, siehe Mannheim. Praktisch auch nicht, denn wo bringt man ein paar tausend Dauerkartenbesitzer unter, wenn ihre Tribüne mitten im Spielbetrieb ein halbes Jahr lang nicht existiert? Und finanziell ebenso wenig. »Es gab wüste Geschichten«, sagt Gomolzig. »Das Stadion fünfzig Meter nach hinten versetzen, die Straße überbauen« – den Dr.-Martin-Luther-King-Weg, eine veritable Verkehrsachse, nach der einst (als sie noch »Bretzenheimer Bruchweg« hieß) das Stadion benannt worden war. »Selbst, wenn man Baurecht bekommen hätte, hätte das 120 Millionen gekostet.«

Das also sind die Argumente, mit denen die 05er nur drei Jahre nach dem Neubau der Haupttribüne schon wieder ein neues Stadion fordern. Aber nach zweijährigem Geschacher gerät das Projekt vollends ins Stocken. Stadt und Land stehen quer, Stadt und Verein streiten sich seit geraumer Zeit nur noch via Presse. »Wir hatten zwei Möglichkeiten«, sagt Gomolzig über diese Phase. »Gar nichts tun, maulen und warten, dass der Verein den nächsten Schritt macht. Oder die Chance nutzen und selbst aktiv werden.«

Als die Supporters im März 2007 einen Einwohnerantrag ankündigen, geht's rund in der Stadt. Ohne es mit dem Verein abgesprochen zu haben, wollen sie mit 2000 gültigen Unterschriften von Bürgern, die über 16 Jahre alt sind und ihren Erst- oder Zweitwohnsitz in Mainz haben (diese Bedingungen und diese Menge schreibt das Kommunalrecht vor) den Stadtrat dazu zwingen, einen Stadionneubau auf Mainzer Stadtgebiet zu fördern. »Mainzer Stadtgebiet« – das ist deshalb wichtig, weil längst ein Ausweichen nach Hessen im Gespräch ist, ein gemeinsames Stadion mit dem Zweitligisten SV Wehen in dem Stadtteil, der dank der wirren Nachkriegsjahre zwar Mainz-Kastel heißt, aber zur Stadt Wiesbaden gehört. Das will zwar so gar niemand, wahrscheinlich ist es auch nur eine Drohgebärde, aber andererseits: Wer weiß das schon mit Sicherheit?

Die Politik überschlägt sich fast vor Aktionismus. Die Supporters werden von den Fraktionen der CDU, der FDP und der Grünen eingeladen. Auch die Republikaner melden sich, aber zu denen wollen die Initiatoren nicht. Die ÖDP wiederum, die ist natürlich dagegen. Irgendwann jedenfalls zählen die Supporters die Unterschriften gar nicht mehr mit. Bis heute wissen sie nicht mit Gewissheit, wie viele Unterstützer sie damals gefunden haben; die Angaben schwanken zwischen 6000 und 9000 – mehr als genug also.

Am 19. Februar 2008 steht dann der Ort des neuen Stadions in den Bretzenheimer Feldern fest, am 5. Mai 2009 beginnen die Erdarbeiten. Am 3. Juni wird der Entwurf des Stadions vorgestellt – viele Wünsche der Supporters sind darin berücksichtigt worden. Die Supporters aus Karlsruhe, die sich anno 2007 ebenfalls mit einem Stadionneubau beschäftigen, melden sich zwischenzeitlich mal und wollen wissen, wie man hier in den Planungen schon wieder bei 40 Prozent Stehplätzen angekommen sei – dem Doppelten von dem, was die DFL sich wünscht. Simple Antwort: Indem man nicht gefragt hat, sondern einfach gemacht – und die anderen vor vollendete Tatsachen gestellt. Am 3. Juli 2011 schließlich wird die damalige »Coface« und heutige »Opel Arena« (in Fankreisen gerne »Stadion am Europakreisel« genannt) feierlich eröffnet.

Zu den Merkwürdigkeiten unseres Vereinchens gehört seitdem die Tatsache, dass wir als einziger Fußballclub in Deutschland zwei bundesligataugliche Stadien haben; »haben« im Sinne von »besitzen« und »besitzen« im Sinne von »besitzen werden« – die Arena ist natürlich noch nicht abbezahlt. Sie wird aber, ebenso wie auch schon das Stadion am Bruchweg (dessen komplette heutige Bausubstanz dank Erbbaurecht von Mainz 05 selbst auf dem gepachteten Gelände errichtet wurde), einmal uns gehören und sonst niemandem. Ergo: keine Mietzahlungen. 54 Millionen Euro hat das neue Stadion gekostet, 49 Millionen sind der Anteil von Mainz 05, der per Darlehen – das fleißig abgetragen wird – vorgestreckt wurde. Da staunt die Konkurrenz!

Der zweite offizielle Termin in der neuen Arena, zwei Wochen nach der Eröffnung, trägt einen komplizierten Namen, den sich eine Marketingabteilung ausgedacht hat und der im Übrigen jedes Jahr wechselt. Merken kann (na gut: will) ihn sich schon alleine deshalb niemand – »Quatschpokal« haben wir die Geschichte getauft, die zu einem zweitägigen (man muss es so nennen) »Event« Bayern München, Borussia Dortmund und den Hamburger SV an den Europakreisel bringt.

Am zweiten Tag dieser Veranstaltung tummeln sich unter der Mainzer Sonne gleich vier Bundesligamannschaften gemeinsam auf dem Platz: Rechts die Bayern (in Rot) und die Mainzer (in Weiß), die gerade die Elfmeter um Platz drei schießen. Links die blauen Hamburger und die gelben Dortmunder, die sich aufs Finale vorbereiten. Rot-Weiß-Blau-Gelb – die Fastnachtsfarben! Karneval am Kreisel! Ein Klischee, ein Klischee! Weltgeist, wir danken dir!

GRUND 14

Weil wir mit Auszeichnung gesellschaftliche Probleme lösen

Frühjahr 2011: große Prominenz im Fancafé! Wichtige Männer in wichtigen Anzügen halten wichtige Reden, untermalt von an die Wand geworfenen Bildern aus unser aller Jugend, und überbieten sich mit Lobpreisungen. Das Fanprojekt muss einiges richtig gemacht haben, denn der Anlass ist die deutschlandweit allererste Verleihung des Qualitätssiegels »Fanprojekt nach dem Nationalen Konzept Sport und Sicherheit« – und zwar an die Mainzer.

Das klingt sehr aufregend, aber niemand versteht, was es bedeutet. Deshalb erklären wir es: In Deutschland gibt es aktuell 62 Fanprojekte. Sozialpädagogische Einrichtungen innerhalb der örtlichen Jugendhilfe, die sich wiederum mit den Problemen Jugendlicher und junger Erwachsener befasst. Und zwar direkt dort, wo man sie findet, also auch beim Fußball, jenem für die Massen so reizvollen Teil unserer Kultur. Die Fanprojekte sind als Berater da, als Vermittler und Schlichter in Konflikten, auch als erster Anlaufpunkt, um jungen Leuten zu helfen: Schulden- oder Drogenprobleme in den Griff zu bekommen, Ausbildungsplätze zu finden, notfalls auch einfach mal Liebeskummer wegzuquatschen.

Nicht, um die Probleme des Fußballs zu lösen, obwohl der ja, wie man liest, für alles Leid auf unseren Straßen verantwortlich ist. »Der

Hintergedanke ist natürlich, dass jemand, der privat ausgeglichen ist, viel weiter davon entfernt ist, im Zusammenhang mit Fußball Mist zu bauen«, erklärt uns Fanprojektchef Thomas »Becki« Beckmann. »Aber wir müssen immer deutlich machen, dass Fußball etwas Positives ist. Es gibt keinen Krieg in unseren Stadien. In der Zeitung lese ich ständig Meldungen, dass Jugendliche in der Stadt abends am Wochenende überfallen, klauen, randalieren. Dort passiert viel mehr als beim Fußball.« Deswegen wird Becki auch böse, wenn die Herren Innenminister mal wieder fordern, der Fußball möge die Fanprojekte doch bitte alleine bezahlen. »Das ist absurd«, sagt er, »denn zum einen würden wir uns so in eine fatale Abhängigkeit begeben, zum anderen würde der Fußball dann anerkennen, für die ganze gesellschaftliche Entwicklung verantwortlich zu sein. Das sind aber weder die Vereine noch die Verbände. Wir leisten einen wichtigen Beitrag, gesellschaftliche Probleme zu lösen.« Das Stadion ist sozusagen nur das Revier des Fanprojekts – würden Jugendliche statt zum Fußball häufiger in die Oper gehen, hätte das Staatstheater eben auch eins.

Die Koordinationsstelle Fanprojekte (KOS) jedenfalls, ein zur Hälfte vom Bundesjugendministerium (BMFSFJ) und zur anderen Hälfte von DFB und DFL getragenes Gremium, hat sich einen Sack voller Kriterien überlegt und alle Fanprojekte darauf abgeklopft: Unabhängigkeit von der Polizei, dem Verein und so weiter. Besetzt mit mindestens anderthalb, lieber bis zu drei hauptamtlichen Sozialpädagogen. Überprüfbar und transparent. Aktiv mit einem jugendkulturellen Ansatz im Partizipationsfeld Fußball. Diskursorientiert, kommunikativ und dergleichen mehr. Damit soll nicht zuletzt die Darstellbarkeit der Arbeit nach außen verbessert werden: »Konturschärfung des Begriffs Fanprojekt«, erklärt der Fanforscher Gunter A. Pilz, »inhaltliche Klarheit, Handlungssicherheit, Stärkung der Drittelfinanzierung«.

Denn gerade die ist ein Problem. Der Etat eines Fanprojekts kommt aus drei Quellen – DFB/DFL: kein Problem, Stadt: in Mainz kein Problem, und Land: in Rheinland-Pfalz schwierig. Die Landesregierung hat ihren Anteil – mal wieder – gekürzt, und wenn sie kürzt, kürzen die Verbände automatisch mit. 110.000 Euro stellt das Land 2013 insgesamt für seine drei Fanprojekte (Mainz, Trier, Kaiserslautern) zur Verfügung. Um vernünftig arbeiten zu können, bräuchten diese drei jeweils 50.000 bis 60.000 Euro im Jahr. »Mehr ist das gar nicht«, sagt Becki. »Aber sie kriegen es nicht auf die Reihe, das aufzustocken.« Mit einer traurigen Konsequenz: »Rheinland-Pfalz gehört inzwischen zu den Negativbeispielen.«

In Mainz begegnet man den Kürzungen der Landesregierung so, wie es hier üblich ist: mit Zusammenhalt und Kreativität. Seit Januar 2013 gibt es den eingetragenen Verein »Freunde und Förderer des Fanprojekts«, der in allen Facetten der Fanszene verankert ist. Selbsternannte Hauptaufgabe ist die Unterstützung des Fanprojekts – ideell und finanziell – und die erste Aktion im Februar war direkt ein Erfolg. Die Idee der Förderer: Der Aufruf an alle Fans, ihre Pfandbecher bei einem Heimspiel nicht abzugeben, sondern in extra dafür aufgestellte, spezielle Tonnen zu werfen – der hier gesammelte Pfand kommt dem Fanprojekt zugute. Eingebettet in den Aktionstag »Herzensangelegenheit« kamen auf Anhieb knapp 10.000 Euro zusammen.

Das mindert die Gefahr für die erwiesenermaßen gute Arbeit des Mainzer Fanprojekts, das bei der Verleihung des Qualitätssiegels als von der Fanszene, dem Verein und der Polizei vollkommen akzeptiert gewürdigt wird. Fanprojekt-Vorsitzender Markus Delnef erklärt, was diese Akzeptanz im positiven Sinne bedeutet: Es sei auch ein Erfolg des 1994 gegründeten Fanprojekts, dass es in Mainz eine so friedliche, kreative und gegen Diskriminierung, Rassismus und Homophobie politisch stark engagierte Fanszene gibt.

»Wir wollten von Anfang an Fannähe suchen«, ergänzt der damalige 05-Präsident Harald Strutz. »Wir haben eine Fanszene entwickelt, die vorzeigenswert und völlig frei von Aggression ist, eine freudige Szene mit Leidenschaft und Fair Play. Wir haben durch die

Nichtaufstiege von Berlin und Braunschweig eine hohe Leidensfähigkeit entwickelt, durch die eine Fangemeinschaft zusammengewachsen ist, die sagt: Das ist mein Verein, und der soll stolz sein auf seine Fans! In Mainz ist eine besondere Sensibilität entstanden: Verein und Fans sind eins. Gedanken und Vereinsphilosophie tragen wir zusammen. Wir respektieren uns gegenseitig. Und es gibt keine größere Ehre für einen Präsidenten, als auf den Zaun gerufen zu werden.« Oder, kurz zusammengefasst: Wir sind die Schönsten! Wir sind die Stärksten! Es lebe Becki, unser Chef! Es lebe das Fanprojekt! Wussten wir natürlich schon lange – jetzt aber, dank der Auszeichnung, weiß es jeder.

Nur Becki selbst widerspricht da: »Wir sind definitiv nicht das tollste Fanprojekt von allen. Der Grund, warum wir als erste ausgezeichnet wurden, war ganz pragmatisch – man wusste, dass es in Mainz funktioniert. Wir waren etabliert. Wenn man sowas anschiebt, dann will man nicht sofort ein Fiasko erleben. Wir wurden ausgewählt, weil der KOS bekannt war, wie gut die Arbeit hier ist. Der Grund, warum wir die ersten waren, wiegt für mich viel mehr als die Tatsache, *dass* wir die ersten waren.«[17]

GRUND 15

Weil wir in Remagen gewonnen haben

Am 19. November 2011 sind furchtbare Dinge passiert. Unser Spiel in Köln wurde extrem kurzfristig abgesagt, weil der dafür eingeteilte Schiedsrichter Babak Rafati sich kurz vorher fast umgebracht hätte – vielen Dank noch mal an den damaligen DFB-Präsidenten Theo Zwanziger für den ach so sinnstiftenden Satz: »Ich möchte Ihnen Einzelheiten ersparen, aber alles war voll Blut.«[18]

Später am Tage, immer noch in Köln, hat ein Nürnberg-Fan einen Arm verloren. Auch wenn bis heute niemand weiß, was am

Kölner Bahnhof genau vorgefallen ist, wurde über ein Mainzer Verschulden wild rauf und runter spekuliert. Insbesondere über die Beteiligung der Mainzer Ultras, die schließlich schon an einem anderen Bahnhof, in Remagen nämlich, randaliert … Aber allerspätestens jetzt müssen wir so was von intervenieren, denn erstens waren die Mainzer Ultras zum fraglichen Zeitpunkt schon längst nicht mehr in Köln. Und zweitens, was Remagen betrifft: Irgendjemand, der das im Idealfall besser verhindert hätte, hat es geschafft, dass vorkicks am dortigen Bahnhof zwei recht spezielle Züge aufeinandergetroffen sind. Von Norden her eine Horde Nazis, unterwegs zu einer Naziveranstaltung. Und aus dem Süden kommend, nichts ahnend, was an diesem trüben Novembertag noch alles passieren würde, die Ultras von Mainz 05.

Dass diese unter wildem Gebrüll jene zwei Runden um den Bahnhof gescheucht haben, läuft allerdings nicht etwa unter Randale, es sendet vielmehr ein wichtiges Zeichen: Anderswo mag sich das braune Pack in den Fußballstadien etablieren, auch in Mainz hat es das allein in den letzten zehn Jahren mindestens zweimal versucht – gelingen wird es hier aber weiterhin nicht. Das hat man sogar in der Fremde gemerkt; die Braunschweiger Ultras beispielsweise sind bei einer Veranstaltung angetreten mit einem Banner, auf dem zu lesen stand: »Mainz 1 – Nazis 0«. Danke – bitte.

GRUND 16

Weil unsere Metzger nicht nur Wurst machen

Mit den Ultras ist es ja gemeinhin ein bisschen schwierig; mit ihrer Rolle im Stadion, in der Fanszene und überhaupt in allem. Immer dann zum Beispiel, wenn sie ihren Alleinvertretungsanspruch mal wieder ein bisschen höher hängen, als es gut ist für alle. Wenn sie ein bisschen zu sehr mit den Grauzonen der Gesetzbücher flirten

– »Fußballfans sind keine Verbrecher« zu rufen legalisiert nämlich noch nicht alles. Weil das aber viel zu kompliziert und zu vielschichtig ist, um hier im Einzelnen auseinandersortiert zu werden (und weil Ultras natürlich kein spezielles Mainzer Phänomen sind) widmen wir uns stattdessen den »Meenzer Metzgern«, die bei uns einst mit dem Kampfschrei »Keine Frauen, keine Kinder, keine Vegetarier!« als Fanclub auftauchten und sich im Spektrum der Fans mehr oder weniger ultranah einordneten, ohne aber tatsächlich Ultras zu sein (weil sie beispielsweise Gewalt ablehnen – eine Haltung, an der »echte Ultras« in der Konsequenz hartnäckig vorbeilavieren). Daneben hatten die Metzger zu ihren besten Zeiten nicht nur einen florierenden Fanartikelhandel laufen, sie steckten lange Zeit auch in der Regel dahinter, wenn mal wieder eine richtig bemerkenswerte Choreo im Mainzer Stadion gezeigt wurde.

Es gab ein Spiel gegen Hertha BSC in deren erster neuzeitlicher Abstiegssaison, an das man sich aus genau zwei Gründen erinnert. Erstens: Wegen der Einwechslung von Adriano Grimaldi. Der ist längst aus der Bundesliga verschwunden, er war ein einigermaßen guter Regionalligatorjäger, mehr auch nicht. Was wir jedoch nicht vergessen haben, ist, wie er bei seinem Bundesligadebüt schon in der ersten Aktion derart wild auf Hertha-Keeper Jaroslav Drobný losrannte, dass dieser den Ball ins Seitenaus schlug – das markierte den Beginn einer späten Aufholjagd, die aus einem 0:1 noch ein 2:1 machte. Der zweite Grund, um sich an dieses Spiel zu erinnern, ist die gigantische Jubiläumschoreografie der Metzger, eine komplexe Konstruktion über grob geraten 25 mal 60 Meter, mit mehreren Ebenen und beweglichen Elementen, für Sterbliche kaum zu handhaben und dennoch – im wahrsten Wortsinne – perfekt choreografiert. Jedes 400-Quadratmeter-Banner, jede Buntpapierorgie verliert vor diesem Hintergrund die Berechtigung, sich »Choreografie« nennen zu dürfen!

Lange passierte danach am Bruchweg und in der neuen Arena nichts, was an diese meisterhafte Selbstdarstellung heranreichte.

Wir hatten natürlich schöne und schön umgesetzte Ideen. Wir hatten die interkontinental beachtete Choreo des Fanclubs »Die Meenzelmänner«, die – so will es die Legende – sogar vom Mond aus zu sehen war; wir hatten hübsche bis sehr hübsche Kulissen über dem Fanblock. Wir hatten das eingeschmuggelte, feindliche Transparent der Frankfurter Eintracht und den Beleidigungsticker gegen den FCK – und dann, kurz vor Ende der Saison 2012/13, kamen die Metzger mit ihrem 20 Meter großen, drehbaren Ambigramm: Kunstvolle, detaillierte, prächtige Malerei, verbunden mit technischer Raffinesse und einem reibungslosen Ablauf, dargeboten von Hunderten Leuten, denen keiner so ganz genau gesagt hatte, was ihre Aufgabe sein sollte – und die dennoch alles richtig machten. Diese Einfachheit im Vielschichtigen, das ist es, was eine große Choreo ausmacht. Darin waren die Meenzer Metzger echte Meister. Inzwischen ist auch das alles sehr viel komplizierter geworden.

GRUND 17

Weil die ganze Welt die Meenzelmänner kennt

Mainz 05 gibt es, was die öffentliche Wahrnehmung betrifft, im Prinzip ja erst seit 2004. Und ja, der Fernsehjournalist J. B. K. vom ZDF ist und bleibt bei uns unten durch, seit er 2003 anlässlich des DFB-Pokalspiels unserer Amateure versucht hat, witzig zu sein. Nämlich mit dem Satz: »Böse Zungen mögen fragen: Hat Mainz 05 überhaupt Profis?« Vom in unserer eigenen Stadt ansässigen Fernsehsender hätten wir da doch etwas mehr Respekt erwartet.

Eben dieser Sender aber war wohl, als es Mainz 05 noch nicht gab (also vor 2004), hauptsächlich dafür verantwortlich, dass unsere Stadt auch außer Sichtweite des Domsgickels wahrgenommen wurde. Wegen der Mainzelmännchen nämlich: Anton, Berti, Conny, Det, Edi und Fritzchen, sechs bemützte Zeichentrickfiguren, die die

Werbeblöcke auflockern – und die rund um das erste Erscheinen dieses Buches 50 Jahre alt geworden sind. Mainzelmädchen gab und gibt es nicht, die 2003 kurz eingeführten Zwillingsschwestern werden von Puristen abgelehnt. Weswegen geradezu zwangsläufig das Vorurteil im Raum steht, die Kerlchen seien schwul.

Die Meenzelmänner, die sind schwul: Nicht alle, aber immerhin rund zwei Drittel der Mitglieder des Fanclubs sind homosexuell. Was deswegen ein bisschen schwierig ist, weil es schwule *Fußballer* ja bekanntlich nicht gibt; jedenfalls nicht offiziell.

In der Männerdomäne Bundesliga, wo es um kernige Typen, um Kampf, um deutsche Tugenden geht, ist für verweichlichte Schlaffis, Laberrhabarber – Menschen, die ernsthaft in diese Richtung denken, gibt es ja leider immer noch zuhauf. Und bevor dieser Text abgleitet in die politisch banale Betroffenheits- und Toleranzrhetorik, die zum einen Auge rein und zum anderen wieder raus geht, sei eines klargestellt: Wir Mainzer fordern seit Jahren vehement die Wiedervereinigung unserer seit dem letzten Krieg hessisch besetzten rechtsrheinischen Vororte mit unserer schönen Stadt – die vom anderen Ufer gehören selbstverständlich zu uns, haben immer zu uns gehört, egal, um welche Ufer es gerade geht!

Das haben die Meenzelmänner, 2007 gegründet, damals erfahren, das haben sie zwischendrin immer wieder erfahren und das haben sie 2012 zu ihrem Jubiläum in großem Stile erfahren. Anfangs waren sie etwas vorsichtig, gerade im Bezug auf die Ultras, was, wie sich umgehend herausgestellt hat, kein bisschen notwendig ist. Die Ultras haben den Meenzelmännern sofort jede Tür aufgerissen. Und die Ultras, ebenso wie einige andere Gruppierungen aktiver Fans, die Supporters, die Handkäsmafia, die Meenzer Metzger, haben ihnen ihren größten Tag ermöglicht: Den 20. April 2012, an dem wir mit 9000 bunten Zetteln und mit einem 70 Meter langen Transparent, das die Gratulation zum Fanclubjubiläum und das Eintreten gegen Homophobie in sich vereinte, die Gegengerade in einen riesengroßen Regenbogen verwandelt haben, das Symbol der LGBTQ+. Worauf die Buben auf dem Platz – die 05er und die Wolfsburger – sich zu einem belanglosen 0:0 herabgeschwungen haben, weil klar war: Diese Choreo können wir ohnehin nicht übertreffen … International, sogar interkontinental (das können wir beweisen) hat diese Aktion für großes Aufsehen gesorgt. Natürlich haben die überregionalen Medien wie immer nichts mitgekriegt, aber wir leben im 21. Jahrhundert, wir haben Zugang zum Internet und wir nutzen ihn: Weltweit haben die Leute da gestaunt.

Bei Mainz 05 müssen sich Minderheiten nicht verstecken, das wissen die Meenzelmänner. Anderswo hat man es nicht immer so einfach. Die WM-Gastgeber 2018 und 2022 haben ein ausgewiesenes Problem mit Homosexuellen; in Russland gibt es sogar ein Gesetz, das »homosexuelle Propaganda« (wie bitte?) unter Strafe stellt, Katar ist noch wesentlich strenger. Weswegen der damalige FIFA-Chef Sepp Blatter homosexuellen Fans auf ihren Reisen zwischenzeitlich ernsthaft Enthaltsamkeit »aus Respekt vor dem Gastgeberland« vorgeschlagen hatte – und erst nach heftigstem Gegenwind hektisch zurückruderte.

Auf das Turnier in Russland haben, auf das in Katar werden die Meenzelmänner wohl trotzdem weitestgehend verzichten. In Mainz hingegen freuen sie sich über die gleichen Tore wie alle anderen. Und wenn wir uns gegenseitig um den Hals fallen, weil unsere Buben wieder eins geschossen haben, dann jucken uns so profane Dinge wie Geschlecht und sexuelle Orientierung sowieso nicht.

GRUND 18

Weil unsere Herzen manchmal rot blinken

Das Leben ist oft schön und angenehm im Goldenen Mainz, aber machen wir uns nichts vor: Auch hier kann es einem dreckig bis miserabel gehen. In solchen Fällen kann es sich lohnen, einen Arzt aufzusuchen; zumindest dann, wenn der Grund für dieses »dreckig« im Gesundheitsbereich zu vermuten ist. Das galt für Fußballer aber nicht immer; vor Jahrzehnten tobte vielmehr eine öffentliche Schlammschlacht, weil ein Vereinsarzt einen Spieler fitzuspritzen versucht hatte, den er besser auf direktem Weg – nicht über Los, keine 4000 Mark – ins Krankenhaus befördert hätte, weil auch die schönste Spritze beim Kniescheiben-Trümmerbruch nicht hilft.

Das ist zum Glück lange her. Lieber erinnern wir uns da heute an Dr. Klaus Gerlach, den Mannschaftsarzt der Klopp-Ära, der im laufenden Spiel Schiedsrichter aus dem Verkehr zog (Kai Voss 2001 gegen Aachen, weil Bumm-Bumm Babatz ihn k. o. geschossen hatte, was zur legendären Stadiondurchsage führte: »Ist zufällig ein Schiedsrichter anwesend?«). Und der zudem 2003 als erster, Sekunden vor dem entscheidenden Tor zum Nichtaufstieg, die Katastrophe gespürt hat.

Daneben rettete er klinisch Tote quasi im Akkord: 2001 als Zuschauer bei der 1:5-Niederlage der deutschen Nationalmannschaft gegen England Kurt Völler, den Vater des damaligen Bundestrainers, der eine Reihe vor dem Doc einen Herzinfarkt erlitten hatte. Und sechs Tage später einen weniger prominenten Zuschauer auf der Bruchweg-Tribüne beim Heimspiel gegen Hannover 96, das sonst nur in Erinnerung geblieben ist, weil Markus Schuler – der torungefährlichste Feldspieler der Bundesligageschichte – ein Tor schoss. Anschließend war der arme Doc fix und fertig: Wunder können zwar unter den richtigen Umständen in großer Stückzahl vollbracht werden, anstrengend ist das aber schon.

Trotzdem, siehe oben: Geht's uns schlecht, können wir uns an die Ärzte wenden. Notfalls auch an den Ärztefanclub, mit über 190 Mitgliedern einer der größten Fanclubs bei Mainz 05, der ein hehres Ziel hat: Gutes tun – und darüber sprechen. Was im katholischen Mainz als krasser Widerspruch zum Matthäus-Evangelium Anstoß erregen könnte, wenn da nicht der bekannte Pragmatismus wäre: Je mehr von der guten Sache mitbekommen und umso mehr infolge dessen dabei mitmachen, desto mehr kommt auch herum. Und umso mehr Gutes wird ergo am Ende getan.

Die Mediziner – und man muss nicht zwingend einer sein, um Mitglied werden zu können im Ärztefanclub, aber man sollte zumindest schlüssig begründen, warum einem gesundheitliche Dinge besonders am Herzen liegen – sind nicht bloß durch ihre berufliche Vernetzung eine einflussreiche Schicht der Gesellschaft. Der Fanclub nutzt seinen Status, um mit Flohmärkten, Benefizgalas (bei denen der Domchor auch mal Fußballlieder singt), Sommerfesten oder mit eigenen Hobbysportveranstaltungen Geld zu sammeln, das anschließend lokalen sozialen und karitativen Verbänden und Vereinen zugute kommt. Damit sind die »Ärzte« quasi das private Gegenstück zum eingetragenen Verein »Mainz 05 hilft«, der seit Sommer 2010 (zunächst unter der Führung von Harald Strutz und Ex-Marketingchef Dag Heydecker sowie damals der göttlichen Schirmherrschaft von Kardinal Karl Lehmann) mehr oder weniger das Gleiche tut – und so sind immer mehr Mainzer an der guten Sache beteiligt.

Am schönsten aber in all dem Guten ist alljährlich das »Spiel der Herzen«, vielleicht, weil es am schwersten fassbar ist. Dass alle Jahre wieder beim letzten Heimspiel vor Weihnachten im Stadion Ansteckerchen – in der Regel sind es blinkende rote Herzen – verkauft werden (was jedes Mal dick fünfstellige Spenden an ausgewählte soziale Einrichtungen bedeutet), war ursprünglich eine Idee der Supporters. Aber wem die Aktion heute »gehört«, unter wessen Briefkopf sie läuft, ist fürchterlich schwierig zu sagen. Wir könnten jetzt mit dem Wort »Synergien« kommen, aber das ist uns viel zu ausgelutscht. Also machen wir es uns einfach, indem wir schlicht sagen: Das kommt von uns allen. Ach, und von Herzen, natürlich.

GRUND 19

Weil »auf dem Mars, auf dem Mond, überall ein Mainzer wohnt«

Was passiert eigentlich mit der Vereinsleidenschaft, wenn der Job oder die Liebe einen Wohnortwechsel unvermeidbar machen? Logisch, sie bleibt bestehen. Aber, beinahe ebenso logisch, sie leidet auch – schließlich sind die Heimspiele dann nicht gerade vor der Haustür. Je nach Lage des neuen Wohnortes können dafür aber jede Saison einige der Auswärtsspiele in relativer Nähe sein. Gerade wer sich im Ruhrgebiet ansiedelt oder ins bayerische Exil auswandert, hat da eventuell an diversen Spieltagen eine kurze Anreise – wobei die Autoren diese Feststellung nicht als Umzugstipp missverstanden wissen wollen. Und doch, auch bei geschätzten drei bis fünf Auswärtsspielen »ums Eck« und der einen oder anderen fußballgeprägten Wochenendreise in die alte Heimat, das Fan-Dasein am fremden Orte kann ein sehr einsames sein. Bestes Gegenmittel: neue Fanclubs gründen. Und die sprießen unter rot-weißer Flagge seit vielen Jahren in der ganzen Republik.

Ein Beispiel ist die Gruppe »Mainz Süd« in München, deren Name sich zum einen ableitet aus eben ihrer Lage südlich von Mainz, zum anderen davon, dass aus ihrer Richtung kommend »Mainz Süd« der erste Bahnhof der Landeshauptstadt war, den Züge in die alte Heimat ansteuerten. Kurz vor Gründung des Fanclubs wurde der Halt umbenannt in »Römisches Theater«; so ist der Name zugleich Reminiszenz.

Die Gründungsabsicht des Clubs, zu deren Mitglied die Autorin dieses Buches bei einem mehrmonatigen Aufenthalt im südlichsten

Mainzer Vorort wurde, hielten wir dereinst im Schwabinger Wassermann auf einem Bierdeckel fest – und neben einer Homepage gehören auch schmucke Fanschals zum Repertoire.

Geografisch von Mainz ähnlich weit weg wie von München lebt der Fanclub mit dem wunderbaren Namen »BruchwegSehnsucht« in Berlin auch nach dem Umzug der 05er in die Arena seine Liebe zur rund 600 Kilometer entfernten Heimspielstätte aus. (Wobei die Sache mit der Entfernung, wie wir finden, beweist, man kann in Berlin mindestens ebenso gut Mainz-Fan werden, wie ein Anhänger des FC Bayern.) Die dort versammelten 05er dürfen sich seit dem Aufstieg der Eisernen 2019 nun sogar über zwei Saisonspiele des Herzensclubs direkt vor ihrer Haustür freuen. Es wäre doch mal eine nette Geste des Vereins und der Mannschaft an die in der Ferne beheimateten Fans, das Pokalfinale zu erreichen, um ein drittes Spiel in der Hauptstadt oben drauf zu setzen.

GRUND 20

Weil wir ganz genau wissen, wer wir sind

»Saaaaagt mal, wo kommt ihr denn her?« Ja, woher eigentlich? Die Frage ist schwierig, für manche gar zu schwierig. Nein, wir sind keine Pfälzer, und wenn es noch so oft geschrieben und behauptet wird. Wir sind keine Rheinländer. Und wir sind (mit Ausnahme der Autorin) auch keine Hessen; das wird uns weniger häufig unterstellt, ist die falscheste Annahme von allen – und doch am nächsten an der Wahrheit dran, denn Hessen waren wir immerhin mal. Ansonsten haben wir das Pech, den ganzen Krempel – das (einst preußische) Rheinland und die (einst bayerische) Pfalz – verwalten zu müssen, aber im Namen unseres Bundeslandes, der Nachkriegszangengeburt Rheinland-Pfalz, nicht mal vorzukommen. Verraten wir's eben: *»Aus Rheinhessen, bitte sehr.«*

»Seeeeehn da alle so aus wie ihr?« Ein bisschen rotnäsig, etwas uffgestumbt, dabei hemdsärmelig – ja: Franz Anton Maulbertsch hat uns auf seinem monumentalen Himmelfahrtsgemälde (hängt heute in der St. Quintinskirche) gut getroffen. Also: *»Ja, die seh'n so aus wie wir.«*

»Waaaaarum seid ihr all' so blau?« Weil es hier um Fußballfanlyrik geht. Das Sujet Alkohol ist obligatorisch: *»Weil wir saufen wie die Sau!«*

»Neeeeehmt ihr Riesling mit ins Bett?« Der alte Goethe hat es erkannt: Das Leben ist viel zu kurz, um schlechten Wein zu trinken! Und weil auch in Mainz, der deutschen Weinkapitale, die Weinstuben irgendwann Feierabend machen wollen: *»Ja, sonst sind wir nicht komplett.«*

Schließlich: *»Giiiiibt's noch Lautrer in Rheinhessen?«* Ursprünglich nämlich massenhaft, schon zu Zeiten der Walter-Elf in den Fünfzigerjahren, als der FCK überall auswärts – kein Witz! – vor drei- bis fünfmal so vielen Zuschauern spielte wie daheim, auf dem chronisch leeren Betze. Lange hat's gedauert, sich vom Platzhirsch zu emanzipieren. Und ein paar von ihnen gibt es hier natürlich immer noch; inzwischen aber wildern wir im Lauterer Kernland. Also: *»Nein, die ham wir aufgefressen!«*

Entstanden ist das *Schlumpflied* irgendwann einmal als Zeitvertreib im Sonderzug zu einem Auswärtsspiel im Süden. Längst ist es zum Ritual aufgestiegen, zu einem der wenigen festen Tribünen-Programmpunkte, die nicht den Ultras gehören oder von ihnen kommen. Vorsingen darf es nur der »Schlaue Rolf«, ein Allesfahrer alter Schule, der sich dafür etwas nach vorn neigt und mit einem Bein abstützt, der mit jahrelanger Erfahrung seinen Atmungsapparat auf Linie bringt, auf maximale Lautstärke ausrichtet, die erste Silbe langgezogen, fortan im Takt scharf betont, die letzte Zeile gelegentlich auch an den Gegner anpasst. Das passiert genau ein Mal im Spiel, wenn's die Situation erlaubt, gelegentlich auch gar nicht. So oder so, die Tribüne weiß genau, was zu tun ist.

2007 wurde das Schlumpflied von der Deutschen Akademie für Fußballkultur als bester Fangesang ausgezeichnet und mit 500 Litern Bier prämiert – das symbolisch überreichte Fass stand lange im Fancafé. Bei der Preisverleihung antwortete dem »Schlauen Rolf« beim Vorsingen ein Kinderchor. Es war ein bisschen bizarr. Aber Ausreden gibt es nun keine mehr: Jeder sollte inzwischen wissen, wer wir sind und woher wir kommen. Darauf ein »Schalalalala«.

GRUND 21

Weil Gott Jokus mit uns im Schatten des Doms ein Halleluja singt

Wer einmal dabei war, wenn in Mainz im Stadion *Wir sind nur ein Karnevalsverein* von den Rängen schallt … Und wer dann noch Zeuge wird, wenn die Südtribüne das *Schlumpflied* zum Besten gibt … Der mag wohl der irrigen Meinung sein, in Sachen ungewöhnlichen Liedgutes bei uns schon alles gehört und erlebt zu haben. Aber das ist natürlich ein Irrtum: Wir können noch ganz, ganz anders. »Kann man hier nicht auch herkommen, wenn man mit der Scheißfastnacht nichts am Hut hat? Ich will einfach Fußball schauen.« Gelegentlich kann es schon vorkommen, dass man im Block derlei Beschwerden aufschnappt – und sich den maulenden Fan dann gerne zur Brust nehmen würde. Nicht, um ihn zu schütteln oder zu bekehren, sondern um ihm zu erklären, dass Bekehrung ebenso wenig notwendig ist wie eine gesteigerte Sympathie für die Fastnacht, um inbrünstig die Lieder mitzuschmettern, die aus deren Sälen über die Jahrzehnte ins Stadion geschwappt sind. Das hat nämlich, so seltsam es im ersten Moment klingen mag, mit der Fastnacht selbst gar nicht viel zu tun.

Wenn im Stadion in schier ausweglosen Situationen das *Rosenmontagslied* angestimmt wird, mit dem Margit Sponheimer 1969 einen großen Hit hatte, oder wenn nach Abpfiff Thomas Negers *Im Schatten des Doms*[19] erklingt, geht es nicht um die Fastnacht als solche, nicht um die durchgefeierte Fünfte Jahreszeit, sondern um ein Gefühl, das diese Lieder fernab von Kostümierung und Theaterschminke transportieren.

Margit Sponheimer, als Inbegriff des »Meenzer Mädches«, und Thomas Neger, Enkel der Fastnachtslegende Ernst Neger, verkörpern in gewisser Weise die Beziehung, die viele Mainzer zu ihrer Stadt haben. Darin steckt ein tief empfundenes Gefühl von Heimat, völlig unpatriotisch, aber hochemotional – und jeden Morgen neu verliebt. Darin steckt die Gewissheit, einen Ort zu haben, an den man gehört, zu dem man immer wieder und stets aufs Neue zurückkehren kann. Darin steckt das Vertrauen, Menschen gefunden zu haben, mit denen man etwas teilt, und vor denen man sich genau so zeigen darf, wie man ist; die einen verstehen und annehmen.

Das ist natürlich völlig kitschig und überhöht, macht aber nichts, denn es hat im tiefsten Kern nur eine Bedeutung: Liebe. Und die darf nicht nur kitschig sein, sie muss es bisweilen sogar. Und es ist ja eine Liebe mit Geschichte, denn so, wie der Verein wächst und sich entwickelt und Krisen übersteht, hat es auch die Fastnacht getan – vor allem aber Mainz als Ort, als Stadt, die im Krieg stark versehrt wurde, die seither geteilt ist, wovon wiederum Ernst Neger, wir erinnern uns, in *Heile, heile Gänsje* bereits gesungen hat; und der klingt quasi in unseren Köpfen mit und in unseren Herzen mit an, wenn die Stimme seines Enkels ertönt.

Es besteht eine unausgesprochene Einigkeit darüber, dass die Fastnacht zu Mainz gehört und Mainz ohne die Fastnacht nicht denkbar ist. Genauso ist es mit Mainz 05 – der Verein gehört zur Stadt und die Stadt zum Verein. Darüber kann es keine zwei Meinungen geben,[20] und selbst, wer mit dem einen oder anderen nichts am Hut hat, wer das Stadion nicht betritt oder in der Fünften Jahreszeit die Innenstadt meidet, wird erklären können, zärtlich, eindringlich und schlüssig, warum beides so wichtig ist für die Identität dieser Stadt.

Und mit eben jener Zärtlichkeit und Eindringlichkeit, die zur Erklärung des speziellen Mainzer Dreigestirns »Stadt-Fastnacht-Verein« an den Tag gelegt wird, werden die besagten Lieder gesungen. »Am Rosenmontag bin ich geboren, am Rosenmontag in Mainz am Rhein. Bis Aschermittwoch bin ich verloren, denn Rosenmontagskinder müssen närrisch sein.« Darin steckt eine romantische Aussage über Identität – und für die spielt aus Fansicht der Verein eine immens wichtige Rolle. Darin steckt aber auch eine kindliche Hoffnung darauf, dass alles gut wird, wie sie jede Hymne zu transportieren hat, um wahrhaftig und von Herzen zu sein.

Das gilt umso mehr für *Im Schatten des Doms*, einen Song (wenn man ihn denn überhaupt so nennen darf), an dem sich in der Fastnacht wie auch im Stadion die Geister scheiden, der aber letztlich eine Mission erfüllt, die ihm so sicher niemals zugedacht war, wenn er nach grauenhaft verlorenen Spielen die Massen eint und Tränen fließen lässt; und sei es nun aus Kummer oder (vereinzelt) auch peinlicher Berührung: »Wir alle, wir leben im Schatten des Doms, und Gott Jokus singt mit uns ein Halleluja. Wir halten uns're Fahnen schwenkend hoch in den Wind, und danken, dass wir Gast auf Erden sind.«

Ja, das sind Schmerzen. Würden wir auch nie anders behaupten. Es sei denn, wir sind gerade am inbrünstigen Mitschmettern – oder damit beschäftigt, uns die völlig selbstvergessenen Tränen der Rührung aus den Augen zu wischen. Und mit dieser Ambivalenz sind wir nicht alleine – ein ganzes Stadion weiß, es ist unmöglich, sich diesen Liedern zu verschließen. Jürgen Klopp wusste das übrigens auch. Den kann Thomas Negers Hit der Legende nach so vollends aus der Fassung bringen, dass wir diesen zu seiner Dortmunder Zeit vor Spielen gegen den BVB regelmäßig in Dauerschleife laufen ließen. Dass wir so im Herbst 2014 die Initialzündung für die Amtsniederlegung des Kulttrainers lieferten, war natürlich niemals unsere Absicht.

GRUND 22

Weil wir auch der Innenministerkonferenz Fastnachtslieder trällern

Februar 2002, der Donnerstag vor Fastnacht. Auswärts in Karlsruhe, Heerscharen von Mainzern werden an einem Nebenbahnhof weitab des Wildparkstadions von ihrem Sonderzug ausgespien. Es herrscht Alarmstufe Rot – mindestens! Die Polizei Baden-Württemberg ist sicherheitshalber direkt mit ihren Polizeimonstern angerückt, den Pferden im Elefantenformat. Nervös. Und was machen die 05-Fans? Die marschieren zum Stadion und singen dabei munter Fastnachtslieder. Die Anwohner hängen aus den Fenstern und staunen, Mainz gewinnt das Spiel – trotz Fastnacht! – 4:1 und im Rosenmontagszug geht's zurück an den Bahnhof. Eat this, Innenministerkonferenz!

GRUND 23

Weil Heinz aus Mainz schon eure Väter kannte

An einem Abend im Januar 2015 meldete sich der damalige Chef des Autors mit einer traurigen Nachricht: »Der Heinz ist gestorben.« Alle, mit denen man darüber in den nächsten Tagen sprach, reagierten gleich: »Was, der Heinz? Den habe ich doch gerade noch getroffen!«, in der Kneipe, in der Kirche, auf dem Markt. Ja, er war allgegenwärtig, der *Heinz aus Mainz*.

Im Alltag in der Stadt, ansonsten im Weltfußball: Mit Trainer Eckhard Krautzun in Nordafrika, mit den 05-Amateuren in der Türkei und auch mal da, wo's brennt: Als in Tunesien der Arabische Frühling ausbrach, bereitete sich Eintracht Braunschweig dort gerade auf die Rückrunde vor. Die Mannschaft brachte sich vorzeitig in die europäische Sicherheit und nahm Heinz aus Mainz (der gerade die diversen Ex-05er der Eintracht besuchte) kurzerhand im Charterflieger mit.

Heinz aus Mainz war eine lokale Fußballlegende. Vernetzt in allen Bereichen des Sports. Er war Trainer im Amateurfußball, er war Schiedsrichter und stand in der Bundesliga mit der Fahne in der Hand an der Seitenlinie. In Darmstadt hat er mal einen Dackel mit der Roten Karte des Feldes verwiesen, als der sich unbotmäßig ins Spiel einzumischen wagte. Er hat Spielertransfers eingefädelt, die Pressearbeit der 05er erledigt – und in seinem Notizbuch stand vermutlich jeder Spieler, Trainer, Manager, der von der Verbandsliga aufwärts mal irgendeine Rolle im internationalen Fußball gespielt hat. Nannte man einen davon im Gespräch, musste man sich darauf gefasst machen, dass Heinz aus Mainz aus dem Stand Anekdoten erzählte, wie er vor Jahrzehnten schon mit dessen Vater …

Die größte Stärke des Heinz aus Mainz allerdings hatte mit Fußball überhaupt nichts zu tun, sondern lag darin, dass er immer und überall für jeden ein freundliches Wort parat hatte, notfalls auch einfach ein freundliches Gesicht. Die Nachbarstochter des Autors hat einst mit ihrem wenige Monate alten Kind ihre Mutter besucht. Und das Kind hat geplärrt und geplärrt und geplärrt! Bis wer am Schauplatz des Dramas erschien? Na klar – Heinz aus Mainz. Der seinen Kopf in den Kinderwagen hielt, woraufhin das Kind augenblicklich all seine Sorgen vergessen hatte und sich in Sekunden beruhigte. Ob Heinz auch dessen Vater kannte, wissen wir nicht. Aber wir nehmen es an.

Jetzt ist er nicht mehr da, der Heinz, dieser unersetzliche Botschafter der 05er in aller Welt. Im ersten Heimspiel ohne ihn gab es im Stadion eine Schweigeminute – allerdings für den verunglückten Wolfsburger Junior Malanda. Vom ebenfalls in jenen Tagen verstorbenen »Glatzenwilli« Dietrich, mit seinem kunstvollen Kopfschmuck jahrelang ein unverwechselbares Gesicht der 05er, und vom Heinz aus Mainz verabschiedeten wir uns mit einem donnernden *You'll never walk alone*. Ein wenig galt uns das auch selbst, um uns im Angesicht dieser Verluste zu trösten.

3. KAPITEL

DIE VIERTE GEWALT IN ROT UND WEISS

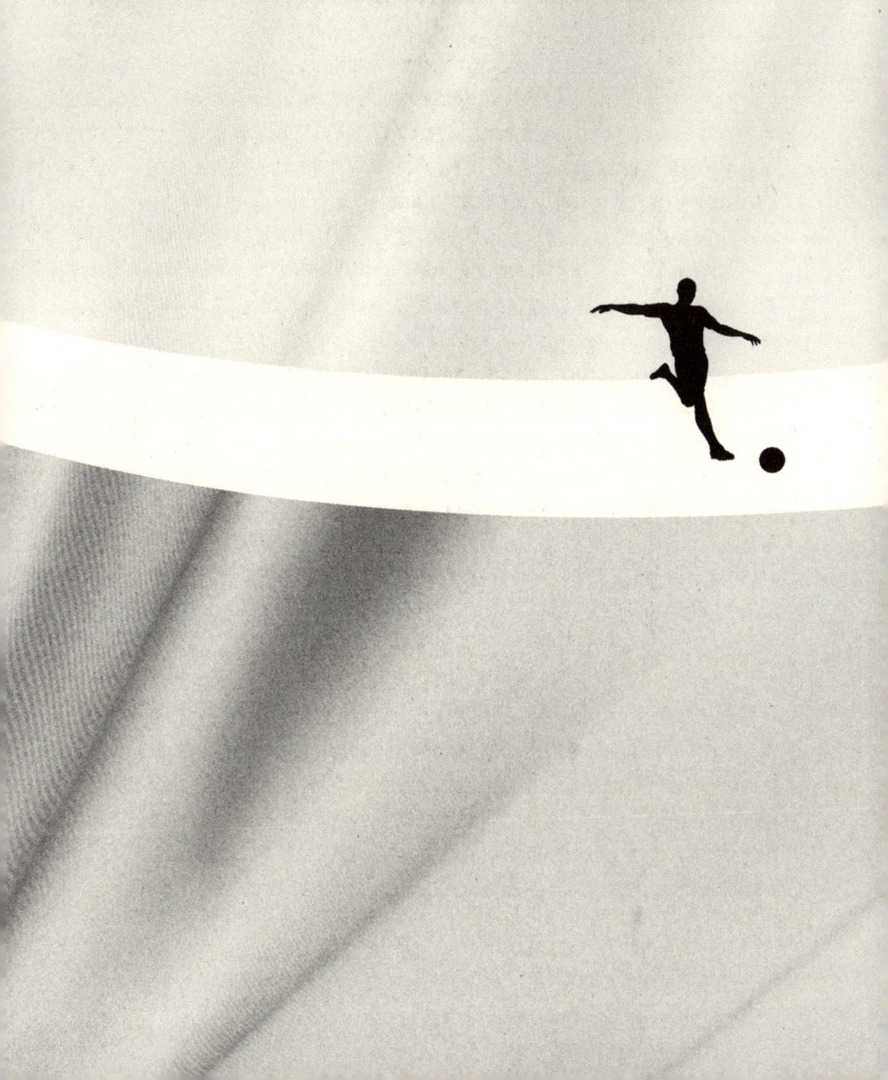

GRUND 24

Weil *Die TORToUR* ausgezeichnet ist

»*Die TORToUR, Die TORToUR*, die hat immer recht«, behaupten wir, politisch unkorrekt, was manchmal wichtig ist für ein Fußballfanzine. »Die ist immer schlecht«, sagen wir, um unsere Stammkundschaft zu amüsieren, die das natürlich besser weiß. *Die TORToUR*, das kann heißen: Redaktionssitzungen mit gerade mal vier Teilnehmern. Drei Wochen vor Redaktionsschluss kein Titelthema, kein Cover und erst sieben Artikel. Es folgen Nachtschichten, Nervenzusammenbrüche, unmenschlicher Einsatzwille – und schlussendlich eine Leserschaft, die uns schon wieder erzählt, wir hätten gerade das beste Heft von allen herausgebracht.

Offiziell das drittbeste: Bei der Wahl zum besten deutschsprachigen Fußballfanzine, ausgerufen von der *Deutschen Akademie für Fußballkultur*, mussten wir nur dem Aachener Magazin *In der Pratsch* – bis heute haben wir keine Ahnung, was das überhaupt bedeuten soll – und, wahrscheinlich aus purer Gewohnheit, dem *Übersteiger* aus St. Pauli den Vortritt lassen. Und das mit der Nummer 21, die (finden wir) gar nicht mal zu den Höhepunkten unseres Regals gehört. Die ohne Vorwarnung von Offenbach aus nominiert wurde mit der Begründung: »Damit die auch mal dabei sind.« Wir behaupten: Mit der Nummer 22 hätten wir das Ding gewonnen!

Die TORToUR, Die TORToUR: Einst entstanden aus dem Kick 'n Rush, das wiederum entstanden ist aus der *Gegengerade*, die sich einstmals das Fanprojekt ausgedacht hatte. Erstausgabe im April 2001, seither eigentlich permanent von der sofortigen Einstellung bedroht – und doch bei der Ersterscheinung dieses Buches im September 2013 so stabil wie zuvor lange nicht mehr. Die Nummer 33 gerade erschienen und fürs nachgestellte Teamfoto der 05er aus dem Jahre 1926 auf dem Cover der 32 (April 2013) mussten wir lediglich drei Passanten kidnappen, um der Leserschaft elf anwesende

Redakteure (plus einen, der das Foto gemacht hat) vorzugaukeln – neun der zwölf sind also echt! Darunter mit dem Torwart und der Mittelläuferin die Autoren dieses Buches.

Höhepunkte auf dem Weg: Die angetackerten Tütchen mit Gegengeradendreck nach dem Abriss unserer alten Sandkastentribüne. Der Adventskalender zum Zukleben, bei dem das Weihnachtsland von Unholden wie Sascha Rösler, Paul Linz, Johannes B. Kerner oder dem FCK befreit wird. Unsere güldene Aufstiegsausgabe. Das *TORToUR*-Quartett mit Spielern der letzten 100 Jahre, das derartig schnell ausverkauft war, dass wir eine weitere Auflage bestellen mussten.

Die *TORToUR* macht sich wichtig, sie fragt nicht um Erlaubnis, sie nimmt keine Rücksicht und kein Blatt vor den Mund, sie macht einfach. (Womit sie eine Menge mit dem Mainzer an sich gemein hat.) Wir haben ein vierseitiges Interview mit Miroslav Karhan geführt, der bis dahin in seinem ganzen Leben noch nie drei Sätze am gleichen Tag gesagt hatte! Wir hatten noch vor allen anderen Medien das erste ausführliche Interview mit Neu-Cheftrainer Thomas Tuchel, der ein paar Jahre später die Weltpresse versetzte, weil er lieber noch mal mit uns sprechen wollte und sich gerade nur für ein einziges Interview die Zeit nehmen konnte (oder wollte). Wir haben nach 75 Jahren unser altes abgerissenes Stadion ausgegraben, zumindest ideell. Und wir haben einen Gastartikel in der Ausgabe zum zehnten *TORToUR*-Jubiläum, in dem unser Ex-Manager uns schon mal zum 20. Geburtstag gratuliert, unterschrieben mit »Euer Fan Christian« – dass der Mann rechnen kann, weiß nun wirklich jeder. Im April 2021 werden wir es wieder aufgreifen.

Und in der Zwischenzeit haben wir – oder zumindest Teile von uns – dieses Buch geschrieben, um einer neuen Zielgruppe klarzumachen: »Diiiie neue *TORToUR*, e schee Heftsche, nur ein Euro fuffzisch! Kaaft *TORToURn*, Ihr liebe Leit', eh' mir der Kaddong runnerfällt!« Im Herbst 2019 aber wäre es ein leerer Karton, den der fleißige Verkäufer in die Luft recken würde, oder einer mit alten Ausgaben, der Nostalgie wegen. Denn auch, wenn dieses Geständnis uns schwer fällt: Seit einiger Zeit schläft die *TORToUR*. Die Redaktion hatte vorübergehend wichtigere Dinge zu erledigen, der demographische Wandel und der Niedergang der Printmedien machen auch vor uns nicht Halt. Aber sie ist nicht tot, sie riecht nur komisch. Sie wird wiederkommen. Irgendwann einmal. Und es wird glorreich werden.

GRUND 25

Weil nur wir unser altmodisches *Kigges*-Forum aushalten

Es gibt im Umfeld von Mainz 05 etliche Leute, die sich aus guten Gründen die Frage stellen können: Wo wäre ich heute, hätte es das *Kigges*-Forum nicht gegeben? Die Autoren dieses Buches gehören dazu, denn sie wären sich ohne das Forum relativ sicher nicht über den Weg gelaufen und hier stünde jetzt langweiliges Zeug von Gott weiß wem. Auch *Die TORToUR* wäre nicht dieselbe gewesen: Viele der über die Jahre hinzugestoßenen Redaktionsmitglieder haben sich im Forum ihre ersten hitzigen Diskussionen geliefert. Ganz zu schweigen davon, dass Michael Bopp, geistiger Vater, Gründer und bis heute Hauptpfleger von *Kigges*, über dieses erste »Baby« und einige kleine Umwege mit seiner Frau zusammengekommen ist (was weitere Babys nach sich zog – diesmal offline), ihres Zeichens wiederum Tochter von Ex-Supportersvorstand Udo Seyfarth. Die Welt *ist* klein, das gilt erst recht bei uns in Mainz. Wenn also *Kigges*-Papa Michael mit glitzernden Augen sagt: »Allein dafür war es das alles wert«, dann nicken um ihn herum etliche Köpfe merklich und gleichfalls ergriffen.

Im Ursprung wollte Bopp sich anhand eines eigenen Projekts fitmachen für diverse Internettechniken. Da zu dieser Zeit die offizielle Homepage der 05er aus nicht viel mehr als einem Gästebuch bestand, war die Idee schnell geboren, das Projekt rund um den Verein anzusiedeln.

Zunächst mit Markus Fleischer, später mit Roger Brinkmann baute Bopp die Seite auf. Deren Hauptinhalte: Vor- und Nachberichte zu den Spielen und ein Forum, das heutzutage in seiner Baumstruktur mittelschwer anachronistisch anmutet, von seinen Usern aber in genau dieser Form aufs Schärfste verteidigt wird.

Befragt nach der Anfangsphase der Seite gerät ihr Macher ins Schwelgen und Schwärmen. In Zeiten, als die Berichterstattung rund um Zweitligaspiele (genau darum ging es anno 2001) weit von der heutigen Lückenlosigkeit entfernt war, wurden die zeitnahen Spielberichte im Netz dankbar aufgenommen, im Forum »hätte man quasi jedes Mitglied zum Moderator ernennen können«. In jenen Zeiten saßen die handverlesenen Mitschreiber noch regelmäßig bei Offlinetreffen in Mainzer Kneipen zusammen, bei denen mit einem »Hallo, ich bin der Christian«, durchaus auch mal der damalige Manager mit seinem Teamchef Axel Schuster zur Runde stieß. Überhaupt nahm der Verein regen Anteil an dem, was auf *Kigges* passierte. So lautet Bopps schönste Erinnerung an die frühe Zeit denn auch: »Eines Abends rief Christian Heidel gegen acht Uhr abends an, um uns zu sagen, sie hätten Benni Auer verpflichtet. Die Zeitungen würden es alle am nächsten Tag bringen – er wollte, dass wir es auch haben.«

Später stieß auch Ben Praße zu den »*Kigges*-Kaspern«, sprich: ehrenamtlichen Moderatoren. Die Aufteilung zwischen den beiden ergab sich organisch: Bopp mit dem Schwerpunkt auf der Schreiberei, Praße mit dem Ohr für die Belange der Fans; sicher ein wichtiger Meilenstein auf seinem Weg zur langjährigen Position als einer der beiden hauptamtlichen Fanbeauftragten von Mainz 05.

Das Forum machte diverse Wechsel der Redaktionssysteme durch, blieb aber, siehe oben, seiner Baumstruktur immer treu: Hier finden sich nur Hartgesottene zurecht, Fans anderer Vereine hingegen verzweifeln, wenn sie sich vor Auswärtsspielen im Forum umschauen. Aber die einmalig angedachte Einführung eines Boards wurde von den Usern unter lautem Protestgeschrei verhindert.

In den Jahren nach dem ersten Aufstieg platzte *Kigges* aus allen Nähten – diese Mannstärke hat das Forum bis heute beibehalten. Manch einer weint den guten alten Tagen hinterher, in denen einige wenige sich auf relativ hohem Niveau über Taktik und Trainerentscheidungen austauschten, doch der Lauf der Zeit macht eben auch vor einem Forum nicht halt, Baumstruktur hin oder her – klingt pathetisch, ist aber so. Die klassischen Spielberichte sind heute eher Kommentaren gewichen, nach dem Weggang von Ben Praße hat Michael Bopp das Team in Sachen Moderatoren fürs Forum abermals aufgefrischt. Und das ist eine gute Nachricht, beinhaltet sie doch die Gewissheit: Ein Ende ist nicht in Sicht.

GRUND 26

Weil wir die besten Zaubermomentebildersammler haben

Es ist heutzutage im Vergleich zu gar nicht allzu lang vergangenen Zeiten unfassbar einfach, nach jedem Spieltag neben der Fernsehberichterstattung auch noch in einer Vielzahl von Fotos vom Spiel und dem Drumherum zu schwelgen: Ob auf Webseiten der diversen lokalen Medien, Facebook- und ähnlichen Auftritten des Vereins oder den Internetpräsenzen der Spieler, kaum pfeift der Schiedsrichter ab, ist das Web voll von optischen Dokumentationen schwankender Qualität.

Einen besonderen Touch bekommt das Ganze dann, wenn es die Fans sind, deren Eindrücke sich da verewigt wiederfinden – ein bisschen so, wie wenn ein verliebtes Pärchen Schnappschüsse voneinander macht: Wenn derjenige hinter der Kamera das Objekt vor der Linse mit besonders viel Gefühl einfängt, wird das Bild eben auch besonders magisch.

»Ich finde es toll, dass unsere Perspektiven so verschieden sind«, erklärt Christoph Kessel – und meint damit neben seinem eigenen Auftritt als *Meenzer on Tour* mit Fotos rund um Mainz 05 auch den von *Rheinhessen on Tour* und der mittlerweile eingestellten Plattform *Zaunsturm 1905* (URLs der Seiten finden sich im Anhang). »Meine Bilder zeigen die Perspektive im Block, also aus dem Geschehen heraus. Die Rheinhessen fotografieren viel *auf* den Block, mit einem gewissen Abstand. Und die Bilder bei Zaunsturm sind wiederum vielfach ganz nah an den Spielern dran, im Innenraum, haben also noch mal einen anderen Blick aufs Geschehen.« Damit war Sven Derrick, der die im Juni 2013 eingestellte Seite *Zaunsturm 1905* betrieben hat, mit seinen Fotos sicher am nächsten dran an dem, was an professionellen Bildern aufgenommen wird.

Bei den Jungs von *Rheinhessen on Tour* finden sich Bilder zu (fast) allen Heim- und Auswärtsspielen jeder Saison und Aufnahmen von Veranstaltungen rund um Mainz 05. Mit viel Spaß an der Fotografie sind hier seit 2003 Fans am Start, heute fotografieren rund fünf Leute im Wechsel bei den Spielen. So ergeben sich bei den qualitativ längst bemerkenswert guten Bildern wechselnde Perspektiven, hin und wieder entsteht auch ein Video. Bei Heimspielen bewegen sich die Hobbyfotografen im Innenraum, für Spiele auf fremden Plätzen kümmert sich die Fanbetreuung um einen Kontakt. Nicht immer aber sei das Fotografieren in den Auswärtsstadien wie erhofft möglich, bedauert 2013 Christoph Klee, einer der Rheinhessen.

Christoph Kessel hat für sich einen anderen Ansatz gefunden und fotografiert fast ausschließlich bei den Auswärtsspielen. Was er daran besonders spannend findet? »Im Heimstadion sind die unterschiedlichen Fans, wenn man das so sagen kann, aufgeteilt auf ›ihre‹ Blöcke. Aber auswärts vermischt sich alles, zu einer bunten, gemeinsamen Gruppe, das hat für mich einen ganz besonderen Reiz.«

Nach dem Studium reiste der 05-Fan ein Jahr lang mit öffentlichen Verkehrsmitteln um die Welt. Obwohl er damals von Fußball eigentlich gerade die Nase ziemlich voll hatte – der Verein war in jenem Mai 2002 aufgrund eines fehlenden Punktes am Aufstieg in die 1. Liga gescheitert – hatte er einige Fanutensilien im Gepäck. So entstanden unterwegs bald an allen Ecken der Welt Bilder von Menschen, die einen Wimpel oder Schal in rot und weiß in die Kamera halten.

»Ich dachte damals, Mainz oder die 2. Liga, das kennt da niemand«, erinnert er sich an seinen Trip. Stattdessen war beides oft genug gut bekannt – und Kessel sah sich mit Nachfragen konfrontiert, die ihn zum Schmunzeln brachten: »In Indonesien wollte ein Junge von mir wissen, was beim Vereinsname ›Hansa Rostock‹ denn der Name der Stadt ist – ›Hansa‹ oder ›Rostock‹, das war schon witzig.«

Nach seiner Heimkehr schrieb der Mainzer ein Buch über die Reise, sein nächstes großes Fotoprojekt wurde Mainz 05 und ist es bis heute geblieben. Er begleitete den Verein auf seinen Auswärtsfahrten in der ersten Europapokalsaison der Geschichte, knipste in den Anfangsjahren in der 1. Liga in fast jedem Auswärtsstadion und reiste in der Serie, als Mainz 05 dem Oberhaus vorübergehend den Rücken gekehrt hatte, eine Zweitligasaison lang zu fast jedem Auswärtsspiel: »Das war ein bisschen wie Heimkommen« – wenn auch an Orte, denen man sich eigentlich bereits entwachsen geglaubt hatte.

»Ich habe nie versucht, an Presseausweise oder Innenraumpässe oder etwas in der Art zu kommen«, erklärt Kessel. Wichtig sei immer der Gang ins Getümmel, um mit der Kamera genau da zu bleiben, wo die Fans ohne Kamera stehen. Und das drücken seine Bilder – und längst auch textliche Rückblicke auf die Spiele – auch aus: Gerade nach Begegnungen, bei denen man selbst im Block gestanden hat, bringen sie die eigenen Gefühle und Gedanken dieser 90 Minuten in der heimatlichen Fremde zurück.

GRUND 27

Weil wir einen eigenen Fankanal hatten

Irgendwann hatte Piers Harig, der Macher des *Mainzer Fankanals*, tatsächlich auch mal den großen Schweiger Nikolče Noveski vor der Kamera und am Mikrofon: In der Saison 2010/11, in der die Mainzer spektakulär den fünften Platz erreichten und bei ihrer Heimkehr vom entscheidenden Auswärtssieg auf Schalke von den Ultras mit einem mittelgroßen Pyrogefackel empfangen wurden, um das Unwirkliche wirklich werden zu lassen. Und der Kapitän, der sich sonst immer wegduckt, wenn irgendeine Kamera – selbst die des Fankanals also – ums Eck kommt, bot beschwipst und glücklich an, das Wunder von Mainz 05 zu kommentieren. Blöd nur, dass da im Bus gerade das Licht ausging, damit die Spieler sich an der draußen flackernden Pyro erfreuen konnten. Als Harig, an dem Abend vor lauter Glückseligkeit selbst schon mittelschwer angetüdelt, später das Material sichtete, war schnell klar – die Aufnahme mit Noveski taugte maximal als Audiofile …

In den frühen Neunzigerjahren hatte Harig seine Leidenschaft zum Beruf gemacht und drehte, schnitt und emotionalisierte anschließend jahrelang an jedem Spieltag, den der Fußballgott werden ließ, Beiträge rund um diesen Sport. Ausgebildet und zunächst angestellt in Köln, kehrte er schließlich vom Heimweh getrieben nach Mainz zurück, um sich hier seine beruflichen Nischen zu suchen. Parallel dazu wuchs der Wunsch, auch etwas mit dem Verein zu machen, für den sein Fanherz schlägt.

Im Jahr 2002 ging nach Absprachen mit 05-Vertretern das *FSV-TV* online. Für eine Saison erstellte Harig in loser Folge Beiträge rund um den Verein, danach schlief die Idee wieder ein. »Für den Verein war das noch zu früh«, mutmaßte er später. Hinzu kam, mit Bewegtbildern war in dieser Zeit (noch) nicht unbedingt Geld zu machen. »Du musstest immer irgendwen von deinem Konzept überzeugen, um an Kohle zu kommen – und das im Zweifelsfall anpassen«, erinnert sich der Fernsehmacher.

Die Lösung lautete anschließend für eine Weile: Das eigene Projekt umsetzen, ohne daran zu verdienen, dafür aber mit vollständiger inhaltlicher Freiheit. In der Saison 2009/10 startete Harig mit einem Kollegen das *Mainzer Fansehen*. Das Konzept – viel Fußball und Verein, für die Fans nah dran an den Spielern und Verantwortlichen und zugleich Sprachrohr der Fans selbst sein – ging auf und dauerte eine erfolgreiche Saison lang. Mit deren Ende gingen Harig und sein Partner getrennte Wege, hinzu kam in Form einer Unterlassungsklage der Hinweis: der Begriff »Fansehen« war bereits geschützt worden, andernorts, und durfte benutzt werden.

In die anschließende Saison startete der Fernsehjournalist aus Leidenschaft mit einem finanziellen Partner – der *Mainzer Rhein-Zeitung* – und einem nagelneuen Namen: *Mainzer Fankanal.* Rund 100 Sendungen im Jahr produzierte Harig seinerzeit, mit Interviews vor und nach dem Spiel, aber auch bunten Beiträgen über die Belange der Fanszene. Distribuiert wurde all das über eine eigene Homepage, die der Mainzer Lokalzeitung und natürlich die gängigen Kanäle wie Facebook oder YouTube.

»Verbreitung ist das A und O«, sagt Harig – der Fankanal wurde nicht beworben, seine Zuschauer fand er über Mund-zu-Mund-Propaganda, die bestens funktionierte. Als oberstes Credo gab der Macher schlicht aus, der Spaß solle für die Fans »definitiv immer kostenlos« bleiben.

Deren Unterstützung war ihm sicher: Als zwischenzeitlich das Gerücht aufkam, die *Rhein-Zeitung* wolle aus der Kooperation aussteigen, konnte sich das Blatt vor erbosten Briefen der 05-Fans kaum retten, auch auf sozialen Plattformen sammelten sich willige Unterstützer, um mit Harig in den Kampf gegen das »böse Establishment« zu ziehen. Was aus dieser Zeit übrig blieb? Regelmäßige Angebote, »mir mal 20 Euro zu überweisen«, erzählt der brummbärige Videojournalist schmunzelnd. Doch von denen ließ sich letztlich nicht leben: 2013 wurde der Fankanal eingestellt. Schöne Formatideen rund um den Verein gibt es indes bis heute immer wieder. Aktuell sind dabei die »Hinterhofsänger« zu nennen, drei Fans, die ihre Vereinsliebe hörenswert im Podcast ausleben.

GRUND 28

Weil unsere Hymnen mehrdimensional sind

Nur auf Vaters Schultern, konnte sie was sehen und sofort war es um sie geschehen.[21] Das singt Julia von den Rimini Piranhas quasi in Vertretung, denn den Text hat ihr damaliger Freund Klaus Deckert geschrieben, der Bassist dieser Mainzer Punkband. Seine neuen Helden waren »die Elf in Rot-Weiß«, so geht der Text danach weiter, »die Kämpfer vom Bruchweg, gebadet im Schweiß«. 1974 war das, Mainz 05 spielte in der 2. Liga Süd gegen Bayern Hof und die SpVgg Bayreuth.

Knapp 30 Jahre später brüllt ein großer, langhaariger Mann über ein dröhnendes Gitarrenriff: »Tooooor! Tooooor! Tor für Mainz!« Aber dazu kommen wir später; erst mal müssen wir in Mannheim verlieren. Letzter Spieltag der Zweitligasaison 2000/01; Waldhof muss uns schlagen, um aufzusteigen, braucht außerdem eine Niederlage des FC St. Pauli. Bei uns ist nach legendärer Aufholjagd und verhindertem Abstieg die Luft raus, wir werden 4:0 überrollt und ja, es ist unfein, sich im Gästeblock über den Hamburger Siegtreffer zu freuen, aber unter alten Feinden macht man das so. Gerächt hat es sich. Kurzzeitig.

Hingefahren sind wir mit dem Sonderzug, retour geht's nach der in Mannheim zum Lokalkolorit zählenden Straßenbahnpanoramafahrt durch die Randale per Schiff. Vier Stunden den Rhein runter: Motorkopp spielen, 2000 Mainz-Fans haben ihren Spaß und Volker Kratz vom Fanprojekt, einer von vier 05-Legenden (dazu kommen wir ebenfalls später noch), hat eine Idee: Lasst uns einen 05-Sampler aufnehmen! Fünf lokale Bands sind dabei; neben Motorkopp und den Rimini Piranhas spielen Bildungslücke, Dogman und, unter Pseudonym, die Wilden Zeiten mit, im Backgroundchor grölen aus vollen Kehlen die 05-Profis Michael Thurk, Dennis Weiland und Sandro Schwarz.

Nach dreißigsekündigem Geplänkel eröffnet Dogman-Sänger Mibo das Spiel mit dem ersten Torschrei. Frühes 1:0, so kann man arbeiten! Motorkopp schicken das Publikum mit *Fußball und Rock* zum Bierstand; es wird noch eine lange Halbzeit, da muss man topfit sein! Zumal nach dem Überfall der ersten Minute jetzt schon der große Höhepunkt der Partie folgt: *Liebe meines Lebens* von den Rimini Piranhas; autobiografische Nostalgie gepaart mit der Euphorie der Saison 2001/02, in der die 05er alle Rekorde brechen – und zum Zeitpunkt der Veröffentlichung noch nichts vom tragischen Ende in Berlin ahnen können …

Tatsächlich hätte man keinen besseren Zeitpunkt für ein solches Projekt erwischen können – die »Wir können alles«-Stimmung jenes Jahres zieht sich über die gesamte erste Halbzeit der Platte. An das zauberhafte Kombinationsspiel mit Keyboard und Pathos erinnert sich jeder. Ewig. Mit Motorkopp (*Stockvoll im Stadion*) geht es zurück an die Bierbude, Dogman (*Mainz zu null*) machen hinten dicht, dann nageln Motorkopp nach ganz kurzem Durchatmen in Moll mit einem fünfeinhalbminütigen Powerplay namens *Hasta Siempre, Cloppandante* stilvoll megaloman ganz Fußball-Europa sowie Wiesbaden am 16er fest, ehe die Piranhas (*Trio infernale*) nahtlos übernehmen. Tempo hochhalten!

»Wollemer'n roilasse?«, schreit der »Schlaue Rolf« über die kurze Pause zwischen den Liedern die traditionelle Frage, mit der Fastnachtsvorträge und Eckbälle einzuleiten sind. »Enoi mit 'em!«, lautet die Antwort: Die Flanke kommt, der Kopfball sitzt, Manuel Friedrich trifft zum vierten Mal – aufgenommen beim turbulenten 4:4 gegen den MSV Duisburg an einem nassen Novemberabend im Jahr zuvor. *Mainz wird Meister,* stellen Motorkopp klar. So was von!

»Ein Fußballlied muss den Nerv treffen«, erklärt Klaus Deckert. »Man muss selbst Fußballfan sein und mit der Mannschaft, über die man schreibt, mitleben und mitfühlen. Sonst wird es ein Schablonenlied. Und den Unterschied merkt man. ›Wir sind die Besten‹ – so einen Text würde ich nicht schreiben. Der wäre mir zu eindimensional.« Das perfekte Fußballlied ist für ihn demnach das Meisterwerk der Lightning Seeds, *Three Lions (Football's coming home)* – und wer wollte ihm da widersprechen? Das inoffizielle Lied zur EM 1996 ist ein zeitloses Lehrstück, eben nicht nur anwendbar auf 30 titellose Jahre der englischen Nationalmannschaft, sondern auf sämtliche Bereiche, in denen Loyalität in schlechten Tagen gefragt ist. Inhaltliche Parallelen zur *Liebe meines Lebens* sind übrigens nicht beabsichtigt, und doch: Sie sind da. Vielleicht liegt es an dieser Verwandtschaft, dass sich das Lied (fast) als einziges dauerhaft etabliert hat, dass es regelmäßig bei den Auf-, Ab-, Nichtauf- und Nichtabstiegsfeierlichkeiten live gespielt wird.

»Und jeden Sommer hoffe ich auf's Neue, dass wir alle unsere Gegner schlagen«, singt Julia in der zweiten Strophe. 2003/04 haben wir so ziemlich keinen unserer Gegner geschlagen und nach dem Aufstieg trotzdem die Mutter aller Feste gefeiert, »und es war absolut so, wie ich es mir beim Texten vorgestellt habe«, sagt Klaus. »Vor 30.000 Leuten vor dem Theater damit aufzutreten, war der absolute Knaller.« Kurz darauf erscheint eine zweite Aufnahme mit Orchesterbegleitung. »Das Lied ist auf drei Tonträgern erschienen«, rechnet Klaus hoch, »mit einer Auflage von jeweils mindestens 2000 – auf Mainz bezogen haben wir damit einen Platin-Hit produziert«. Einen Stadionklassiker für die Ewigkeit ohnehin.

GRUND 29

Weil der Sven die Haare schön hat

Wer Schmähgesange in ein positives Selbstverständnis ummünzen möchte, braucht dabei Unterstützung – eine kleine Hymne kann auch nicht schaden. Das dachte sich auch Christian Heidel angesichts seines Plans, uns zu einem Karnevalsverein aus Überzeugung zu machen, und setzte sich anno dazumal mit Sven Hieronymus ins Benehmen. Hieronymus kann nicht nur als legitimer Bernd-Schuster-Nachfolger angesehen werden, was die Rolle des »blonden Engels« betrifft, er ist zudem auch Leadsänger der Band Se Bummtschacks.

Was außerhalb von Rheinhessen zunächst klingen mag wie eine äußerst gefährliche Fußkrankheit, ist in Wahrheit eine Mainzer Comedy-Rock-Bänt; vermutlich haben sie das Genre auch erfunden und sind überdies möglicherweise bis heute seine einzigen Vertreter. In der aktuellen Besetzung gehören Oly Wahner, Holger Münker, Andreas Geisler und Sebastian Ritter zur Truppe.

Zur Aufnahme ihres ersten 05-Songs habe Christian Heidel sie »gezwungen, mit Geld«, beteuert Hieronymus, worauf seine Kollegen Protestgemurmel anstimmen. Es gab demnach vielmehr Eintrittskarten – und erste Auftritte im Stadion: »Vollplayback, weil die alte Anlage nichts anderes ausgehalten hat. Wir haben gebetet, dass die CD nicht hängen bleibt. Wir sind nur ein Ka-Ka-Ka« – Karnevalsverein, natürlich. Und so war die Hymne entstanden: »Wir sind nur ein Karnevalsverein, wir schenken euch noch einen ein.«[22] Helau!

Anfang der Zweitausender habe man »jedes Jahr einen Aufstiegssong« geschrieben, erinnert sich Christoph Steigner, bis Dezember 2013 Bassist der Band. Nur der Aufstieg ließ auf sich warten. »Von 2002 auf 2003 konnte man das alles ganz einfach ändern, weil was sich auf zwei reimt, auch mit drei funktioniert.« Im Jahr darauf war's dann aber Essig mit einfach, also nahmen die Bummtschacks erst mal keinen neuen Song auf. Vielleicht war das ja eines der tausend Zünglein an der Waage, die den Aufstieg wahrwerden ließen. Als darauf natürlich doch erneut ein Song eingespielt wurde, trällerten im Hintergrund auch einige 05-Kicker mit.

Die Lieder passten in genau diese Zeit des Vereins, passten zum Erwachen, zu der Leichtigkeit, aber auch zu den vielen Situationen, in denen die Nackenschläge so hart waren, dass nur überleben konnte, wer sich selbst nicht zu ernst nimmt. Und sie passen natürlich auch zur bereits beschriebenen, zärtlichen Verliebtheit, die Mainzer ihrer Stadt entgegenbringen, und die immer auch Teil der Vereinsliebe ist. Wenn hier das ganze Stadion anstimmt: »Mehr als ein Mainzer kann ein Mensch nicht werden, mehr als ein Mainzer kann ein Mensch nicht sein, drum wollen alle Fußballer auf Erden auch irgendwann mal Mainzer sein«, finden auswärtige Fans das entweder putzig oder albern, ganz sicher gehen sie aber davon aus, der Text könne so richtig ernst wohl kaum gemeint sein. Damit haben sie einerseits zwar recht, liegen aber andererseits vollkommen daneben, denn wir 05er wissen: Mehr als ein Mainzer kann ein Mensch *tatsächlich* nicht werden …

In der 1. Liga kühlte die Liebe zwischen Verein und Hausbänt zwischenzeitlich ab: »Wir waren zu peinlich«, sagt Hieronymus und zottelt sich durch die Frisur. Weil aber auf das ausgelutschte *Wenn nicht jetzt – wann dann?* der Höhner niemand reagieren mochte, dudelten bald doch wieder die Bummtschacks durchs Stadion.

Die hatten zwischenzeitlich nicht mal mehr alle Dauerkarten für die neue Arena, die Liebe zum Verein aber ist geblieben – und flammt in der nostalgischen Rückschau besonders heftig auf. »Vollprofis waren das damals«, schwärmt Hieronymus, der heute auch im ersten Aufsichtsrat des Vereins sitzt: »Immer alle voll.« Und lässt dann eine Saufgeschichte nach der anderen vom Stapel, die sich allesamt um die Mainzer Aufstiegsmannschaft von 2004 ranken – ach, das waren noch Zeiten. Wie gut, dass da draußen (und hier drin) ein paar Leute sind, die sich daran erinnern und stundenlang davon erzählen können. Danke, Sven!

GRUND 30

Weil wir unseren eigenen Nerd haben

Erfolg macht sexy, und das kann manchmal auch eine Bürde sein: Kaum steigt man auf in die 1. Liga, kommen all diese neuen Menschen aus ihren Löchern gekrochen und nennen sich plötzlich 05-Fans. Andererseits ist genau das aber auch wieder in Ordnung, schließlich gibt es dem Verein die Chance, zu wachsen.

Ein bisschen eklig sind lediglich die Fans, die bei Misserfolg genau so schnell wieder verschwinden, wie sie einst aufgetaucht sind – und die, die alles dafür tun, um so oft wie möglich so groß wie möglich im Fernsehen gezeigt zu werden, wenn der Verein spielt oder sonst wie zusammenkommt. Und so zu vermeintlichen Gesichtern eben jenes Vereins und seiner Fans werden, obschon der Rest der Beteiligten sich von diesen Gesichtern vielleicht nicht unbedingt repräsentieren lassen möchte. Auch in Mainz gibt es selbstverständlich solche, äh, Leute …

Es gibt aber auch Gesichter, die nie irgendwo zu sehen sind, obwohl diejenigen, die sie durch die Welt tragen, ihrem Fußballverein nicht nur loyal ergeben sind, sondern auch auf eine Art und Weise Zeit, Energie und – ja – Liebe, in die Beschäftigung mit eben diesem stecken, die für einen »normalen Menschen« nicht nachvollziehbar ist. Ein solcher Mensch ist der Autor dieses Buches.

Behaltet ihr eure Maskottchen und Repräsentanten, wir haben unseren eigenen Nerd – und das ist absolut liebevoll und anerkennend gemeint. Jener Nerd pflegt seit 2001 die Internetseite www.fsv05.de, und obgleich er dabei ein wenig Nachhilfe in Sachen Usability gebrauchen könnte: Was dort schlummert, ist der Wahnsinn. Jeder Spieler der – zu welchem Zeitpunkt der Vereinsgeschichte auch immer – jemals im Trikot der 05er unterwegs war, ist hier aufgeführt, mit Toren, erhaltenen Karten, all seinen Einsätzen für den Verein, eventuell seine Nationalmannschaft und natürlich vorherige und folgende Vereine. Ergebnisse, Aufstellungen, Saisonverläufe oder Ligatabellen sind ohnehin selbstverständlich – nicht nur für die erste Mannschaft, sondern auch die U19 oder U17, nicht nur für die Bundesliga, sondern auch den DFB- oder Südwestpokal und so weiter.

Ausgehend von den minutiösen Protokollen des 05-Anhängers Werner Salzbrunn, der (wiederum in Nachfolge seines Vaters) über Jahrzehnte Informationen zu jedem Spiel der Mainzer niedergeschrieben hatte, akribisch ergänzt mit Informationen aus dem Archiv des *kicker*, vor allem aber einstmals mühevoll zusammengetragen im Mainzer Stadtarchiv und seither immer aktuell gehalten ist hier über die Jahre eine Sammlung entstanden, die im wahrsten Wortsinne unersetzlich ist, für Fans ebenso wie für den Verein; und ein Quell der Freude für jeden Journalisten, der zuverlässig etwas nachschlagen möchte, ist die Seite außerdem.

Das ist großes Archivkino!

Nachtrag: Schön ist auch, wie man bei der Nutzung des Archivs regelmäßig von Hölzchen auf Stöckchen kommt, weil an jeder Stelle der Seite sprichwörtlich alles mit allem verknüpft ist. (Was allerdings, Stichpunkt überschaubare Usability, auch mehr als notwendig ist, da die Seite keine zusätzlichen Tabs oder Fenster zulässt.) Diese Gesamtverknüpfung geht im Kern zurück auf den britischen Autor Douglas Adams, dessen Figur Dirk Gently – seines Zeichens Privatdetektiv – daran glaubte, das alles mit allem zusammenhängt; hier schließt sich also der Kreis in Sachen Nerd-These.

4. KAPITEL

DIE BESTE NACHWUCHSSCHULE DER WELT

(für Jakob)

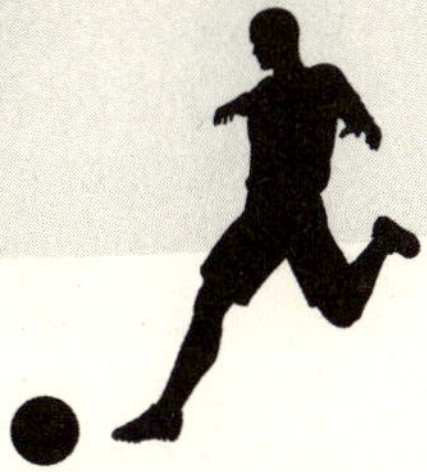

GRUND 31

Weil wir in Sachen Nachwuchs nichts dem Zufall überlassen

Groß und bedrohlich flattert sie im Wind: die Fahne der Frankfurter Eintracht. Wenn mein Neffe morgens seine Augen aufschlägt, die kleinen Füßchen aus dem Bett schiebt und schlurfenden Schrittes zum Fenster seines Kinderzimmers läuft, sieht er sie, denn sie weht vom Hausdach eines Nachbarn. Hilflos sind seine unschuldigen Augen dem Anblick ausgeliefert, fragend schauen sie mich an, als sein Blick vom Fenster zurück in den Raum schweift. »Was ist das für ein Vogel?« Seine Kindergartenfreunde kennen den Namen des Tieres: Attila. Sie kennen auch die Fangesänge, in denen der Adler auftaucht, trällern sie unschuldig, im Chor mit ihren Papas und Freunden. Sie klatschen begeistert in die kleinen Hände, wenn sie Attila sehen, halten in ihren Fingern die Fahne, die sein Antlitz ziert.

Wer selbst im Odenwald aufgewachsen ist, weiß natürlich, die Eintracht, jahrelang *der* Erstligaplatzhirsch der erweiterten Region, ist hier überall. Man weiß allerdings spätestens seit dem nicht nur viel-, sondern überzitierten Nick Hornby auch: Seinen Verein sucht man sich nicht aus, man wird von ihm gefunden.[23] So lässt sich also eine Kindheit und Jugend im Odenwald bisweilen schadlos überstehen, will heißen, ohne nähere Kontakte zur Eintracht – Gott sei Dank.

Man könnte nun abermals die Hornbysche Theorie bemühen und davon ausgehen, jedweder Familienzuwachs müsse gleichfalls vom richtigen Verein gefunden werden; aber irgendwie erscheint derlei Vertrauensseligkeit riskant und Nachwuchsarbeit die sicherere Methode. Also drehe ich meinen Neffen sanft vom Fenster weg und erkläre ihm, wie die Fußballwelt sich dreht. Ich erkläre ihm alles über Liga eins und zwei, ich spreche von der Relegation und dem Stadionneubau, erzähle von den wunderbaren Erinnerungen an den Aufstieg und unserem unschlagbaren Trainerteam.

Jakob schaut mich mit großen Augen an und ich weiß, er hört aufmerksam zu. Das liegt aber ziemlich sicher ausschließlich daran, dass er eben gerne zuhört, wenn er etwas erzählt bekommt. Unwahrscheinlich, dass er viel von dem begreift, was er da hört, denn er ist zu diesem Zeitpunkt nicht viel älter als zwei. Fußball, das bedeutet für ihn, im Garten zu kicken. Mit Mainz 05 assoziiert er den kleinen rot-weißen Schal, der über seinem Bett hängt, oder mit mir *Auf geht's, ihr rot-weißen Jungs* zu singen. Mir ist klar, er bringt weder den Schal mit dem Song zusammen, noch eines von beidem mit dem Fußball, außerdem sagt er beharrlich »Mainz 04«, weil er bis fünf noch nicht zählen kann. Das alles aber erschüttert mich nicht, denn ich weiß: Irgendwo muss man ja anfangen.

GRUND 32

Weil wir uns schick machen für unseren Verein

Ein Anfang ist also gemacht, was die Fußballerziehung des Nachwuchses betrifft – nun gilt es, die vielen losen Fäden rund um das Thema zusammenzuführen, das erste Interesse wachzuhalten und zu fördern. Schon verrückt, wie etwas, das einem selbst so selbstverständlich und simpel erscheint, so viele Fragen aufwerfen kann. »Hast du auch ein Tor geschossen?« Das ist anfangs Jakobs Standardfrage, wenn ich vom Fußball erzähle. »Nein, ich spiele doch gar nicht, ich gucke nur zu.« Das ist zunächst verwirrend, weshalb ich verspreche, ihn bald mitzunehmen ins Stadion – schon alleine deshalb, damit er den Bruchweg noch erleben kann. »Dann hängen wir uns die Schals um und wenn ein Tor fällt schreien alle, aber du brauchst dich nicht zu erschrecken.« – »Warum schreien wir?«, will Jakob wissen. »Weil wir uns freuen«, erkläre ich, und frage mich gleichzeitig, wie groß die Gefahr ist, dass mein Neffe nun dieses für ihn neue Konzept auf sein Leben an sich überträgt – und in Zukunft immer anfängt zu schreien, wenn ihn etwas begeistert. Jakob aber hat an diesem Tag stattdessen fürs Erste einfach das Interesse verloren am Fußball und allem, was damit zu tun hat: Er hat Hunger. Statt also, wie von mir heimlich erhofft, weitere Geschichten über Mainz 05 einzufordern, stapft der Kurze in die Küche, um sich von seiner Mama Laugenkonfekt geben zu lassen. Was für mich freilich direkt die nächste Vorlage in Sachen Fußball bietet: Im Geiste notiere ich mir, ihm bei nächster Gelegenheit von den Riesenbrezeln im Stadion zu erzählen.

Als Jakob kurze Zeit später aus der Küche zurückkommt, wird mir auf wunderbare Weise bewusst, dass es solcher Lockmittel vielleicht gar nicht mehr bedarf, weil die Idee »Fußball« in seinem Kopf langsam Formen annimmt – und etwas daran bereits Begeisterung in ihm auslöst, mindestens aber Vorfreude, noch bevor er je einen Fuß ins Stadion gesetzt hat. Denn da steht er, mit seinen knapp drei Jahren, in feinstem Festtagszwirn. Dazu trägt er seinen 05-Schal und strahlt wie ein hell erleuchteter Weihnachtsbaum, wedelt mit den weißen Troddeln und verkündet stolz: »Guck mal, ich hab mich schick gemacht, zum Fußball!«

GRUND 33

Weil man sich hier beim ersten Stadionbesuch unsterblich verliebt

»Und jedem Anfang wohnt ein Zauber inne,
Der uns beschützt und der uns hilft, zu leben.«
Hermann Hesse, Stufen [24]

»Fünf!«, sagt seine Mutter – fünf Jahre soll Jakob alt sein, beim ersten Mal. Doch die Sache hat einen gewaltigen Haken, denn dann wird er das Bruchwegstadion nicht mehr erleben, nie erzählen können, wie er an der altheiligen Heimspielstätte seine ersten Spiele gesehen hat. Also gibt sich die Mama geschlagen, das erste Spiel wird der Saisonauftakt 2010/11 gegen Stuttgart, der Bub ist vier Jahre und zwei Monate alt. Da plötzlich, Nervosität: Was, wenn es ihm nicht gefällt, es ihm zu voll ist, zu laut? Wenn er, kaum angekommen, verkündet, er will wieder heim? Wenn das Stadion ihn nicht beeindruckt, wenn all das, was mich dort begeistert, nicht auf ihn überspringt? Was, wenn Fußball im Allgemeinen, wenn Mainz 05 im Speziellen, ihn einfach doch nicht interessiert?

Am Vorabend des Spiels: eine Familienfeier; natürlich in Hessen. Jakob, der allen Gästen mit Aufregung in der Stimme erzählt: »Morgen gehen wir zum Fußball! Ins Stadion in Mainz!« Erstaunen in den Gesichtern des Freundeskreises. »Zu welcher Mannschaft?« – »Mainz Fünf!«, verkündet Jakob, Gelächter, er korrigiert sich: »Mainz *Null* Fünf. Da spielen wir.« Das ist nach wie vor nicht aus ihm herauszubekommen, da sind alle Erklärungen nutzlos und auch eine Stippvisite im leeren Stadion, erste heimliche Schritte auf dem Rasen, haben nicht geholfen. »Sie spielen Fußball?«, fragt ein Gast interessiert. »Nein, wir schauen nur zu.« – »Und die Mara schießt nie ein Tor«, ergänzt Jakob, mit leichtem Vorwurf in der Stimme.

Am nächsten Tag aber ist es endlich so weit, der Zwerg steckt in seinem Trikot und verkündet: »Ich hatte mich schon gefragt, wann du mich endlich mal mitnimmst ins Stadion.« Die letzten Schritte zum Bruchweg gehen nur Huckepack, es ist heiß. »Willst du das Trikot lieber ausziehen?« – Kopfschütteln, energisch. Vorm Stadion, allgemeine Begrüßung, Jakob macht große Augen: so viele Leute!

Ist das Einbildung, oder wirkt er ein wenig ehrfürchtig, als er den Bruchweg betritt? Im Block sitzt er auf dem vordersten Geländer. Aufmerksam blickt er auf den Rasen, dabei zählt er leise und verkündet schließlich strahlend: »Wir haben schon fünf Tore geschossen!« Tatsächlich hat das Spiel noch nicht angefangen, der Torwart wird bloß warmgeschossen. In die anderthalb Stunden bis

Spielbeginn passen viele Fragen, über die Trikotfarben der Teams, warum manche Fans sitzen und andere stehen, wieso es zwei Tore gibt. Während Klaus Hafner die Aufstellung verkündet, schweigt Jakob andächtig; als die Spieler schließlich nach und nach aus dem Tunnel auf den Rasen perlen, juchzt er vor Freude: »Es geht los!«

Und dann lässt er sich tatsächlich mitreißen vom Spiel, drückt sich die Nase am Absperrgitter platt und ist beim Strafstoß gegen Wetklo nicht zu halten: »Der darf nicht ins Tor, sonst verlieren wir!«, fleht er – und hüpft und schreit vor Begeisterung, als Wetti hält. Als das 1:0 fällt, tanzt Jakob auf dem Geländer, lacht und jubelt: »Wir haben gewonnen!« Ein paar Details also sind noch zu klären, aber der Einstand ist wundervoll und schreit nach mehr …

Und als ich den Zwerg später durch die Wohnsiedlung nahe des Bruchwegs zum Auto trage, flüstert er müde: »Hier würde ich gerne wohnen!« – »Warum?« – »Weil das ganz nah bei dir ist, und wir dann immer zum Fußball gehen könnten.« Herz, was willst du mehr?[25]

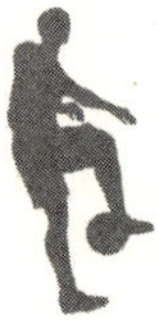

GRUND 34

Weil unsre Steppkes wissen: Die Eintracht ist ein Scheißverein

Anruf von meiner Schwester, ich müsse mir meinen Neffen mal dringend zur Brust nehmen. Warum? Kürzlich waren sie gemeinsam im Auto unterwegs, als im Radio ein Bericht über Eintracht Frankfurt kam. Da habe mein Neffe von der Rückbank in höflichem Tonfall gefordert: »Mama, schalte das bitte aus.« Begründet habe er seine Bitte auf Nachfrage auch: »Die Eintracht ist ein Scheißverein.«

Scheiße, so viel ist mir klar, soll ein Fünfjähriger natürlich nicht sagen. Ich schweige, meine Schwester wartet, ich schweige weiter, meine Schwester fragt, worüber ich nachdenke, und ich erkläre, ein bisschen kleinlaut, aber auch mit einem gewissen Stolz, wenngleich der absurd erscheinen mag: Es ist unmöglich, deswegen mit Jakob zu schimpfen. »Warum?« – »Weil ich ihm nie gesagt habe, die Eintracht ist ein Scheißverein. Ich habe ihm lediglich gesagt, dass wir die Eintracht nicht mögen, weil wir 05-Fans sind und das nicht zusammengeht; so, wie wir eben McDonald's mögen, und deswegen nie zu Burger King gehen.« – »Und?« – »Wenn er jetzt sagt, die Eintracht sei ein Scheißverein, ist er da ganz alleine drauf gekommen. Das ist dann eine echte Transferleistung. Dafür kann ich nicht schimpfen, dafür müsste ich ihn eigentlich sogar loben.«

Zum Glück liegen die Erziehung und die Fußballerziehung bei Jakob nicht in denselben Händen …

GRUND 35

Weil wir erst nach Hause gehen, wenn wir gewonnen haben

Zu Beginn der Fußballliebe häufen sich, wie zu Beginn jeder Liebe, die ersten Male. Denen, Hermann Hesse und so, eben ein ganz besonderer Zauber innewohnt – etwas, das nie wiederkommt; eine Magie, die schwer in Worte zu fassen ist. So weit, so Poesiealbum. Ein erstes Mal, das 05-Fans gleich welchen Alters im August 2011 erleben können, ist der Besuch der neuen Arena. Für Jakob fällt der erste Abstecher in die Bretzenheimer Felder auf einen Nachmittag im September, an dem die TSG Hoffenheim in Mainz gastiert.

Eigentlich fängt der Tag gut an, die Sonne brennt auf die Felder und bald gleicht die allgemeine Gesichtsfarbe dem Anstrich des Stadions. So aufgehitzt wie knallrot, so aufgeregt wie glücklich, nuckeln wir bei 30 Grad plus an unserem kühlen Cola-Eis und freuen uns auf das Spiel.

Im Stadion, das wie ein Ufo vom Mars im satten Gold der Getreidefelder thront, die völlig berechtigte Nachfrage: Wer sind wir, sprich, welche Trikotfarbe ist heute unsere – rot! Beim ersten Tor noch kurze Verwirrung, wer hat's geschossen? Nein, nicht wir, die anderen. Das zweite braucht dann keine Erklärung: »Gell, das waren wir nicht«, erkennt Jakob, sichtlich betrübt, als der Elfer im Tornetz zappelt.

Es ist vielleicht sein viertes Heimspiel, bislang haben die Mainzer Buben in seiner Anwesenheit noch jeden Kick gewonnen, heute sieht es bislang nicht danach aus. Und die ungewohnte Situation der drohenden Niederlage schlägt dem Kind spürbar aufs Gemüt, er ist quengelig und unleidig, zoppelt und zerrt an den Umstehenden und mosert – kurz: Er verhält sich genau so, wie man es selbst gerne täte, hielten einen die verdammten Umgangsregeln nicht ab.

Es fällt das 3:0, Jakob weigert sich, auf der Box zu stehen, die ihn in die richtige Höhe bringt, um das Spiel zu sehen. »Was ist denn los?«, die Frage kommt von mir ebenso wie von einigen Umstehenden, die offenbar einen Hitzeschlag vermuten. Der Zwerg stampft, Tränen der Wut in den Augen, mit den Füßen auf: »Ich will nicht verlieren!«, erklärt er leidenschaftlich und setzt die Frage nach, die jeden Fan ein Leben lang begleitet: »Wieso machen die nichts?« Gute Frage, nächste Frage. Dazu die trotzige Feststellung: »Ich gehe erst heim, wenn wir gewonnen haben.« Mhm, ja, das könnte ein langer Nachmittag werden.

Und schließlich fällt das nächste Tor, Jakob springt auf, klatscht in die Hände, strahlt: Ein Tor, schau nur, ein Tor – für uns. »Äh, nee, das war für Hoffenheim.« Ungläubigkeit, Wut, noch mehr Trotz: »Aber es war doch einer im roten Trikot.« Mhm, ja. Es ist dies die bittere erste Lektion in Sachen Eigentor. Das Spiel taugt mittlerweile wirklich nur noch, um Verkettungen der ungünstigsten Möglichkeiten zu erläutern. Am Ende steht es also 4:0 für die SAP-Jünger, das Kind futtert nach dem Spiel den kompletten Kühlschrank leer mit der Erklärung: »Immer, wenn wir verlieren, habe ich so Hunger« – was, angesichts des Saisonverlaufs bis zu diesem Zeitpunkt, allenthalben Ernährungswissenschaftler auf den Plan rufen sollte.

Am Ende, müde, aber doch halb versöhnt, offenbart sich, dass auch ein solcher Grottenkick wieder dazu beiträgt, das Spielverständnis voranzutreiben. »Weißt du«, erklärt Jakob, »ich bin jetzt sehr traurig. Aber das Gute ist, die Fans von der anderen Mannschaft, für die ist es ein schöner Tag.« Woher soll ein Fünfjähriger auch wissen, dass Hoffenheim keine Fans hat …[26]

GRUND 36

Weil unsere Geschichte gerade erst anfängt

Unklar, ob sich ein Zwerg, wenn er diesem Begriff einst entwachsen ist, an all die frühen Spiele erinnern kann, die er erlebt hat. Klar ist hingegen, dass jedes davon fabelhaft als Anschauungsmaterial taugt, um weiterzubasteln am Puzzle, aus dem sich Stück für Stück ein Spielverständnis entwickelt, um Unklarheiten zu beseitigen und Verwirrungen aufzulösen.

»Mainz 05 hat heute gar nicht gewonnen. Aber die anderen auch nicht!« – *Was ist ein Unentschieden?* / »Wieso geht der Andy (Ivanschitz) immer zu der Fahne, wenn der Ball vom Spielfeld rollt?« – *Was ist ein Eckball?* / »Warum darf der den Ball in die Hand nehmen, wenn er an der Linie steht?« – *Was ist ein Einwurf?*

Unbezahlbar, wenn das Verständnis für das Spiel an sich wächst, das Interesse daran nicht zwischen Besuchen abflaut, sondern aus eigener Kraft weiter besteht. Grandios die ersten Anrufe nach Abpfiff, in denen Jakob begeistert mitteilt, wie das Spiel an diesem Tag ausgegangen ist. Und fabelhaft die erste Sommerpause, in der die ungeduldige Frage fällt: »Wann ist endlich wieder Fußball?«

Etwas, das man liebt, zu teilen, ist immer wunderschön und natürlich gilt das auch für die Leidenschaft für den eigenen Verein. Man stelle sich das schwere Schicksal der Eltern und Großeltern, Tanten und Paten vor, deren Steppkes sich den Bayern oder einfach nur dem örtlichen Lokalrivalen anschließen! Umso wunderbarer, wenn der kleine Samen, den man in Sachen Fußball pflanzt, aufgeht, wächst und gedeiht und schließlich, ganz ohne weiteres Zutun, zu einer eigenen, großen Liebe wird, ebenso unerschütterlich wie die, von der sie angestoßen wurde.

Und wie wunderbar schließlich der Moment, als jener Zwerg, der mit seinen nun 13 Jahren längst ein langer Schlacks ist, aber den Begriff immer noch zärtlich akzeptiert, beim Auswärtstrip zum Spiel der 05er in Berlin im Frühjahr 2019 nach meiner Hand greift und andächtig murmelt: »Es ist so schön mit dir, beim Fußball. Mainz 05, das gehört uns beiden ganz alleine.« Nur um danach noch einen draufzusetzen mit dem Versprechen, er werde die dann alt gewordene Tante später im Rollstuhl zu den Spielen in die Bretzenheimer Felder schieben. Mainz 05 – eins. Eintracht Frankfurt – null. Diese eine Liebe, wird nie zuende gehen.

5. KAPITEL

LEG DEIN OHR AUF DIE SCHIENE DER GESCHICHTE

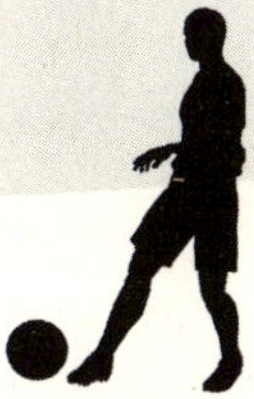

GRUND 37

Weil wir uns stolz auf unseren Gründer berufen

»And who by fire, who by water …«[27] – bewusst war ihm das damals wahrscheinlich nicht, aber selbst der große Leonard Cohen aus Montreal hat schon Mainzer Liedgut neu interpretiert, ein tausend Jahre altes jüdisches Gebet, das auf einen Mainzer Rabbiner zurückgeführt wird. Oh ja, die jüdische Tradition dieser Stadt ist groß – und seit ein paar Jahren trauen wir uns auch, sie wiederzuentdecken.

2010, 72 Jahre nach der Verwüstung und Zerstörung der alten, wird am gleichen Ort eine große, neue Synagoge eröffnet, die leider verkehrt herum steht, der Innenstadt den Rücken zuwendet, aber ohne Berührungsängste ins Stadtbild aufgenommen worden ist. Keine gewollte, künstliche, sondern echte Normalität. Gleichzeitig ein unübersehbares Denkmal für ein großes Stück Mainzer Geschichte.

Welches sich mit der Vereinsgeschichte der 05er überschneidet: Der Verein wird in den gegnerischen Stadien noch lange nach dem Dritten Reich »Judenclub« genannt, was als Beleidigung gedacht ist. Und mit den Worten »Ich geh' bei die Judde« sollen sich wiederum noch bis in die 1980er vereinzelte ältere Mainzer Fußballfreunde ins Stadion verabschiedet haben. Wie ist das nun zu verstehen, als ein gedankenloses Relikt aus der Blütezeit des Antisemitismus? Oder – siehe Ajax Amsterdam mit den Davidsternfahnen – der alte Trick, dem Gegner die Munition wegzunehmen, indem man sie zum positiv besetzten Selbstbild umwidmet? Puh.

Die These, ein Jude sei Gründer und erster Präsident des 05-Ur-Vereins FC Hassia 05 gewesen, ist jedenfalls falsch – wenn auch nur ein bisschen. Eugen Salomon ist gemeint, der aber erst kurz nach der Vereinsgründung beitrat, nach einigen Monaten zum Vorsitzenden gewählt wurde, dieses Amt nicht sehr lange innehatte

– aber fast drei Jahrzehnte lang im Vorstand saß. An der Wandlung des »Wilden Gebildes«, wie die acht Gründer ihr Vereinchen liebevoll nannten, hin zu einem ernstzunehmenden Fußballclub, an dessen Aufnahme in die Verbände und an der Integration in einen geregelten Spielbetrieb hatte Salomon aber einen ganz erheblichen Anteil. Dann kam Hitler. Dann kam die staatliche Judenausgrenzung, später die Verfolgung, der Massenmord. In Vereinen waren Menschen wie der Textilvertreter Eugen Salomon, der Herrenbekleidungshändler und 05-Vorstand Erwin Drucker, der Kaufmann und 05-Sponsor Carl Lahnstein so wie auch etliche Mitglieder und Freunde der 05er per Dekret nicht mehr erwünscht. Sie mussten formal ausgeschlossen werden, die Basis wurde nicht gefragt.

Wie viele 05er wie schwer getroffen wurden, ist nicht bekannt. Mitgliederlisten zum Abgleich gibt es nicht mehr. Carl Lahnstein hat das Dritte Reich überlebt; 1947 bekam die Fastnachtslegende Seppel Glückert einen Brief von ihm aus New York. Erwin Drucker und sein Bruder konnten 1938 nach Kuba entkommen; vermutlich waren die beiden – wie Tausende jüdische Männer – nach den Novemberpogromen in Konzentrationslager geschafft und nach ein paar Wochen bis Monaten freigelassen worden, unter der Bedingung, dass sie augenblicklich das Land verlassen. Seine Schwester, seine Frau und seine beiden Kinder musste Drucker zurücklassen. Alle vier starben in verschiedenen KZs. Eugen Salomon entkam nach Frankreich. Im Jahre 1955, zum 50. Jubiläum der 05er, tauchte sein Sohn in Mainz auf. Sein Vater, so erzählte er, sei verstorben. Erst seit 2011 wissen wir: Am 14. November 1942 in Auschwitz. Frankreich war nicht weit genug …

Im Frühjahr 2011 wird die Zufahrtsstraße zur neuen Arena nach Eugen Salomon benannt: Zur Erinnerung an den Mann, der in der Anfangszeit die Geschicke des Vereines lenkte, an seine Familie – und an das grausame Schicksal, das sie und Millionen andere erleiden mussten.

GRUND 38

Weil wir immer mal wieder allen anderen taktisch überlegen sind

Wirklich glorreich ist es nicht, was Mainz 05 in den 1950ern veranstaltet. In der vergleichsweise schwachen Oberliga Südwest spielen wir mal im Mittelfeld, mal knallhart gegen den Abstieg – das immerhin jedes Mal mit Erfolg. Gerd Higi, der Ehrenspielführer, Mainzer Verteidigerlegende, wird als Trainer zweimal Zehnter, muss dann 1957 das Amt niederlegen: Der Beruf geht vor. Sein Nachfolger, der erfahrene Josef Kretschmann, der schon Borussia Dortmund, Werder Bremen, den VfL Wolfsburg und Bayer Leverkusen betreut hat (heute etablierte Bundesligisten, damals Vereine von ganz unterschiedlicher Bedeutung), führt eine eher eigenwillige Erfolgsprämie ein: pro Punkt ein Glas Bier für jeden. Das erweist sich zunächst als teuer – Mainz wird Sechster.

Im zweiten Jahr fällt das Team wegen einer Verletzungsserie zurück in einen diffusen Abstiegskampf: Mainz 05 steht nie auf einem der letzten beiden Plätze, erarbeitet sich aber erst ganz spät durch zwei 4:3-Siege gegen die direkten Konkurrenten aus Neuendorf und Worms den entscheidenden Vorsprung. 1959 schließlich geht Kretschmann. Heinz Baas, einst bei Eintracht Frankfurt und den Offenbacher Kickers ein schneller Torjäger und mit 37 Jahren zwei Jahrzehnte jünger als sein Vorgänger, übernimmt die Mannschaft. Es beginnt eine Ära.

Bei seiner ersten Station in der höchsten Liga überfordert der neue Trainer seine Mannschaft zunächst. Baas schafft das alte, statische, längst eingerostete WM-System (auf dem Papier ein 2-3-5, tatsächlich ein 3-4-3 mit fester Zuordnung aller Akteure zu einem konkreten Gegenspieler) ab, und führt – nach südamerikanischem Vorbild – das moderne 4-2-4 ein. Er opfert einen der beiden Halbstürmer (heute würde man sie »offensive Mittelfeldspieler«

nennen), um hinter den fünf gewohnten Defensiven einen freien Verteidiger zu haben, den »Ausputzer«, als Vorläufer der großen Liberos der 1970er. Überzahl hinten.

Und Überzahl vorne, weil sich die beiden ehemaligen Außenläufer aus dem defensiven Mittelfeld heraus bei Ballbesitz intensiver um Spieleröffnung und Spielaufbau kümmern sollen und sogar mit in den Angriff gehen, wenn sich die Möglichkeit ergibt. Dieses flexible System verschafft den Mainzern einen Vorteil gegenüber vieler Konkurrenten, die erst Jahre später nachziehen – oder vielmehr, hätte ihnen den Vorteil verschaffen können, hätten die Spieler es beherrscht, aber mal wieder landet Mainz 05 stattdessen im hinteren Mittelfeld.

Vor seinem zweiten Jahr baut Baas den Kader um. Sechs Stammspieler gehen, neu kommt Erich Bäumler, 1959 Deutscher Meister mit Eintracht Frankfurt. Obwohl die 05er den zweitschwächsten Angriff der Liga haben, werden sie Fünfter – ihr bestes Ergebnis in der Oberliga. Der Garant dafür: Eine ungeheuer stabile Abwehr, die zwar gegen den FK Pirmasens acht und gegen die Sportfreunde Saarbrücken sechs Tore kassiert, aber auch in zwölf von 30 Saisonspielen keinen Gegentreffer zulässt. 1961 reißen die üblichen Geldprobleme Löcher in die Erfolgsmannschaft: Platz neun. 1962 muss der teure Bäumler gehen, einen Nachfolger können sich die 05er nicht leisten: Platz zwölf. Dann kommt die Bundesliga. Für die Südwestvereine heißt das: Der 1. FC Kaiserslautern und der 1. FC Saarbrücken gehen hoch – der Rest macht eine Ebene tiefer einfach weiter wie gehabt. Die Überraschungsmannschaft der neuen Regionalliga Südwest: Baas' Mainzer, die (mit großem Rückstand auf das Spitzentrio) als Vierter das Tabellenmittelfeld anführen, weil der Trainer endlich die rundum stark besetzte Mannschaft hat, die er für seinen Kombinationsfußball braucht.

Im sechsten Baas-Jahr ernten die 05er die Früchte dieses Umbaus. Nicht in der Liga, wo die Konstanz fehlt, aber im Pokal: In Mainz schlagen sie Werder Bremen, die in jener Saison Deutscher Meister werden. Auswärts werfen sie den Titelverteidiger, den TSV 1860 München, aus dem Wettbewerb. Erst im Viertelfinale müssen sie sich Nürnberg geschlagen geben. Dank einer Zusatztribüne können 24.000 Zuschauer am Bruchweg zusehen – das bleibt bis zur Eröffnung der neuen Arena mit deutlich mehr Plätzen Rekord.

1965/66 wird Baas, dessen Sohn Volker Jahrzehnte später in den ersten Aufsichtsrat des Vereins gewählt wird, sogar Dritter der Regionalliga. Die Bundesliga-Aufstiegsrunde verpasst seine ungeheuer stabile Mannschaft, in der fünf Mann alle 30 Spiele absolvieren, zwei weitere 29, zwei weitere 25 (und Auswechslungen gibt es noch nicht) um lediglich zwei Punkte. Allerdings kommen die Mainzer »von hinten«: In der Hinrunde stehen sie in der Regel in der unteren Tabellenhälfte, erst am 25. Spieltag klettern sie erstmals auf den dritten Platz.

Nach jener Saison ist Baas plötzlich abgemeldet. Im Februar kündigt er wie immer fristgerecht seinen Vertrag. Darauf gab es bislang stets neue Verhandlungen – und das neue Arbeitspaier. Diesmal sagt der Vorstand: Danke für sieben gute Jahre (eine Amtszeit, die erst 2008 von Jürgen Klopp übertroffen wird) – und auf Wiedersehen. Natürlich geht es um Geld: Baas ist beliebt, aber teuer.

Weder der offene Brief der Mannschaft, die ihren Trainer behalten will, noch eine außerordentliche Mitgliederversammlung, auf der Baas für seine Erörterungen lang anhaltenden Applaus bekommt, aber ein Putschversuch seiner Unterstützer gegen den Vorstand scheitert, kann die Funktionäre umstimmen.

Baas' indirekte Nachfolger Walter Sonnenberger (Rückrunde 1966/67) und Erich Bäumler (1967/68) profitieren von seiner Vorarbeit und bringen Mainz 05 – ehe schon wieder das Geld ausgeht – noch einmal nahe an die Bundesliga.

GRUND 39

Weil wir wissen, wann wir uns übernommen haben

Die Landesverbände beschließen 1962, im folgenden Sommer die Bundesliga einzuführen. Für Mainz 05 ist das eine Randnotiz: »Die Vereinsführung ist klug genug, nicht mit unerfüllbaren Plänen zu spielen«, so kommentiert damals Werner Höllein, Sportchef der *Allgemeinen Zeitung*. »Wenn sich die Verhältnisse in und um Mainz nicht wesentlich ändern, wird es in der rheinland-pfälzischen Landeshauptstadt niemals einen Verein in der Fußball-Bundesliga geben.«[28]

Zehn Jahre später haben sich die Verhältnisse geändert – verantwortlich dafür ist der inzwischen zum 05-Präsidenten gewählte Werner Höllein. Sein Verein ist mal wieder pleite: quasi Normalzustand. Von der Enteignung im Dritten Reich hat sich Mainz 05 auch drei Jahrzehnte später noch nicht erholt. Hölleins Vorgänger, der 1970 im Amt verstorbene Gewürzfabrikant Emil Enderle, musste häufig mit seinem Privatvermögen aushelfen. Die Infrastruktur ist marode, das Publikumsinteresse gering. Im Winter 1969/70 denkt man gar über eine Fusion mit dem Regionalliga-Lokalrivalen SV Weisenau nach, dessen Mitglieder aber mit großer Mehrheit dagegen stimmen – woraufhin die 05er das Vorhaben nicht weiter verfolgen.

Höllein aber hat viel vor. Indirekt hilft ihm die Stadt – Oberbürgermeister und 05-Verwaltungssrat Jockel Fuchs akquiriert als Hauptsponsor die Mombacher Blendax GmbH, was den Mainzern spektakuläre Transfers ermöglicht: Gerd Klier (1971 vom HSV), Herbert Renner (ebenfalls 1971, aus Nürnberg) und Manfred Kipp (1972 aus Braunschweig) bilden 1972/73 den legendären 54-Tore-Sturm. Aus Nürnberg kommt außerdem der Manndecker Willi Löhr (später Juniorentrainer, danach lange Scout bei Mainz 05), das Mittelfeld verstärkt der dänische Nationalspieler Torben Nielsen.

Später holen die 05er noch den jungen Außenverteidiger Günther Rybarczyk von Bayern München, von Hertha BSC den langjährigen Bundesligaspieler Herward Koppenhöfer, von 1860 München den österreichischen U23-Nationalstürmer Erwin Hohenwarter, vom FC St. Pauli die Offensivtalente Sigi Köstler und Werner Nickel und vom SV Alsenborn den erfahrenen Libero Gerd Schwickert. Gemeinsam mit den lokalen Talenten Wolfgang Kneib, Herbert Scheller, Jürgen Janz und Jürgen Richter sowie mit Spielmacher Gerd Schmidt aus Wiesbaden und seinem schwäbischen Adjutanten Paul Göppl ergibt das selbst auf gehobenem Regionalliganiveau eine überragende Mannschaft.

Die sich 1972/73 einen spannenden Zweikampf mit Röchling Völklingen um die Südwestmeisterschaft liefert. Die Entscheidung fällt am letzten Spieltag im direkten Duell. Die defensiv großartigen Völklinger, die in 15 von 30 Saisonspielen zu Null gespielt haben, gehen in Mainz in Führung. Der beste Angriff der Liga gleicht fünf Minuten vor Abpfiff aus: Mainz ist Südwestmeister.

In der Aufstiegsrunde sind die 05er gar Mitfavorit hinter der Kölner Fortuna, die den Verfolger jedoch in einem Skandalspiel abhängt: In der hitzigen Atmosphäre in der Müngersdorfer Radrennbahn gerät der Mainzer Scheller kurz vor der Pause mit dem Kölner Vorstopper Gerd Zimmermann aneinander. Beide sehen dafür Rot, Scheller spielt aber unbemerkt bis zur Halbzeit weiter und wird dafür lange gesperrt. Die Fortuna gewinnt 3:0 und Mainz verliert die erste Bundesliga-Aufstiegschance. Eine zweite sollte es für diese Generation nicht geben. Im letzten Regionalligajahr fällt sie auf den fünften Platz zurück und in der 1974 eröffneten zweiten Bundesliga Süd spielt die Mannschaft im Mittelmaß; 1975/76 hat sie mit unglaublichen 81:92 Toren als Tabellenzwölfter den besten Angriff und die zweitschlechteste Abwehr der Liga.

Im März 1976 bricht der Verein zusammen: eine Etat-Unterdeckung von mindestens 600.000 Mark, sinkende Zuschauerzahlen in dieser teuren, unattraktiven Liga, Spieler, die für Vertragsverlängerungen horrende Handgelder fordern; dazu die völlige Abhängigkeit von Blendax, keine eigenen Strukturen. Der Lizenzantrag wird mehrmals vertagt. Blendax bietet an, die Schulden zu übernehmen, sofern die 05er drei Bedingungen erfüllten. Erstens: Kein Vertrag wird verlängert. Zweitens: Rückzug in den Amateurfußball. Drittens: Ende der Partnerschaft. Als erster Verein verlassen die 05er so 1976 freiwillig den deutschen Profifußball. In den nachfolgenden Jahren schließen sich weitere Zweitligisten aus ähnlichen Gründen an.

GRUND 40

Weil wir auch die schwersten Krisen überleben

Am 21. August 1982 stirbt Jürgen Jughard auf der Autobahn bei Koblenz. Warum der Generalbevollmächtigte des größten europäischen Leasingunternehmens gegen einen Brückenpfeiler fährt, kann nie geklärt werden – die Theorien reichen von einem Unfall über Selbstmord (was Gutachten nicht untermauern) bis zu einem Anschlag. Und in den folgenden Tagen wird es dramatisch: Jughard wäre offenbar eine nicht unwesentliche Figur in der bis dato größten deutschen Wirtschaftsaffäre geworden, die vier Landesbanken und diverse hochrangige Politiker betrifft und sich auf einen wirtschaftlichen Schaden von über drei Milliarden Mark summiert. Rund 800 Firmen sind in die Affäre verwickelt: Hotels, Fabriken, Achterbahnen, Schiffe und sogar ein Atomkraftwerk sollen auf undurchsichtige Weise finanziert worden sein.

Verwickelt ist demnach auch ein ehemaliger Zweitligist: 1980 war Jughard als Mäzen bei den 05ern eingestiegen. Die Bedingungen des Managers, der vorher schon im rheinhessischen Hinterland die SG Harxheim bis in die 4. Liga gehievt hatte: der Chefsessel – und keine Fragen. Eine normale Buchführung gibt es in diesen Jahren nicht. Jughard regelt, was zu regeln ist, der restliche Vorstand lässt ihn machen.

Mit dem neuen Reichtum bauen die 05er in der Oberliga eine Spitzenmannschaft auf: Ludwig Scherhag von der TuS Neuendorf (heute TuS Koblenz), Karl-Heinz Halter und Helmut Wagner vom FK Pirmasens, der Rückkehrer Gerhard »Bimbo« Bopp, der Eisbachtaler Erich Klasen und das eigene Nachwuchstalent Charly Mähn bilden eine großkalibrige Offensive. Der aus der Bundesliga zurückgeholte Herbert Scheller ist der Star der überragenden Abwehr der Liga. 1982 liefern sich die 05er ein enges Titelrennen mit dem FC Homburg, dem 1. FC Saarbrücken und dem FK Pirmasens. Als Zweiter sind sie für die Amateurmeisterschaft qualifiziert.

Dort ist die prominente, aber lustlose Truppe von Viktoria Köln kein Hindernis. Hertha Zehlendorf wehrt sich im Halbfinale schon stärker, dennoch erreichen die 05er nach zwei hochklassigen Spielen das Finale. Mit einem 3:0 gegen die Amateure von Werder Bremen (Mähn trifft zwei Mal, Scherhag zum 3:0) gewinnt Mainz am Bruchweg vor 7000 Zuschauern den ersten nationalen Titel der Vereinsgeschichte. Wenige Wochen nach den luxuriösen Feierlichkeiten ist Jughard plötzlich tot. Die Rechnungen, mit denen die 05er auf einmal konfrontiert werden, bedrohen die Existenz des Vereins. Es geht um Steuernachzahlungen, die Überdachung der Gegengerade, die Ausrüstung der Spieler, die Finanzierung der Mannschaft – insgesamt Schulden von fast einer halben Million Mark. Der Etat für die junge Saison 1982/83 ist somit hinfällig. Die Spielergehälter müssen extrem zusammengestrichen werden. Bankkredite, die unter anderem durch Privatbürgschaften der Vorstände abgesichert sind, retten den 05ern kurzfristig das Überleben.

Sportlich stürzt die durch den Skandal psychisch schwer angeschlagene Mannschaft in jenen Jahren auf die schlechteste Platzierung der Vereinsgeschichte ab: zweimal Achter in der 3. Liga. Der angestrebte Wiederaufstieg in die 2. Liga verschiebt sich um ein paar Jahre. Mehr passiert nicht.

GRUND 41

Weil wir zocken können

Die Wiedergeburt der Mainzer beginnt 1984 mit einem Ehemaligen: Horst-Dieter Strich, 05-Torwart in der Oberligasaison 1962/63, gerade mit dem VfR Bürstadt in die 2. Liga aufgestiegen. Er löst den glücklosen ehemaligen Weltklassestürmer Lothar Emmerich als Trainer ab und lässt seine Mannschaft, die durch den ehemaligen Bundesligaspieler Michael Schuhmacher verstärkt wird, intelligenten, aggressiven Offensivfußball mit einer geschickten, damals innovativen Abseitsfalle spielen.

Die 05er werden Vizemeister der Oberliga und bauen ab 1985 mit geringem Aufwand die Mannschaft zusammen, die sie in den Profifußball zurückbringen soll: Schorsch Müller kommt vom wenige hundert Meter entfernten Nachbarclub DJK/BSC, Micky Becker aus Bad Kreuznach, Hendrik Weiß aus Wiesbaden, Michael Schmitt aus Bingen – und der in Freiburg gescheiterte Charly Mähn wieder nach Hause. In der Addition absolvieren diese Fünf in den folgenden Jahren über 1200 Pflichtspiele für Mainz 05. Und es hätten sogar deutlich mehr sein können, aber Schmitt und Mähn müssen wegen schwerer Verletzungen ihre Karrieren vorzeitig beenden. Mit einer dramatischen Situation wird Mainz aber noch konfrontiert, denn um die letzten Lücken in der Mannschaft zu schließen, riskiert der Verein 1987 alles. Die 05er haben ein Torwartproblem und lösen es mit dem Wormser Stephan Kuhnert, dem überragenden Keeper des Südwestens. Sie brauchen einen hervorragenden Mittelfeldspieler und holen den jungen Frank Haun aus Kaiserslautern. Und ihnen fehlt ein guter Sturmpartner für Charly Mähn. Das wird Norbert Hönnscheidt aus Mainz-Kastel, der schon ein paar Bundesligaspiele absolviert hat und Geld kostet, das die 05er nicht haben.

Vier Monate lang können keine Gehälter gezahlt werden. Einzelne Spieler wollen sich bei Strich abmelden, lassen sich aber überreden, die Mission durchzuziehen. »Wir werden Meister«, beschwört der Trainer immer wieder, »dann bekommen wir unser Geld«. Eine weitere Oberligasaison wird sich Mainz 05 nicht leisten können. Die Mannschaft muss aufsteigen, andernfalls müsste man den Verein vielleicht sogar dicht machen. Doch das Risiko geht auf: Der teure Hönnscheidt schießt Mainz 05 zurück in den Profifußball. Über 11.000 Zuschauer durchschnittlich sehen die drei Aufstiegsrunden-Heimspiele – und auch das bringt dringend benötigtes Geld in die Kasse. In der 2. Liga scheitern die 05er an zwei Dingen: großem Verletzungspech und einer gewissen Naivität. Mit Feierabendprofis, stellen sie fest, steigt man ab.

Der neue Trainer Robert Jung schafft es immerhin, die Mannschaft weitestgehend zusammenzuhalten. Für den Wiederaufstieg ist er genau der richtige Mann. Es gibt Leute, die den Lehrer aus Pirmasens – der seinen Hauptberuf nicht aufgibt, täglich die Autobahn hoch und runter braust – einen Defensivfanatiker nennen, aber das ist dumm, dann wird Jung böse. Tatsächlich stehen seine Mannschaften tief im Raum, lassen den Gegner auf eine kaum zu durchdringende Abwehr laufen – und fahren dann blitzschnelle Überfallkonter. (Noch 20 Jahre später kegelt Jungs FK Pirmasens so Werder Bremen aus dem DFB-Pokal.) Die Mainzer beherrschen dieses Spiel perfekt – 93:20 Tore, 62:6 Punkte. Nur den FSV Salmrohr werden sie einfach nicht los. Erst nach dem vorletzten Spieltag stehen sie als Südwestmeister fest. Am letzten Spieltag können sie sich mit einer B-Mannschaft sogar die einzige Saisonniederlage leisten: in Salmrohr.

Robert Jung nennt diese Saison 1989/90 – die beste, die je eine Mannschaft in der drittklassigen Oberliga gespielt hat – seinen »Husarenritt«. Vier Auftaktsiege in der Aufstiegsrunde sichern früh den Wiederaufstieg. Und im dritten Spiel, gegen Rot Weiss Frankfurt, begegnen die 05er zum ersten Mal einem jungen blonden Stürmer, den sie ein paar Wochen später unter Vertrag nehmen werden: Jürgen Klopp. Der Rest ist Geschichte.

GRUND 42

Weil Harald Strutz nicht nur aus Gewohnheit wiedergewählt wurde

Wenn früher alle zwei Jahre der Vorstand von Mainz 05 gewählt wurde, hielt im Plenum ein geschlossenes Grüppchen die roten »Dagegen«-Kärtchen in die Luft. Es waren die Ultras, die wieder mal versuchten, Harald Strutz loszuwerden. Das war normal.

Der »Strutzeharald« war über zweieinhalb Jahrzehnten 05-Chef, bevor er – nach Christian Heidels Abgang – im vermeintlichen Ehrenamt über üppige Bezüge stolperte und schließlich den Hut nahm. Eine schillernde Figur: Lokalpolitiker und Rock 'n' Roller, Charmeur und Polterer, Jurist und Leichtathlet, nach außen als DFL-Vorstandsmitglied und gelegentlicher Delegationsleiter bei Nachwuchsländerspielen ein wertvoller Diplomat, aber nach innen konnte er auch anders. Wenn sich die »jungen Leute« auf der Fantribüne mal wieder ein bisschen zu viel auf sich einbildeten, dann haute er dazwischen, mit seinem Anspruch auf die Deutungshoheit, was genau Mainz 05 ist – und was nicht. Der Konter aus der Kurve ließ natürlich nicht lange auf sich warten, die Schlammschlacht tobte und beruhigte sich wieder, Konsequenzen gab es keine – und warum auch? Die Ultras hatten einen, an dem sie sich abarbeiten konnten, Strutz steckte es weg und kümmert sich wieder um seinen Job: Repräsentieren, Kontakte pflegen und gelegentliche Machtworte sprechen; das Tagesgeschäft denen überlassen, die dafür zuständig waren. Das machte er gut. Bis er sich selbst zu Fall brachte.

Am Anfang, vor nunmehr über 30 Jahren, wurde Strutz an die Macht geputscht. Es hatte Streit gegeben, 1988, zwischen dem Aufstiegstrainer Horst-Dieter Strich und dem damaligen Präsidenten Bodo Hertlein. Im Oktober, im Rahmen der Mitgliederversammlung, beging Hertlein den Fauxpas, so ziemlich jedem für seine gute Arbeit zu danken, nur nicht dem Ex-Trainer, der nach dem

Aufstieg den Verein verlassen hatte. Woraufhin die Versammlung in einer »Koalition aus Gerechtigkeitsgefühl, Machtstreben und Aufsässigkeit«[29] eskalierte, wie die Lokalpresse schrieb, heißt: In einer Demonstration klassischen Meenzer Revoluzzertums – erst vollendete Tatsachen schaffen, dann über die Konsequenzen nachdenken – wurde Hertlein spontan abgewählt.

Ein Konzept oder gar einen Gegenkandidaten hatten die Rebellen allerdings nicht. Vorstandsmitglied Peter Arens wurde vorgeschlagen, aber der wollte nicht gegen Hertlein antreten. Mainz 05 stand plötzlich ohne Chef da. Irgendwer nominierte den 37-jährigen Strutz, zweiter Sprecher des Förderkreises, der kein bisschen darauf vorbereitet war, im zweiten Wahlgang mit großer Mehrheit inthronisiert zu werden. Damit aber schloss sich ein Kreis, denn den Präsidenten Strutz hatte es schon mal gegeben: Walter Strutz, Haralds Vater, 1956 im Amt verstorben. Und Wolfgang Strutz, Haralds Bruder, saß in den 1970ern in jenem Aufsichtsrat, der über die Lizenzrückgabe entscheiden musste.

Strutz Nummer 3 jedenfalls, der im Oktober 2013 sein 25. Jubiläum als 05-Chef feierte, stand einem Präsidium vor, in dem sich ab seiner ersten Wahl auch sonst über Jahrzehnte nicht viel änderte. Der Kern des Vereins war sehr lange ungeheuer konstant.

GRUND 43

Weil wir unsere Legenden lieben

Als es einmal darum ging, eine 05-Legendenelf aufzustellen, hat *Die TORToUR* gesagt, »Vergesst es«. Wir haben keine elf Legenden, sondern nur genau vier: den Heinz aus Mainz, die 2016 verstorbene Moni Klapdor, geschiedene Steinbrech (die lange alleine die Geschäftsstelle war und die Mitgliederkartei nach Vornamen sortiert hatte, weil sie die Leute persönlich kannte), Volker Kratz, ehemals

Fanprojekt, – und den langjährigen Vizepräsidenten Peter Arens, der mal Devisen im Unterhemd in den Ostblock geschmuggelt hat, um den Bulgaren Petar Kurdow nach Mainz zu holen. Und der gerne Buffets eröffnete, gelegentlich auch Pressekonferenzen mit Al Jazeera, wenn Pressechef Tobias Sparwasser mal ausfiel.

Seit seiner Kindheit ist Arens 05er. Er war Ehrensenator des internationalen Friseurverbands mit zwischenzeitlichem Amtssitz in Paris und Diner-Einladungen zu den Grimaldis nach Monaco. Er bleibt auch ohne Amt der größte Vizepräsident aller Zeiten.

Christian Heidel mochte zu seiner Zeit das Gehirn des Vereins sein – oder seine Seele – wir wissen es nicht mehr genau. Wir finden auf die Schnelle auch nicht das richtige Organ für Harald Strutz, glauben nach einiger Überlegung, es könnte lange das Rückgrat gewesen sein, obschon das streng genommen kein Organ ist (oder doch?). Und wir können nicht ausschließen, dass der medienverliebte Bajazz der (entzündete) Blinddarm ist.

Peter Arens aber, der bleibt das Herz, daran besteht kein Zweifel. »Und ein bisschen auch die Leber«, schallt es durch die Bürogemeinschaft der Autoren: »Jemand, mit dem man viel Spaß haben kann, aber man sollte es trotzdem nicht übertreiben!« Mumpitz.

GRUND 44

Weil Christian Heidel der ewige Don* ist

Anfang 1990 meldet sich ein Amateurkicker und Autohaus-Geschäftsführer beim damaligen Oberligisten Mainz 05 und will alle Eintrittskarten für ein Fußballspiel erwerben. Der 27-jährige Christian Heidel zahlt dafür 15.000 Mark, er macht die Partie gegen den

* *»Don Heiteli«: Die Anrede in einem Fax aus Ecuador anlässlich des möglichen Transfers von Walter Ayoví – der »Don« ist hängengeblieben.*

FSV Saarwellingen zu einem Volksfest, verlost unter den 4430 Zuschauern einen Neuwagen gehobener Klasse – und bleibt irgendwie bei dem Verein hängen, dessen Fan er ohnehin seit Kindertagen ist. Das Autohaus gibt es längst nicht mehr, die Beziehung zwischen Christan Heidel und Mainz 05 aber, die wurde eine besondere.

So genau kann Heidel es selbst nicht nachvollziehen, wie er sukzessive Manager eines Proficlubs geworden ist. Irgendwann hat er eben Verantwortung bei Mainz 05 bekommen, dann eine feste Rolle. Plötzlich riefen die Zeitungen ihn an, wenn sie etwas wissen wollten. Im Herbst 1991 wurde Heidel auf einmal zur Managertagung der Liga eingeladen. Nur für wenige Jahre aber ließ er sich in Mainz für seine Arbeit bezahlen: Groß gemacht hat Christian Heidel uns als ehrenamtlicher Manager.

Und weil ehrenamtlich gleich unprofessionell ist – zumindest glauben das genügend Leute – wurde Heidel außerhalb der Sichtweite des Doms gern mal nicht besonders ernst genommen. Es gibt dümmere Ideen, als den Mann nicht ernst zu nehmen. Mit Schwimmflügeln ins Säurebecken springen oder über dem Pazifik aus dem Flieger aussteigen sind zwei, die uns spontan einfallen. Viele, die Christian Heidel über den Tisch ziehen wollten, sind selbst darunter gelandet.

Der Eindruck aus dem Fernsehen, wenn Heidel in der Halbzeit der Ligaübertragung ein bisschen hemdsärmelig, leicht schnodderig, fernab hochdeutscher Schriftsprache ins Mikrofon plaudert und dem wunderbaren Wort »annersder« den soundsovielten Frühling beschert, der täuschte: Heidel kennt jede Spielordnung, jede Satzung, jeden Paragrafen. Statuten auswendig zu lernen, das macht dem Mann Spaß!

Seine Transferverträge sind ein für Unbedarfte undurchdringliches Dickicht aus Zusatzvereinbarungen zu Partizipation bei Weiterverkauf und Boni bei sportlichem Erfolg, seine Deals sind in ihrer Komplexität allerhöchstens gleichzusetzen mit den Trainingsübungen von Željko Buvač (zu dem kommen wir gleich) mit sieben Stationen, drei Toren und fünf Bällen. So kommt es, dass auch Jahre nach einem Spielerverkauf immer wieder das eine oder andere Extramilliönchen auf unser Konto tröpfelt, dass Mainz 05 auch den schlimmsten Fehleinkauf (Hanno Balitsch oder Edu, da streiten sich die Gelehrten) mit Gewinn wieder los wird und unser Verein in den letzten 20 Jahren immer gesünder, stabiler und reicher geworden ist. Unklar, wie Schalke das verzocken konnte.

Im Sommer 1995 war in einer Zeitung zu lesen, wir könnten uns nicht mal einen Amateur aus der Regionalliga leisten. Im Transfersommer 2013 leisteten wir uns eine siebenstellige Ablöse nach der anderen und mussten dafür noch immer keinen Investor oder Vermarkter anpumpen. Wir wissen, wem wir das zu verdanken haben. Und wir werden weiterhin jeden auslachen, der damit anfängt, dass der Heidel ja schon sein Autohaus in die Pleite … blablabla.

GRUND 45

Weil Wolfgang Frank den Mut zur Unzufriedenheit geweckt hat

Das war die schlimmste Hinrunde von allen. Von allen! Zum Auftakt gibt es 1995/96 ein 2:2 gegen Hannover. Ausgleich in der Nachspielzeit, ein Kopfballtreffer von 05-Torwart Stephan Kuhnert! Aber: Ein Mainzer war nicht spielberechtigt und der Punkt wird aberkannt … Die folgenden Ergebnisse: 0:3, 0:1, 0:3. 0:0 (Punktgewinn! – gegen Meppen), 0:2, 0:2, 0:1. Acht Spiele, ein Punkt, 0:14 Tore.

Trainer Horst Franz ist inzwischen gefeuert. Es kommt als Nachfolger der 44-jährige frühere Bundesliga-Torjäger Wolfgang Frank. Der Rest wird Legende, ein grandioser Abstiegskampf, der anschließend jahrelang als Präzedenzfall genannt wurde, wenn es mal wieder aussichtslos war. Frank schafft in seinem zweiten Spiel den ersten Saisonsieg: 23. September 1995, 2:0 gegen Wattenscheid.

Ein Eigentor und ein Elfmeter, verursacht vom Eigentorschützen. Danke noch mal, Sven Backhaus. Vorsichtige Konsolidierung, und dennoch: Letzter in der Wintertabelle. Drei Monate Fußballpause, ein endloses Trainingslager, in dem Frank alles umkrempelt – den Libero abschafft und nicht die allererste, aber doch eine der ersten Viererketten des deutschen Fußballs installiert (nach Vorbild des italienischen Meistertrainers Arrigo Sacchi).

Die Siege folgen, der Rückstand zum Nichtabstiegsplatz schmilzt dahin. Aber das Programm ist hart – in den letzten vier Wochen müssen die 05er gegen alle drei Aufstiegsfavoriten ran. Die müssen geschlagen werden – und werden geschlagen. Bielefeld 2:0. Duisburg im Wedaustadion 3:0. Nach dem vorletzten Spiel der Saison steht Mainz tatsächlich auf einem Nichtabstiegsplatz und spielt gegen Bochum am erstmals seit Ewigkeiten wieder ausverkauften Bruchweg vor unglaublichen 12.000 Zuschauern 1:0 – Leihspieler Marco Weißhaupt macht das Tor.

Den größten Abstiegskampf von allen schließt Mainz 05 auf dem ersten Platz der Rückrundentabelle ab. Punktgleich übrigens mit Fortuna Köln, im Winter Vorletzter. Franz Beckenbauer wird in jenem Sommer 1996 gefragt, ob der deutsche Sieg bei der Europameisterschaft eine Sensation gewesen sei. »Nein«, soll er darauf laut mündlicher Überlieferung geantwortet haben: »Dass Mainz 05 nicht abgestiegen ist, *das* ist eine Sensation.«

Und Wolfgang Frank ist noch lange nicht satt. Noch als Tabellenletzter spricht der Visionär vom mittelfristigen Aufstieg in die Bundesliga. Dann stellt er Forderungen: bessere Trainingsbedingungen, aber auch Stadionausbau. Die Verhandlungen mit der Stadt Mainz, zu der Zeit noch Eigentümerin von Stadion und Gelände, sind hart. Kein Geld, kein Bedarf – bei durchschnittlich 4000 Zuschauern. Wolfgang Frank aber setzt sich durch, auf allen Ebenen.

Nichts von dem, was Mainz 05 heute ist, wäre ohne ihn, der 2013 viel zu früh stirbt, möglich gewesen. Die Mainzer wären in die dritte, vierte, fünfte Liga abgestürzt; oder tiefer, wie Wattenscheid, wie Meppen, wie die Kölner Fortuna. Der Bruchweg wäre immer noch eine Bezirkssportanlage. Die neue Arena, Bundesligafußball, Nationalspieler, Europapokal, 30.000 Mainzer, Rheinhessen und Auswärtige, die freiwillig teuer' Geld ausgeben, um Mainz 05 spielen zu sehen: undenkbar. Jürgen Klopp, Franks Musterschüler, wäre eine lokale Berühmtheit geblieben, auch den Braunschweiger Aufstiegscoach Torsten Lieberknecht oder 05-Coach Sandro Schwarz hätte es ohne Franks Inspiration nicht gegeben.

Beim knapp verpassten Aufstieg 1997 ist Frank nicht mehr dabei: Im Frühjahr hat er den Bettel hingeschmissen. Mainz stagniert und fällt zurück in den Abstiegskampf. Ein Jahr später kommt Frank zurück. Das Publikum feiert ihn beim ersten Spiel, am Ostersonntag 1998, als Messias. Den Erfolg seines ersten Jahres kann er nicht wiederholen, auch bei keiner seiner späteren Trainerstationen. Und doch – für die langfristige Entwicklung von Mainz 05 war nichts wichtiger, nichts entscheidender, als Wolfgang Frank mit seiner Unzufriedenheit über den Status quo.

GRUND 46

Weil wir die Drei aus dem Spaghettiwestern hervorgebracht haben

Wenn in Mainz jemand das Wort »Spaghettiwestern« in den Mund nimmt, geht es selten um Filme mit rauchenden Colts. Dann geht es vielmehr um das Trio, unter dessen Ägide auf der Trainerbank für Mainz 05 – quasi im Geiste Wolfgang Franks – die großen Veränderungen begonnen haben, die Grundstein sind für viel von dem, was wir heute erleben. »Und heut' sitzen drei auf der Trainerbank, die sehen aus wie gebeamt aus den 70er Jahren, drei Typen wie aus dem Spaghettiwestern, da wird mir ganz flau und ich denk' an gestern«, lautet eine Zeile im Song *Liebe meines Lebens* der Rimini

Piranhas. Diese »drei Typen« sind Jürgen Klopp, Željko Buvač und Stephan Kuhnert.

Klopp verpflichten die Mainzer 1990 vom Aufstiegsrunden-Konkurrenten Rot Weiss Frankfurt: 05-Trainer Robert Jung wollte noch einen »langen Stürmer«. Weil Klopps Kopfballstärke aber eher hinten gebraucht wird, landet er schnell im Mittelfeld. Als Pendler zwischen den Positionen schießt der Neuling zehn Saisontore. In der Folge macht ihm 1991 der Hamburger SV ein Angebot – 750.000 Mark sind die Rothosen bereit, als Ablöse auf den Tisch zu legen. Eine mögliche Verpflichtung scheitert damals nicht an Kloppos salopper Einstellung zu Bartwuchs und Zigarettenkonsum (was angeblich Jahre später für den einen oder anderen HSVer Störfaktoren für eine mögliche Verpflichtung als Trainer sind), sondern an Robert Jung. Der nämlich droht, den Verein zu verlassen, wenn man seinen Stürmer verkauft – worauf der Präsident die Freigabe verweigert.

Den Spieler macht das zwar nicht glücklich, seinem Torriecher aber tut die Sache keinerlei Abbruch. Am dritten Spieltag der Serie 1991/92 schießt er gleich vier beim 5:0 in Erfurt. Der Spieler Jürgen Klopp war nie so schlecht, wie es der Trainer Jürgen Klopp später gerne von sich selbst behauptet, sondern ein vorbildlicher Kämpfer – schnell, dynamisch, mit hervorragendem Offensivkopfball. Nach dem Spiel gegen Erfurt steht erneut die komplette untere Hälfte der Bundesliga mit Ablöseschecks auf der Matte der Mainzer; die erteilen dem Spieler abermals keine Freigabe.

Der im Juni 2013 verstorbene Josip Kuže macht Jürgen Klopp als 05-Trainer 1992 zum Offensivverteidiger und diese Rolle behält der, abgesehen von einem kurzen (erfolglosen) Ausflug zurück in den Sturm, bis ans Ende der aktiven Karriere. Die beschließt Klopp an Fastnacht 2001 als einer, der schon da unsterblich ist für den Verein: Und zu diesem Zeitpunkt konnte noch niemand ahnen, was die gemeinsame Zukunft bringen würde. Mit 340 Spielen (gleichauf mit Schorsch Müller) als damaliger 05-Rekordspieler sowohl insgesamt als auch in der 2. Liga (325 Spiele) sowie als der zweitbester Zweitliga-Torjäger aller 05-Zeiten mit 52 Toren (nach Sven Demandt mit 55 Treffern) geht der Spieler Jürgen Klopp in Rente.

Željko Buvač kommt 1992 mit Trainer Josip Kuže aus Erfurt nach Mainz: Ein sehr großer Mittelfeldarbeiter, torgefährlich, zweikampfstark. Mit seinen 30 Jahren ist er nicht nur ausgesprochen erfahren, sondern auch taktisch sehr gut ausgebildet. Für zwei Jahre ist er im System Kuže ein wichtiger Spieler, im dritten (das nach neun Saisonspielen den Abgang des Trainers markiert) wird er von den Neuzugängen Christian Hock und, mehr noch, Bruno Akrapović nach und nach aus der Startelf verdrängt. Im Sommer 1995 wechselt er zum SC Neukirchen, zunächst als Spieler, bevor ihn die Bosse dort 1998 zum Trainer machen.

»Wir brauchen keinen Aumann, wir brauchen keinen Stein, wir haben Stephan Kuhnert, die Nummer 1 am Rhein.« Wenn dieser liebevolle Gesang von der Gegengeraden ertönte, konnte nur einer im Tor stehen: Stephan »Kuhni« Kuhnert. 1987 als überragender Torwart der Oberliga Südwest aus Worms geholt, soll er in Mainz das Torwartproblem lösen, das entstanden war, weil Slobodan Šujica 1986 nach zwei Jahren keine Arbeitsgenehmigung mehr bekam und zurück nach Jugoslawien musste. Kuhnert ist nach seiner Verpflichtung sechs Jahre lang unumstritten Stammtorwart. Es folgt eine Zeit mit häufigen Verletzungen, an deren Ende er von einem jungen Mann aus dem Tor verdrängt wird, dessen Karriereausklang Jahre später gleichfalls von Verletzungen begleitet wird: Dimo Wache. Ab 1996 ist der die Nummer 1 im Tor der 05er. Weil aber auch Wache immer mal Verletzungen plagen, spielt Kuhni noch bis Sommer 1999 in der 2. Liga. Parallel beginnt er ab 1998, als Torwarttrainer für die erste Mannschaft zu arbeiten.

Im Abstiegskampf 2000/01 sind also Klopp und Kuhnert noch beim Verein, Buvač arbeitet zu diesem Zeitpunkt in Hessen. Nach Wolfgang Franks zweitem Auftritt als 05-Trainer und der darauffolgenden Kurzverpflichtung von Dirk Karkuth soll Trainer René

Vandereycken – seines Zeichens Vizeeuropameister und WM-Teilnehmer mit Belgien – Kontinuität in den Chaosclub bringen. Das geht aber schief: Nach gerade Mal zwölf Spielen muss der Neue bereits wieder gehen. Als Nachfolger wird Eckhard Krautzun geholt, der gleich bei seiner ersten Pressekonferenz als Trainer mit Anlauf ins größtmögliche lokale Riesenfettnäpfchen springt und die Mainzer als die »Pfälzer am Bruchsee« bezeichnet: autsch.

Es folgt eine sehr unschöne Episode in der Mainzer Geschichte: Im Winter 2000 tritt Christian Heidel zurück. Ein vermeintlicher Fan hatte seinen Sohn auf dem Heimweg von der Schule abgefangen, um dem Bub zu erklären, was sein Vater im Verein so alles verkehrt mache. Heidel zieht darauf die Reißleine, Amateurchef Manni Lorenz und Teambetreuer Axel Schuster übernehmen die Geschäfte. In der Winterpause kommt Heidel nach intensivem Drängen seitens des Vereins sowie einer Fandemo am Bruchweg zurück. Wirklich Ruhe kehrt damit freilich noch nicht ein, aber hätte es in dieser Phase mit Plan A geklappt, hätte Heidel keinen Plan B gebraucht – und was aus diesem Plan B geworden ist, will heute in Mainz (und sicher auch in Dortmund oder Liverpool) niemand missen. Die Mannschaft punktet mit Krautzun nur kurz, die Vereinsführung verliert bald den Glauben daran, dass der Abstieg noch verhindert werden kann. Was folgt, ist die moderne Legende von Mainz 05.

Der Manager beschließt, die Mannschaft solle das – quasi mit internem Anführer – selbst regeln. Die Wahl fällt auf den ohnehin gerade verletzten Jürgen Klopp: Am Rosenmontag 2001 macht Christian Heidel ihn zum Trainer von Mainz 05. Die Weltpresse hält sich den Bauch vor Lachen, die Fans wissen nicht so recht, wie sie die Sache bewerten sollten. Die Mannschaft aber gewinnt unter Kloppo direkt zwei Spiele – und Heidel, der erst nur von eben diesen beiden gesprochen hatte, bittet: »Zieh das durch bis Saisonende.« Woraufhin sein ehemaliger Spieler ihm, so ist es überliefert, entgegnet: »Nur, wenn du Manager bleibst.« Und Klopp gewinnt weiter: 19 Punkte aus den ersten sieben Spielen – Mainz schafft am Ende den Klassenerhalt.

Stephan Kuhnert ist ohnehin schon Torwarttrainer, im Sommer 2001 kommt Buvač als Co-Trainer dazu – er ist der Taktiker im Dreigestirn. Der Rest ist bekannt: viele Zweitligarekorde, ein knapper und ein verdammt knapper Nichtaufstieg und schließlich der Aufstieg 2004. In der 1. Liga bleiben auch Serien von Misserfolgen nicht aus, doch eine Entlassung des Trios steht nie zur Diskussion. Nie. Zwei Mal hält Mainz 05 die Klasse, in der dritten Saison aber geht es tränenreich zurück in die 2. Liga. Als dem Team der direkte Wiederaufstieg nicht gelingt, nimmt Jürgen Klopp in Mainz seinen legendären Abschied – und Buvač mit nach Dortmund. Der Rest ist, wie so vieles: Geschichte.

GRUND 47

Weil wir Andersen und Kramny manchmal ein bisschen vermissen

Dass sich Jørn Andersen am Ende seiner Mainzer Zeit unverstanden und irgendwie vom Hof gejagt gefühlt hat, ist emotional absolut nachvollziehbar. Auch für viele Fans kommt der Rauswurf des Norwegers überraschend; immerhin erfüllt der typmäßig die Kriterien des knorrigen Schweigers perfekt. Und von denen haben einige die Mainzer Herzen erobert, aber dazu kommen wir später noch.

Als Spieler erlebt er seine beste Zeit ausgerechnet bei Eintracht Frankfurt: Mit (für seine Verhältnisse) unfassbaren 18 Toren wird Andersen 1990 erster ausländischer Torschützenkönig der Bundesliga. Als Trainer gibt er zunächst eher eine tragische Figur ab. Im Frühjahr 2004 steigt er mit Rot-Weiß Oberhausen ganz knapp nicht in die Bundesliga auf: Ein Punkt (und elf Tore) fehlen am

Ende; das aber wohlgemerkt ohne Geld oder Trikotsponsor und mit einer Mannschaft, mit der wohl manch anderer direkt abgestiegen wäre. In der Saison 2005/06 ist er unter Horst Köppel Co-Trainer in Gladbach, nach der WM 2006 sogar ein Kandidat als Co-Trainer der deutschen Nationalmannschaft; doch daraus wird nichts. Im Jahr darauf wechselt Andersen nach Griechenland zu Škoda Xanthi, tritt dort aber noch vor dem ersten Spiel zurück, weil der Verein in der Saisonvorbereitung seine Zusagen nicht einhält. Stattdessen im Winter der Wechsel zu den abstiegsgefährdeten Offenbachern, mit denen Andersen den Klassenerhalt knapp verpasst. Als ihn darauf Mainz 05 holt, um den abgewanderten Jürgen Klopp zu ersetzen, ist das Geschrei zunächst groß – ein Absteiger als Ersatz für den Aufstiegshelden? Die müssen verrückt sein!

Für den Job in Mainz ist er aber der Richtige: ein Athlet, ein stolzer Wikinger, einer, der immer gewinnen will – jedes verdammte Spiel. Als Co-Trainer stellen die 05er ihm einen Altbekannten zur Seite: Jürgen Kramny. Der ist zu dem Zeitpunkt U19-Trainer und war von 1997 bis 2005 selbst Profi bei den Mainzern.

Das Duo fährt eine erstaunlich schwache Heimbilanz ein, parallel stellt es aber auswärts einen neuen Zweitligarekord auf: 11 Siege, 3 Unentschieden und 3 Niederlagen – bei einer positiven Tordifferenz von 15. Ganz nebenbei landet die Mannschaft in dieser Saison auch im Halbfinale des DFB-Pokals, muss sich da allerdings Leverkusen geschlagen geben. Und irgendetwas beginnt nach diesem Pokal-Aus merklich zu bröckeln. Im Verlauf der Rückrunde kommt im Verein nach und nach die Befürchtung auf, in der 1. Liga werde die Konstruktion Andersen-05 nicht funktionieren. Welche Rolle dabei die spätere Pokalniederlage in Lübeck zu Beginn der vermeintlich ersten Bundesligasaison eines norwegischen Trainers spielt, weiß niemand, die seltsamen Vorwürfe, die in den Tagen vor Andersens Entlassung durch Medien und Gerüchteküchen geistern, kann man aber getrost in der Kategorie »Unsinn« verbuchen.

Am Ende passen seine Bundesligapläne einfach nicht mit denen des Vereins zusammen. Fünf Tage vor Saisonbeginn müssen Andersen und Kramny gehen und obschon die Liste der in Mainz gefeuerten Trainer eine schier endlose ist, wird es für die Fans ein seltsamer Vorgang, nur ein Jahr nach dem Weggang von Klopp bereits wieder einen neuen Trainer serviert zu kriegen.

Und auch der Abschied vom alten fällt seltsam schwer: Vielleicht ja, weil wir den zutiefst geknickten Andersen am Ende nicht in den Arm nehmen können, um ihn ein bisschen zu trösten. Ob der knorrige Norweger das wiederum gewollt hätte, steht auf einem ganz anderen Blatt …

GRUND 48

Weil lange Zeit nur wir wussten, was Thomas Tuchel unwiderstehlich macht

Am 28. Juni 2009 erlebt Thomas Tuchel den Super-GAU – glaubt er. Finale der U19-Meisterschaft am Bruchweg, 11.000 schauen zu – und nach 22 Minuten muss Jan Kirchhoff raus. Der Abwehrchef. Der Überhaupt-Chef. Alles im Eimer! Tuchel holt das große Rührgerät raus: Er schickt Manuel Schneider nach innen, Eugen Gopko nach hinten, Andreas Ludwig nach irgendwo … Einen hin, einen im Sinn – die Presse wird schier wahnsinnig beim Versuch, alle Verschiebungen mitzuschreiben. Aber auf einmal klappt's: Tuchels in großem Stil umgeräumte Mannschaft gewinnt das Spiel gegen Borussia Dortmunds Auswahl künftiger Bundesligaspieler (Mario Götze, Lasse Sobiech, Daniel Ginczek, Tolgay Arslan) – mit 2:1 und ist Deutscher Meister. Super-GAU also ausgefallen.

Als fünf Wochen später Jørn Andersen etwas überraschend seine Koffer beim Frisch-Erstligisten packen muss, wird Thomas Tuchel – gerade auf dem Rückweg aus dem Trainingslager seines neuen Jahrgangs – aus dem Mannschaftsbus heraus zum Bundesligatrainer bestellt. Und ohne auch nur die Spur einer Vorbereitung holt er direkt ein Unentschieden gegen Leverkusen.

An für Uneingeweihte wild aussehende Wechselspiele gewöhnt man sich bald in Mainz. Um das Training zu verstehen, müsse man Abitur haben, staunt Eugen Polanski – aber es zahlt sich aus. So sieht man den Trainer bisweilen fuchtelnd, intensiv coachend an der Seitenlinie das System so oft ändern, bis es greift; auch und gerade hinsichtlich sich verändernder Ausgangssituationen im Spielverlauf. Beispiel: Freiburg auswärts. Das 4-2-3-1 funktioniert in der ersten Hälfte offensiv nicht, darum zur Halbzeit bei 0:0 Umstellung auf 4-4-2 mit Raute. Dominanz im Mittelfeld, Führungstor, aber defensiv geht derweil der Zugriff verloren. 74. Minute: Umstellung auf 4-4-2 flach. Stabilisierung des Zentrums, Konter über die Flügel – 2:0. Ein Stürmer raus, Kirchhoff kopfballstark zwischen die Ketten und im 4-1-4-1 die Führung über die Zeit bringen. Um das zu verstehen reicht Abitur vermutlich nicht aus, genau darum ist Tuchel so vielen Laien (und Fachleuten) suspekt. Taktische Flexibilität auf einem Niveau, das in der Bundesliga fast ein Alleinstellungsmerkmal ist, dazu eine etwas verkopfte, intellektuelle Ausstrahlung – damit kommen einige Leute nicht klar.

Tuchel ist ein Getriebener, ein Besessener, ein Fußballnerd. Ein Asket. Jenseits des Tellerrands gebildet und interessiert; wenn er »ein gutes Buch liest«, meint er damit nicht Dan Brown. Nach dem frühen Karriereende (als der Verteidiger des SSV Ulm 1846 gerade 25 ist, hat er sich bereits das Knie ruiniert) hat er Zeit, sich umfassend zu beschäftigen. Tuchel ist unter anderem Barkeeper, gleichzeitig beginnt er seine zweite Karriere als Jugendtrainer.

Heute ist er nicht nur Trainer in Paris, sondern auch Familienvater, Familienmensch; dass seine Töchter in Wiesbaden zur Welt gekommen sind, könnte aus Mainzer Sicht der einzige Makel sein. Die Mädchen werden beidfüßig erzogen, hat der Papa bestätigt: Humor hat Tuchel eben doch, wenn's uns auch keiner glaubt.

Der Mann ist ehrgeizig, von Anfang an. »Wir wollen unseren Spielern erlauben, groß zu denken«, ist ein Leitsatz der Saison 2010/11, die mit Platz fünf endet. Thomas Tuchel ist komplex, mehrdimensional, das macht ihn für die Allerweltspresse eben nicht pflegeleicht. Ein Entertainer will er gar nicht sein, wozu auch? Ihn nach einem Sieg auf den Zaun zu locken, wie es bei Kloppo immer mal wieder gelang, das ist nahezu ausgeschlossen; Tuchel steht ständig beschützend vor seiner Mannschaft, aber in solchen Momenten sieht er sich, sieht er seinen Platz hinter ihr.

Umso bemerkenswerter ist der Abend des 7. Mai 2011. Die Buben kommen aus Gelsenkirchen heim, wo sie die Schalker gerade in Grund und Boden geschossen haben. Halb Mainz wartet am Bruchweg: Das für den Gegner fast schmeichelhafte 3:1 bedeutet die endgültige Qualifikation für den Europapokal. Tuchel auf dem Zaun des Stadiongeländes, klitschnass und in Feierlaune, das Bild vergessen wir nicht. So etwas erlebt man nur ganz, ganz selten.

Tuchel hat Erfolg. In Christian Heidels Vierjahrestabelle, die die Serien ab Tuchels Beförderung zum Chef einfach addiert, ist Mainz 05 im Sommer 2013 Fünfter. Und Heidel lässt keinen Zweifel daran, dass dies Tuchels Verdienst ist. In der echten Tabelle auf Platz 13 zu stehen, tut dem keinen Abbruch.

Neben dieser vielschichtigen Figur ist Co-Trainer Arno Michels, einst überschaubar bedeutender Amateurspieler im Trierer Raum, später Tuchels Klassenkamerad bei der Fußballlehrerausbildung, kaum sichtbar. Man muss es einfach wissen, wie wichtig sein Beitrag zu Tuchels Arbeit und zu dessen Erfolg ist. Wir wissen es. Thomas Tuchel weiß es auch. Deshalb hat er Michels zu seinen folgenden Trainerstationen beim BVB und PSG mitgenommen. Zwischen Dortmund und dem letzten Spiel der beiden in Mainz liegt ein Sabbatical, davor ein fürs 05-Umfeld unerwarteter Ausstieg des Erfolgstrainers aus seinem Vertrag. Ein Verhalten, das manchem Mainzer schwer im Magen liegt, das aber letztlich nur konsequent war: Tuchel kann nur ganz – oder gar nicht. Und wer weiß, vielleicht wird er ja in Paris schaffen, was Jürgen Klopp mit Liverpool gelungen ist, und auch internationale Titel holen.

GRUND 49

Weil man manchmal zur falschen Zeit am richtigen Ort ist

Es hat nur wenige Sekunden gedauert, bis wir unsterblich in Kasper Hjulmand verliebt waren. Als im Sommer 2014 nach dem Abschied von Thomas Tuchel der Name des Dänen in den Medien auftauchte, kursierte dazu alsbald eine Geschichte: Der Trainer sei, so hieß es, bei einem Fußballlehrerkongress einst ausgerechnet mit Jürgen Klopp in einer langen Nacht an der Bar abgestürzt. Da war das Eis mit dem neuen Coach bereits gebrochen, ohne, dass diese Personalie jemals spruchreif gewesen wäre. Die Bestätigungen folgten dann aber alsbald – vom Verein, dass Hjulmand tatsächlich der neue Mann am Spielfeldrand sein würde. Und von Jürgen Klopp, der sich nicht nur bestens an den gemeinsamen Abend mit Hjulmand erinnerte, sondern dem Kollegen zugleich sowohl menschlich als auch fußballerisch ein dermaßen gutes Zeugnis ausstellte, dass die Fans in Mainz ihr Glück kaum fassen konnten. Kasper Hjulmand war, angefangen mit seinem für eine Fastnachtsstadt herrlichen Namen, getragen von dieser zauberhaften Anekdote und hin zu seinem unstrittigen fachlichen Können, schlicht und einfach der perfekte Mann für Mainz: A match made in heaven.

Aber manchmal irren sich eben sogar die Götter – und für Mainz und diese spezielle Geschichte zählt dazu auch unser unantastbarer Don. Nur so lässt sich erklären, dass die absolute Liebesheirat nach einer rauschenden Hochzeitsnacht (die Pressekonferenz des Dänen zu seinem Amtsantritt) und unvergesslichen Flitterwochen (acht Mal ungeschlagen – mit so vielen Spielen ohne Niederlage ist in der

1. Liga noch kein Coach mit Mainz 05 gestartet) bereits im Herbst 2014 erste Zweifler auf den Plan rief. Denn es war vieles anders an der Art des Neuen, Fußball spielen zu lassen – und die Mainzer an sich sind nun mal Gewohnheitstiere. Als der Erfolg plötzlich ausblieb, stand Hjulmand im Umfeld überraschend schnell in der Kritik. Sein Stil, in dem es weniger ums schnelle Umschalten ging als darum, bei Ballbesitz ein eigenes Spiel aufzuziehen, war nicht nur fürs Team eine Umstellung, sondern auch für die Zuschauer, die sich auf der Tribüne hin und wieder verwundert fragten, wo das alte Powerplay abgeblieben ist?

Vergessen war da der Rausch der ersten Spiele, der Sieg über den BVB, als Hjulmand sich tief vor der Fantribüne verbeugt hatte und ihm von dort die Herzen nur so zugeflogen waren. Vergessen war die Begeisterung bei seinem Amtsantritt und auch die tiefe Überzeugung, er sei der beste Mann für Mainz 05. Stattdessen erinnerte man sich an das düstere Ausscheiden aus beiden Pokalwettbewerben vor dem Start der Bundesligasaison und es war beinahe greifbar, wie das Vertrauen in Kasper Hjulmand schwand. All das aber hätte dem Dänen nichts anhaben können, wäre das Verhältnis der Verantwortlichen im Verein selbst derart zum Besten gewesen, wie das bei Mainz 05 nicht nur üblich, sondern letztlich auch überlebensnotwendig ist. War es aber nicht. Warum, darüber mögen andere spekulieren.

Fest steht, der Konzepttrainer Hjulmand war nicht in der Lage, sich auf die Forderung einzustellen, die Spielweise dem drohenden Abstiegskampf anzupassen. In Mainz haben es ihm viele Fans übel genommen, dass er sich lieber feuern ließ, als Kompromisse zu machen – letztlich kann man ihn aber auch bewundern für diese Konsequenz. Sie ähnelt der von Lucien Favre, der lieber hinschmeißt, als seinen Stil einer veränderten Situation in Gladbach anzupassen, wofür er vielfach gelobt wurde. Was bleibt von den Monaten mit Kasper Hjulmand, sind überraschend gemischte Gefühle bei den Anhängern von Mainz 05 – und die Irritation, dass kurzzeitig nicht alles ganz so sicher und geordnet verlief, wie wir das von unserem Verein in den 15 Jahren zuvor so angenehm gewohnt gewesen waren. (Little did wie know, was uns alsbald erwartete in Sachen Chaos!) Es bleibt aber auch die Erinnerung an einen wirklich feinen Menschen. Und der Wunsch, er möge künftig immer den beruflichen Ort finden, an dem das Timing für ihn passt.

6. KAPITEL

DER EINKAUFSZETTEL VON CHRISTIAN HEIDEL

GRUND 50

Weil wir uns sogar auf unsere Fehlgriffe etwas einbilden

Emil Kostadinow einen Weltstar zu nennen, ist sicherlich nicht komplett übertrieben. Der Bulgare hat bei ZKSA Sofia, beim FC Porto, bei Deportivo La Coruña, Bayern München und Fenerbahçe gespielt, mit den Bayern den Cup der Verlierer gewonnen und mit seiner Nationalmannschaft an zwei Weltmeisterschaften teilgenommen. Bei denen stand Kostadinow zwar immer etwas im Schatten des großen Christo Stoitschkow, aber immerhin erreichte er als Stammspieler 1994 durch das 2:1 gegen Deutschland das Halbfinale und schoss 1998 gegen Spanien das einzige Turniertor der Bulgaren. 1999, nach einem Jahr in Mexiko, wo die Tigres Monterrey offenbar darauf verzichtet haben, sein Gehalt zu zahlen, taucht der fast 32-Jährige plötzlich in der 2. Liga auf; nicht ganz fit, aber wild entschlossen. Im letzten Moment schießt zwar noch der FC St. Pauli quer, aber zu spät: Kostadinow wechselt zu den 05ern. Und wird (sportlich gesehen) ein dramatischer Fehleinkauf.

Kostadinow soll eigentlich mehr als eine Kuriosität, mehr als ein PR-Gag sein, ist aber schon zu morsch, um eine ernsthafte Rolle zu spielen. Nur viermal sehen wir ihn in der Liga, nie von Anfang an, insgesamt bloß 82 Minuten lang. Sein einziges Tor schießt er beim Neun-Minuten-Einsatz gegen Alemannia Aachen: Nach Christian Hocks Querpass ist der Kasten leer – noch einfacher geht's nun wirklich nicht. Schon im Winter ist Kostadinow wieder weg: Er steigt bei ZSKA Sofia ins Management ein. Mainz 05 so gar nicht weitergeholfen zu haben, das ist dem ehemaligen Torjäger fürchterlich peinlich – Kostadinow will sogar sein Gehalt zurückzahlen. Das kommt aber natürlich nicht in Frage.

Direkt von Borussia Dortmund, wo er wegen ständiger Knieverletzungen in vier Jahren kaum noch gespielt hat, wechselt 2005 Otto

Addo an den Bruchweg. Der spielt öfter als Kostadinow, aber nicht viel besser. Dann soll Marius Niculae in der Rückrunde der Saison 2006/07 die 05er vor dem Abstieg retten. Der galt als junger Torjäger bei Sporting Lissabon als eins der europäischen Toptalente, war dann ewig verletzt – und kommt in seinem halben Jahr in Mainz nie in Form: sechs Einsätze, kein Tor, Abstieg. Aber: Kein Grund, solche Gedankenspiele aufzugeben!

Dass die 05er am letzten Transfertag des Sommers 2012 auch noch den vorletzten Stürmer verschenken, kapiert erst mal kein Mensch. Ein paar Tage darauf wird nachgeschoben: der vereinslose Ivan Klasnić. Legende von Werder Bremen, zuletzt Einwechselknipser der Bolton Wanderers. Klasnić fängt sich erst drei verschiedene Verletzungen nacheinander ein, sitzt dann oft nur auf der Tribüne, spielt genau ein Mal in der Startelf und schießt in diesem Spiel bei Fortuna Düsseldorf prompt das typische Klasnić-Tor: aus drei Zentimetern in den leeren Kasten. Klingt einfach, aber kein anderer hätte genau dort gelauert! Weiter geht's mit allen Verletzungen, die ein Spieler haben kann. Die Niere soll's sein, die seines Vaters, genau genommen, die ihm im März 2007 implantiert wurde, weil die eigene nicht mehr funktionieren wollte. Die sei kein gleichwertiger Ersatz für das eigene Organ, so dass sich bei jedem Wehwehchen die Genesung in die Länge zieht, heißt es. Sein Vertrag wird im Sommer 2013 nicht verlängert.

Und trotzdem hat auch Klasnić seinen Anteil an der erfolgreichen Hinrunde, die nach den ersten Saisonspielen kaum einer für möglich gehalten hatte: Als sofort integrierter Klassenclown ist der Kroate wichtig fürs Mannschaftsklima. Ádám Szalai hat vom alten Recken gelernt, wie man Bundesliga-Torjäger wird. Und als der junge Shawn Parker vor dem Spiel bei Eintracht Frankfurt erfährt, dass er zum ersten Mal in der Startelf stehen soll, redet Klasnić so lange auf den 19-Jährigen ein, bis der ein Tor schießt, eins vorbereitet – und so den Grundstein zum ersten Auswärtssieg bei der Eintracht überhaupt legt; vielleicht nur, damit der alte Mann endlich Ruhe gibt!

Beim Umzug vom Bruchweg in die neue Arena im Sommer 2011 taucht Addo übrigens unangemeldet noch mal auf. Er habe gehört, dass Dimo Wache sein Abschiedsspiel gibt – und will wissen, ob er mitspielen darf: Klar! Hier sind alle Ehemaligen willkommen.

GRUND 51

Weil wir eine Lösung für das Thurk-Denkmal gefunden haben

Michael Thurk. Der Killermichel. Der Mann, der Claus Grzeskowiak die Kniebänder durchgebissen hat; der als feststehender Abgang zur Konkurrenz Mainz 05 in die Bundesliga und dadurch sich selbst in die 2. Liga schoss. Ein Spieler, der jederzeit jeden Streit mit jedem Schiedsrichter angefangen hat, der für den arrogantesten Torjubel aller Zeiten zu haben war. Der durch seinen merkwürdig provozierten Wechsel zu Eintracht Frankfurt möglicherweise wirklich am folgenden Abstieg der 05er aus der 1. Liga Schuld ist: Aber wir haben, zurückgekehrt, als Tabellenfünfter der Bundesliga vier Jahre später festgestellt, dass der Schaden, den der Killermichel angerichtet hat, so groß nicht gewesen sein kann.

Wir könnten 20 Seiten über ihn schreiben. Oder ihm ein Denkmal bauen – mit Scharnier am Sockel: Das können wir fortan mit einem Handgriff umkippen, wieder aufstellen, wieder umkippen und wieder aufstellen. Verdient hat er's. Den Sturz und die Erhöhung.

Und genau so verläuft schließlich auch seine Geschichte mit dem Verein, den er über das eigene Glück stellt, gegen die eigenen Wünsche bürstet und am Ende doch nicht ewig missen kann: In der Saison 2019/20 wird er dritter Co-Trainer unter Sandro Schwarz. Willkommen zuhause, Miffel.

GRUND 52

Weil Christian Heidel wirklich jeden Trick kennt

Jürgen Wegmann kennt man auch in Mainz. Die »Kobra«, die Torjägerlegende, die das Mittelfeld nur vom Hörensagen kannte – und selbst den äußeren Strafraum bloß im Notfall betreten hat. Wegmanns Revier war der Fünfer. Da lauerte er auf Flanken und Querschläger. Da schoss er seine Tore. Das erste, damals noch für Rot-Weiss Essen in der 2. Liga, als 17-Jähriger in der dritten Minute seiner Profikarriere. Das letzte wieder in der 2. Liga, 1993 für den MSV Duisburg. Dazwischen: Tore im Dutzend für Dortmund, Schalke, Bayern. Im Winter 1995/96 hätten die 05er im Zweitliga-Abstiegskampf ein paar Tore gut brauchen können. Sie erinnern sich an den Altstar, wissen aber nicht, was man mit ihm noch anfangen kann. Geben ihm deshalb zunächst einen Vertrag, der auf eine Mark dotiert ist – mit der Option auf ein Upgrade. Wegmann absolviert exakt ein Testspiel und reißt sich dabei das Kreuzband. Kein Upgrade, keine Unsummen in den Sand gesetzt.

Damián Salguero kennt man nicht unbedingt, auch nicht in Mainz. Dabei stand der 20-jährige Argentinier im Februar 2004 mal kurz bei 05 unter Vertrag. Gleiches Spiel: Interessanter Junge, aber ein Zweitligaspieler? Für ein Probetraining ist die Zeit zu knapp, die Transferperiode fast vorbei. Bis Fristende kann man ihn nicht in Ruhe begutachten. Die Lösung: Ein langfristiger Vertrag auf Verdacht, ein Gehalt, das gerade so zum Mittagessen reicht – wieder mit dem Hintergedanken, entweder im Ernstfall eine dicke Gehaltserhöhung draufzusetzen oder den Vertrag aufzulösen. Salguero fällt im Probetraining durch, zwei Wochen nach dem letzten Transfertag. Und geht halt wieder.

Tufan Tosunoğlu kennt man vielleicht. Der hatte für die Offenbacher Kickers eine gute Drittligarunde 2008/09 gespielt, war dann lange verletzt und kam 2010 nach Mainz. Ein Mann für die Bundesliga? Nur vielleicht. Vielleicht auch einer, der sich erst über die Regionalligamannschaft empfehlen muss. In diesem Fall kann er eine Austiegsklausel aktivieren. So kommt es, dass der türkische U21-Nationalspieler nach vier Wochen bei Mainz 05 in die 2. Liga zum FSV Frankfurt wechselt; auch da hat Tosunoğlu Pech: mehrere Kreuzbandrisse, in drei Jahren nur zwei Einsätze für die Frankfurter Profis und drei fürs Regionalligateam. Tragisch.

GRUND 53

Weil Jürgen Klopp sein Versprechen nicht gebrochen hat

Ein kurzer Schreck tobt 2008 durch Mainz: Jürgen Klopp dem BVB zu überlassen, an den Gedanken haben wir uns gewöhnt. Dass er geht, wenn der Aufstieg misslingt, war ja in aller Ausführlichkeit angekündigt. Aber dass der jetzt den Neven mitnimmt! Obwohl er versprochen hat, uns niemanden abzuwerben! Da sieht man mal, was im modernen Fußball ein Versprechen wert … »Halt«, ruft an der Stelle Christian Heidel: »Ich erklär's euch!« Ganz so eindimensional ist die Welt nämlich doch nicht, vor allem nicht in Mainz.

Aber fangen wir vorne an, in diesem Fall im Sommer 2006. Da spielt Conor Casey bei uns im Sturm, und warum das so ist, wissen wir nicht genau. Beziehungsweise, wir wissen es ganz genau: Weil Kloppo ihn einst adoptierte, nachdem er uns 2003/04 mit dem Siegtor für den KSC gegen Aachen am letzten Spieltag den Weg in die Bundesliga freigeschossen hatte (und ja, auch dazu kommen wir noch, versprochen). Aber das war's auch schon, was Casey für Mainz 05 geleistet hat. (Gut, da war das Traumtor gegen Wolfsburg, mit dem wir am elften Spieltag auf dem ersten Platz der Livetabelle standen, und da war das für die Legendenbildung unverzichtbare 6:1 in Bochum, ohne das es schließlich kein 6:2 hätte geben können.

Da war auch irgendwann ein drittes Tor, an das wir uns nicht mehr erinnern – aber eigentlich hatte man sich das alles ganz anders vorgestellt: Für einen Stürmer, Kreuzbandriss hin oder her, ist so etwas keine beeindruckende Bilanz.)

Aber Casey hat einen Berater, Stephen Kelly. Und der bringt eines Tages einen jungen US-amerikanischen Verteidiger an den Bruchweg. Großes Talent, sagt er, guckt euch den mal an. Neven Subotić heißt der Junge, 17 Jahre ist er alt, ernsthaft Fußball gespielt hat er kaum. Als E-Jugendlicher mal kurz beim TSV Schwarzenberg, in der badischen Provinz, wohin die Familie Subotić vor dem Bosnienkrieg geflohen war. Dann bei verschiedenen lokalen US-Mannschaften – und am Ende tatsächlich am College. Was er im Probetraining zeigt, sieht aber nicht so schlecht aus. Für die Oberligamannschaft reicht das auf jeden Fall.

Also tingelt Neven durch den Südwesten. Das Debüt gegen Betzdorf, das zweite Spiel bei der zweiten Mannschaft des 1. FC Saarbrücken, das erste Tor in Hasborn, der erste Platzverweis in Mayen, zwischendrin zwei Spiele gegen Bayern München: eins in der U19-Bundesliga, eins gegen die Profis. Den Mittelstürmer Roy Makaay schalten Subotić und Manuel Friedrich aus. Die restlichen Bayern schießen fünf Tore. War aber zu erwarten: Der Abstieg stand eh schon fest.

Im zweiten Jahr soll Neven weiter in Ruhe an den Profifußball herangeführt werden. Er absolviert, weil Bo Svensson einfach nicht fit werden will, 33 Zweitligaspiele von der ersten bis zur letzten Sekunde; nur ein einziges Mal sitzt er auf der Bank. Eine pädagogische Maßnahme: Neven hat verschlafen und ist zu spät am Treffpunkt erschienen. Wir merken schnell: Der Junge mit der Nummer 28 auf dem Rücken ist ein Jahrhunderttalent. Neven Subotić ist unglaublich selbstbewusst, fast, aber eben nur fast, überheblich. Er ist konsequent und präzise, seine Zweikämpfe sind hart, aber sauber. Sein Stellungsspiel makellos. Niemand kommt an ihm vorbei, nicht einmal Stan Libuda. Und torgefährlich ist er auch noch.

Aber auf einmal ist Neven Subotić weg. Weil Kloppo sein Versprechen gebro- … Christian Heidel aber klärt auf: Dass die TSG Hoffenheim, die uns den Aufstieg weggekauft hat, scharf auf Neven ist, dass sie ihm ein dickes Angebot gemacht hat, dass Neven nicht zu halten ist. Dass es aber nicht in die Tüte kommt, ihn dorthin zu lassen, nach dem ganzen Ärger, den wir mit denen schon hatten. Und nach diesem unsäglichen Brief, den Dietmar Hopp an alle möglichen Verbände, sämtliche Medien der Umgebung und – warum auch immer – Nationalmannschaftsmanager Oliver Bierhoff geschrieben hat, um Heidel anzuschwärzen. »Jedermann ist glücklich darüber«, hat Hopp geschrieben, »dass der Deutsche Fußball-Bund und die DFL mit konsequenter Härte gegen Rassismus vorgehen. Wir würden uns wünschen, dass man Diskriminierung, wie sie Herr Heidel betreibt, mit der gleichen Konsequenz verfolgt. Denn diese infame Diffamierung unseres Clubs, die wohl bewusst den Hass auf Hoffenheim schüren soll, ist auch geeignet, Gewalt gegen uns auszulösen« – Heidel hatte eigentlich nur in einem Interview erklärt, das Hoffenheimer Modell mit unerschöpflichen Geldreserven aus privater Hand gefährlich zu finden … Schwamm.

Unter diesen Bedingungen den besten Mann nach Hoffenheim zu schicken kommt jedenfalls nicht in Frage. Kurzer Anruf bei Kloppo, ihm den Neven aufgedrängt, auf dass der, wenn man ihn schon verliert, wenigstens bei Freunden unterkommt. Der TSG eine lange Nase gedreht – kein Wortbruch von Klopp, sondern ein Zeichen, dass man selbst mit Hopps Geldspeicher nicht alles kaufen kann. Die Dortmunder Fans sind zunächst skeptisch, ob man so viel Geld für einen 19-jährigen Zweitligaspieler wirklich ausgeben sollte. Ein paar Titel später ist auch der Letzte überzeugt.

GRUND 54

Weil wir ein Herz für Wahnsinnige haben

Bei einem fußballweltgeschichtlich, ja, sogar lokal vollkommen bedeutungslosen Verein am Persischen Golf langweilte sich ein kleiner Ägypter 2013 auf der Ersatzbank. Mohamed Zidan heißt der Mann, der bei Erscheinen dieses Buchs 31 Jahre alt ist und seine Karriere schön an die Wand gefahren hat. Zidan hätte ein Weltstar sein können, ein bei den Größten begehrter Torjäger. Denn er ist ein begnadeter Techniker, leichtfüßig, wendig wie kaum ein zweiter. Er hat einen unübertroffenen Torinstinkt, einen absolut präzisen Abschluss. Aber funktioniert hat er nur in Mainz.

2005 kommt Zidan zum ersten Mal an den Bruchweg, als Leihspieler von Werder Bremen. Die hatten den Stürmer ein Dreivierteljahr zuvor in Dänemark entdeckt, beim FC Midtjylland, wo sogar das Stadion nach Zidan benannt ist. Nicht offiziell; offiziell spielen die »Wölfe« in der MCH-Arena. Zidan aber schoss in den ersten drei Heimspielen im 2004 eröffneten Neubau nicht weniger als neun Tore. In Bremen hingegen ging er vom ersten Tag an jedem auf den Geist. Zwei Tore bei den ersten beiden Kurzeinsätzen, dazu ein Sack voll Einwechslungen, aber nichts Bleibendes. Denn, und wir wissen, wovon wir sprechen, Mohamed Zidan ist ein Wahnsinniger. Das Gegenteil eines Musterprofis, kein bisschen pflegeleicht. Dabei harmlos: Zidan tut niemandem etwas. Er hat nur eine Menge Blödsinn im Kopf – und wenig Kapazitäten für so langweilige Dinge wie Disziplin, wie Erwachsensein.

Jürgen Klopp gelingt, was unmöglich scheint: Er schafft es, die Albernheiten des Exzentrikers in konstruktive Bahnen zu lenken. Zidan will im Mittelpunkt stehen, er will beachtet werden, will sich wichtig fühlen. Soll er. Darf er. Zidan dankt es seinem Trainer mit neun Toren und drei Vorlagen in knapp einer Saison; dann muss er zurück nach Bremen.

Ohne ihn spielen die 05er eine katastrophale Hinrunde. Im Winter muss Christian Heidel Schwerstarbeit leisten, um den Torjäger an der Weser loszueisen. Zidan will nach Mainz; in Bremen fühlt er sich völlig fehl am Platz. Thomas Schaaf hat längst kapituliert – mit dem Spinner kann er nichts anfangen. Werder braucht aber einen Nachfolger, hat Plan A und Plan B. Wochenlang geistert Zidans Name durch die Presse, dann ist er wieder da. Für die damalige Mainzer Rekordablöse von 2,8 Millionen. »Als der Anruf meines Beraters kam, alles sei klar, habe ich richtig heftig geweint«, erzählt Zidan. »Jetzt bin ich wieder zuhause.«[31] In Mainz wird er geliebt, hier kommt er klar. Erstmal gibt's aber einen Muskelfaserriss beim Comebackspiel. »Jetzt weint der arme Mo schon wieder in seinem kleinen Legohaus in Kloppos Garten«, denken die Fans; man kauft ihm zum Trost ein grünes Plüschkrokodil, das bis heute irgendwo im Regal wohnt – Zidan hat es nie erhalten. »Das war ein ägyptischer Muskelfaserriss«, witzelt Klopp, als sich Zidan in Rekordzeit wieder fit meldet.

Zidans drittes Spiel ist 20 Minuten alt, gegen Cottbus steht es 1:0, als er schon wieder am gegnerischen Strafraum den Ball verspielt. Konter, keine Absicherung, Ausgleich. Klopp fuchtelt draußen, zitiert Zidan zu sich. Nimmt ihn in dem Arm, flüstert ihm etwas ins Ohr (»I give you all my power«, verrät der Trainer später, »der eine ist für solche Sprüche empfänglich, der andere nicht«[32]) und schickt ihn zurück auf den Platz. Direkt in den Steilpass von Fabian Gerber. Als Torschütze zum 2:1 springt Zidan Sekunden später wieder in Klopps Arme. Von jetzt an ist er nicht mehr zu bändigen. Es gibt Elfmeter für Mainz 05. Ein Job für Leon Andreasen, aber Zidan hat sich den Ball geschnappt und weigert sich, ihn wieder herauszurücken. »Ich schieß' Dir den Kopf ab, wenn Du nicht triffst«, droht Andreasen. Zidan trifft. Und legt nach einem sagenhaften Diagonalball von Petr Ruman noch das 4:1 nach. »Ich weiß hundertprozentig, dass ich verrückt bin«, sagt er. »Aber Klopp versucht nicht, mich zu ändern. Darum habe ich mich wieder für Mainz entschieden.«[34]

Und weiter geht's. 2:1 bei Hertha BSC, das 1:1 ein Zidan-Tor. 2:1 gegen Nürnberg durch zwei Zidan-Tore. Der Ägypter trifft auch beim 1:2 gegen Aachen, nach zwei torlosen Spielen beim 1:3 gegen Leverkusen, doppelt beim 2:3 in Wolfsburg, einmal gegen Hannover, einmal gegen Gladbach. Und in Hamburg, wo Joris Mathijsen anschließend noch tagelang sein Innenohr sucht. Langer Ball auf den linken Flügel – Mathijsen stellt Zidan nahe der Grundlinie. Erste Grätsche, aber Zidan ist längst woanders. Haken nach rechts, aber Mathijsen ist schon wieder auf den Beinen. Haken nach links, Mathijsen kommt mit Mühe hinterher, aber Zidan ist schon wieder auf der anderen Seite und Mathijsen mittlerweile vollends orientierungslos. Zidan ist zwar inzwischen von vier Hamburgern eingekreist, die Schussbahn ist aber trotzdem frei, der Ball im Tor. Zidan will mit der Eckfahne Panzerfaust spielen, aber Andreasen ist sofort da, nimmt ihm die Waffe weg, rammt sie wieder in den Rasen – alles muss man sich von dem Clown ja nicht gefallen lassen.

Doch auch Zidans 13 Treffer in 15 Rückrundenspielen können den Abstieg nicht verhindern. Der HSV, der sich an den Tanz gegen Mathijsen erinnert, kauft den Ägypter für sehr viel Geld. Natürlich konnte das nicht funktionieren. Zidan ist ein reiner Einwechselspieler beim strengen Huub Stevens, wird nach einem Jahr und zwei Toren gegen den Dortmunder Mladen Petrić getauscht. Beim BVB trifft Zidan Jürgen Klopp wieder. Der stellt ihn öfter auf, bekommt so in zwei Jahren 13 Tore – dann reißt Zidans Kreuzband. Ein halbes Jahr Pause, danach nur noch sporadische Einsätze in den beiden Dortmunder Meisterserien.

Im Winter 2011/12 kehrt der Ägypter erneut nach Mainz zurück. Und es kommt, wie es kommen muss: peng, peng, peng, peng, peng, peng, sechs Spiele, sechs Tore, jede Woche eins. Das ist Bundesligarekord für einen Neuzugang. Irgendwann später schießt er auch noch ein siebtes, aber Tuchel und Zidan, das funktioniert nicht. Der Vertrag läuft zunächst nur über ein halbes Jahr und wird anschließend nicht verlängert.

Was bleibt uns von Zidan? Zunächst mal seine 29 Bundesligatore in 53 Spielen – Vereinsrekord und nebenbei eine überragende Quote von durchschnittlich 0,55 Toren pro Spiel. Und viele Erinnerungen, viele Bilder. Vom riesengroßen Bentley, über dessen Lenkrad Zidan kaum schauen kann. Vom Sportschau-Reporter, der beim Gesprächsversuch mit Jürgen Klopp plötzlich ohne Mikrofon dasteht, denn das hat Zidan geklaut, um sein eigenes Interview mit dem Trainer zu führen. Vom ersten Heimtor im dritten Halbjahr bei Mainz 05, nach dem er, gerade frisch Papa geworden, mit dem Schnuller im Mund über den kompletten Platz zur Fantribüne sprintet. Von skurrilen Frisuren, von verstörten Verteidigern und von dem breiten Strahlen des glücklichen Selbstdarstellers nach jedem Tor. Von einem begnadeten Fußballer, an dem sie alle verzweifelt sind. Nur wir nicht.

GRUND 55

Weil wir nicht in unserem Geld schwimmen

»Es ist mir ein Hochgenuss«, sagt die reichste Ente der Welt, »wie ein Seehund hineinzuspringen, wie ein Maulwurf darin herumzuwühlen und es in die Luft zu schmeißen, dass es mir auf die Glatze prasselt!«[35] Dieses Vergnügen bleibt uns versagt. So reizvoll die Vorstellung von ein paar Kubikhektar Münzgeld in einem verborgenen Winkel der Geschäftsstelle auch sein mag, unser Reichtum ist immaterieller, versteckt in Infrastruktur und Kader. Und der Rest, so unromantisch es sein mag, ist nur eine Zahl im Computer. Das dahinterstehende Prinzip: Die Leute zum Meckern bringen. Erst darüber, was der Heidel nun schon wieder für Namenlose verpflichtet. Dann darüber, dass er die längst nicht mehr Namenlosen wieder wegschickt.

Schönes Beispiel: Ádám Szalai. Ein Stürmer mit überschaubarer Quote – wenn »der Torjäger« bei 0,3 Toren pro Spiel anfängt, dann war Szalai (im Schnitt 0,27 in 79 Spielen) in Mainz keiner – anfangs. Ein großer dann aber in seiner letzten Saison für die 05er mit 13 Treffern in 29 Spielen. Ein geradezu legendärer Deal war das: Für eine Handvoll Kleingeld wird der damals 22-jährige Ungar (2005 Deutscher Juniorenmeister mit dem VfB Stuttgart) 2009 aus der dritten spanischen Liga von Real Madrid II ausgeliehen, später für 600.000 Euro verpflichtet. Warum so billig? Weil Real eine Rückkaufoption in den Vertrag schreibt, dotiert auf 2,5 Millionen. Worauf kurz vor Fristablauf die halbe Bundesliga in Madrid anruft, um ein bisschen mehr für Szalai zu bieten.

Der hatte es in Mainz bis dahin nicht leicht: Szalais erstes halbes Jahr als 05er endet in Stuttgart mit der Einwechslung in der 78. und der Auswechslung in der 83. Minute, nach längerer Behandlung: Ein hässliches Foul von Cacau hat ihm im Knie ein Band zerrissen. Statt Dunkelrot gibt es Einwurf für den VfB, während Ádám fluchend von dannen humpelt. Immerhin: »Cacau war nach dem Spiel in der Kabine und hat später noch mal angerufen«, verrät Szalai uns Jahre später. »An der Seitenlinie muss man nicht so reingrätschen, aber das gehört zum Fußball.« Auf ihn ist Ádám nicht mehr böse.

Auf Tobias Sippel schon. Der hat ihm ein halbes Jahr nach dem Comeback auf seine gewohnt charmante Art das komplette Knie zerlegt – und sich dafür nie entschuldigt. 358 Tage müssen wir auf Szalai verzichten. Umso größer ist seine Genugtuung, als er sein erstes Tor nach dem Comeback zwar nicht gegen Sippel – der ist nur noch Ersatztorwart – aber immerhin gegen den FCK schießt. Viel von der Häme, die die Pfälzer Fans ihm übergekippt haben, als er mit dem Krankenwagen aus dem Stadion geholt werden musste, bekommen sie an diesem Nachmittag zurück: von Ádám – und von uns. Auch das hat er sich gemerkt. Dass sich vor dem ersten Spiel ohne ihn die ganze Mannschaft in Trikots mit seiner Nummer 28 aufgewärmt hat. Dass Lewis Holtby, damals Leadsänger der Bruchweg Boys, nach dem Führungstor sofort wieder das Trikot seines Drummers in der Hand hatte.

Den Doppeltransfer nach Madrid und zurück in die Bundesliga lehnt Ádám ab, dafür ist er den 05ern zu dankbar. Stattdessen eine vorzeitige Vertragsverlängerung mit für damalige Verhältnisse obszön hoch dotierter Ausstiegsklausel. Schalke hat sie aktiviert. Das bringt 8,5 Millionen Euro in die Kasse, plus die diversen Bonuszahlungen bei Erfolg, Weiterverkauf, Erbschaft, Lottogewinn und so weiter. »Ich wette mit den Spielern: Du kommst hier her, bist vielleicht nicht immer Stammspieler, aber wenn du irgendwann gehst, bist du wesentlich besser als heute«, sagt Christian Heidel. »Und wir können sehr viele Beispiele dafür geben.«[36]

Das Geld, zumindest teilweise, ist schnell wieder ausgegeben für neue Spieler: Johannes Geis, Joo-Ho Park und Shinji Okazaki. Für die wir uns mit genau diesem Argument interessant gemacht haben. Und die inzwischen denselben Weg gegangen sind wie Ádám Szalai vor ihnen. Und der? Ist zurück bei Mainz 05.

GRUND 56

Weil wir auch nach Ladenschluss einkaufen gehen

Montag, 2. Februar 2009. Der letzte Tag der Transferperiode. Um zwölf Uhr muss jeder, der wechseln will, auf der Transferliste stehen. Vormittags raffen sich Christian Heidel und Jørn Andersen auf, noch einmal etwas zu tun. Der Flügelspieler Delron Buckley, 2007/08 noch Stamm-Einwechselspieler, aber bei Jürgen Klopp nicht mehr gefragt, soll von Borussia Dortmund kommen. Anruf in Dortmund, keine Widerworte seitens des BVB, aber Buckley weiß noch von nichts.

Anruf bei Buckleys Berater, der informiert den Spieler, dieser will nach Mainz. Aber: nur noch 40 Minuten. Und Buckley ist gerade in Düsseldorf. Das sind 70 Kilometer. Buckley springt ins Auto, rast über die Autobahn gen Dortmund, merkt aber schnell:

Das wird knapp. Anruf beim BVB: »Ich schaffe das nicht.« Noch 30 Minuten. Nächster Anruf in Dortmund, aus einem Hotel an der Strecke: »Faxt mir den Vertrag!« Noch 15 Minuten. Und zu knapp – um 12.07 Uhr sind alle Unterlagen beim Verband, aber sie hätten um Punkt 12 dort sein müssen: Wechsel geplatzt.

Wechsel geplatzt? Am Nachmittag ruft der Berater wieder an: »Da geht noch was. Mainz 05 hat eine Idee.« Die, dass Amateurspieler, für die der Landesverband – in diesem Fall der Südwestdeutsche Fußballverband in Edenkoben – zuständig ist, bis Mitternacht Zeit haben. Buckley stellt den Reamateurisierungsantrag (so was gibt's tatsächlich!) und am späten Montagabend sind alle nötigen Unterlagen beim SWFV. Am Dienstagfrüh kommt die Bestätigung: alle Fristen eingehalten, alles gut.

Bis auf Buckley, der in seinem ersten Spiel nach vier Minuten ein Tor vorbereitet, im zweiten nach einer halben Stunde eins schießt – und ab dem dritten nicht mehr viele Argumente für eine Verlängerung seines Fünfmonatsvertrags liefert.

GRUND 57

Weil wir auch bei den Kleinen die Besten im Südwesten sind

Die Familie Pflücke aus Dresden kann sich im Sommer 2011 aus einer riesigen Auswahl von Weltklasseclubs den Verein aussuchen, der ihren damals 14-jährigen Sohn Patrick ausbilden wird. Sie entscheiden sich nicht für Manchester United oder Bayern München, nicht für Milan oder den BVB, sondern für den kleinen FSV Mainz 05. Diesen Coup allein an Thomas Tuchel festzumachen, wäre zu einfach. Natürlich ist der größte Erfolg der Mainzer Junioren mit diesem Mann verbunden: Tuchel kam nach Mainz, um die U19 zu trainieren – und wurde augenblicklich Deutscher Meister. Viel bessere Bedingungen als bei den 05ern hätte er aber auch nicht finden können. In Stuttgart sicherlich, wo er schon als U19-Co-Trainer Deutscher Meister geworden war. In Freiburg. Im süddeutschen Raum war's das aber. Schon gar nicht in Kaiserslautern.

Dort ist der große Rivale der 05-Nachwuchsabteilung zu Hause, der einst ruhmreiche FCK, gegen den zu gewinnen jahrelang ein Ding der Unmöglichkeit war. Gegen den es noch 2002 ein 0:8 gab. Die Jugendarbeit der Pfälzer liegt bei Tuchels Amtsantritt aber in Trümmern. 2011 stieg die U17 aus der Bundesliga ab, 2012 und erneut 2015 die U19. Bei der Zertifizierung der Nachwuchsleistungszentren hatte der FCK zwischendurch alle Sterne verloren. Mainz 05 wurde 2011/12 zum zweiten Mal mit drei Sternen ausgezeichnet. In vier von acht Kategorien (»Strategie und Finanzen«, »Fußballausbildung und Bewertung«, »Unterstützung und Bildung« – medizinische, soziale und schulbezogene Betreuung durch den Verein – und »Kommunikation und Koordination«) haben wir das beste Ergebnis aller deutschen Vereine erreicht. Das macht Mainz 05 interessant für die regionalen Toptalente, für die Schürrles, Parkers, Bells, die vor zehn Jahren noch der FCK eingesammelt hätte. Gelegentlich sogar für international begehrte Spieler wie Pflücke.

Das haben wir Volker Kersting und Stefan Hofmann zu verdanken. Kersting ist bis heute Chef des Nachwuchsleistungszentrums (NLZ), Hofmann mittlerweile Vorsitzender des Gesamtvereins. Zuvor haben sie lange Jahre beim Nachwuchs an einem Strang gezogen, haben diese Bedingungen geschaffen, aber auch die menschliche Komponente niemals aus den Augen verloren. Unter anderem haben sie dafür gesorgt, dass Patrick Pflücke, der Dresdner Junge, abends nicht alleine fern der Heimat im Internatszimmer sitzt: Weil seine ganze Familie hier gelandet ist. Auf solche Dinge achten die Väter des Mainzer Erfolges – genau wie auf eine ordentliche Schulausbildung ihrer Jungs: »Die schulische Ausbildung genießt höchste Priorität«, wird Kersting nicht müde zu betonen. »Ich kann niemandem garantieren, dass er durch seine Fußballkarriere nie wieder arbeiten muss.« Und wir haben es Sandro Schwarz zu verdanken, dem ehemaligen 05-Profi, der 2004 in die Bundesliga hätte mitaufsteigen dürfen, aber selbst wusste, dass diese eine Nummer zu groß für ihn gewesen wäre. Der ein paar Jahre später U19-Trainer wurde, dann zur U23 aufstieg, mit dieser in die 3. Liga – und dort mit seinem Team im September 2015 auf einem Aufstiegsplatz stand, einen Kilometer über den anderen zweiten Mannschaften in der höchsten Liga, in der diese spielen dürfen. Auch auf den Trainerbänken gibt es Toptalente in Mainz – das beweist Schwarz, der den späteren Abstieg des Teams zwar nicht verhindern konnte, aber inzwischen längst als Profitrainer der 05er etabliert ist.

Pflücke, der im Herbst 2015 seinen 19. Geburtstag feierte, war seinerzeit in Schwarz' Team weit weg von den überragenden Ergebnissen seiner Jugend (43 Einsätze in der U17-Bundesliga – 29 Treffer – 24 Vorlagen, 41 Spiele in der U19-Bundesliga – 17 Tore – 13 Vorlagen). Man merkte gar zu deutlich, wie jung, wie unausgereift er war. Der Weg ist weit in den Erwachsenenfußball ist – und unterwegs kann viel passieren: Verletzungen (von denen Pflücke in Mainz verschont blieb), Glück oder Unglück in der Liebe, alle möglichen Einflüsse, die auf einen Jugendlichen einprasseln. Und auch die, die nach ein paar Jahren einfach die Nase voll haben vom Fußballzirkus und in einem Allerweltsberuf glücklicher werden als im Profisport, gibt es, ebenso wie jene, die allen Anlagen zum Trotz irgendwo auf dem Weg an die Spitze steckenbleiben.

Inzwischen scheint es, als ob Patrick einer von ihnen ist. In der Bundesliga hat er mit 18 Jahren und 19 Tagen debütiert. In seinen gut zehn Minuten gegen die Bayern hatte er seine ersten schönen Aktionen. Aber selbst in der U23 wurde Pflücke kein Stammspieler und schon gar kein Leistungsträger. Inzwischen kickt er beim KFC Uerding weit unter dem erhofften Nievau. Andere Spieler haben ihn überholt, zeigten sich als die vielversprechenderen Talente: Suat Serdar, Heinz Mörschel, Devante Parker. Weitere werden kommen, gerade aus Mainz, wo die Trainer nicht nur davon reden, dem Nachwuchs eine Chance zu geben – sondern es einfach tun.

7. KAPITEL

DIE BESTE MANNSCHAFT DER WELT

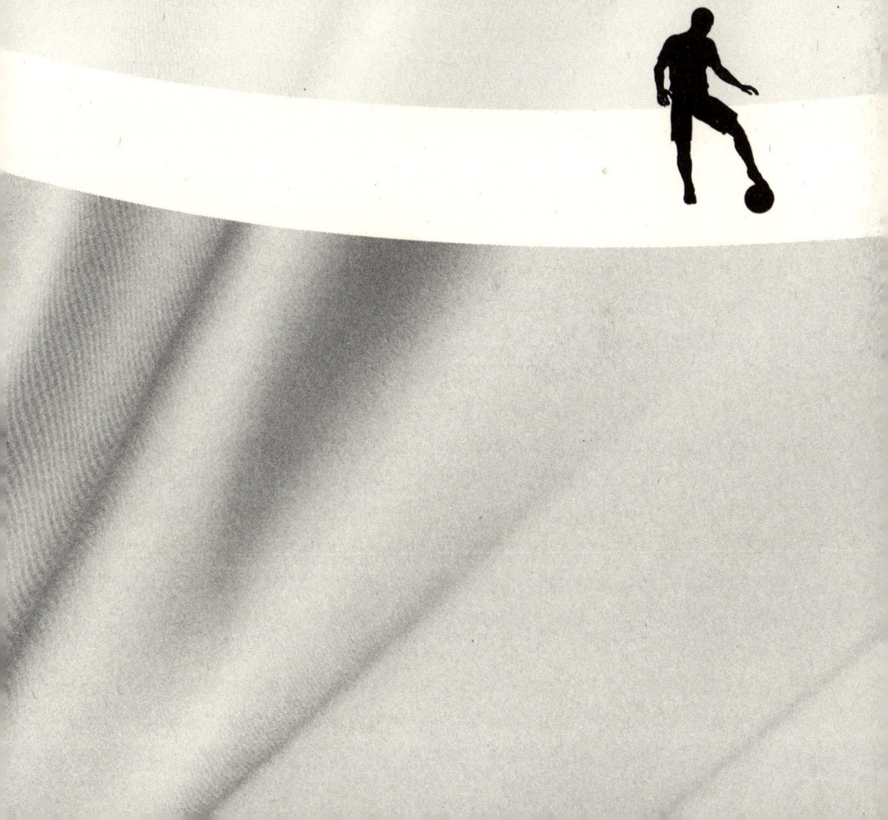

GRUND 58

Weil wir uns nie zu fein waren, Auswärtige zu integrieren

Die Gründungsgeschichte eines über hundertjährigen Fußballvereins ist mitunter etwas schwierig zu entwirren, vor allem, was Namen und Zusammenlegungen der Vorgängervereine angeht. Als am 18. Juli 1932 der große Mainzer Fußballpionier Hugo Ries 37-jährig an den Spätfolgen einer Gasvergiftung aus den Weltkriegsgrabenkämpfen stirbt, bekommt der »tapfere Kämpe für sportliche Ideale«[37] einen stattlichen Nachruf in der Zeitung, der uns heute, nach seiner Wiederentdeckung, verrät: Die jahrzehntelang gepflegte Überlieferung ist unvollständig. Den Schüler-Fußballclub Port Arthur, den Ries 1905 als Zehnjähriger auf dem Spielplatz an der Wallaustraße gegründet hat, muss man wohl nicht kennen. Den FC Viktoria Mainz, dessen Jugendabteilung Ries 1906 beigetreten ist, kurz bevor der sich dem Mainz-05-Stammverein FC Hassia 05 angeschlossen hat, kannten wir aber auch nicht.

Hugo Ries, wie der sechs Jahre ältere Eugen Salomon also ein 05er der zweiten Generation, entwickelt sich zum ersten Star des Mainzer Fußballs. 1912 steigt er in die erste Mannschaft auf, für die er – unterbrochen von seiner Militärzeit und einem Jahr bei Alemannia Berlin direkt nach dem Ersten Weltkrieg – bis 1925 über 300 Spiele absolviert. Ries' kurze Zeit in Berlin ist ein Glücksfall für die 05er, denn als er an Weihnachten 1919 wieder in der Heimat auftaucht, hat er ein Grüppchen Berliner Fußballer im Gepäck. Einer davon ist der ehemalige Nationalverteidiger Kurt Diemer, den sein Mannschaftskamerad Toni Brandel nach seinem Tod im Dezember 1953 als einen, »der das Leben nie so recht meistern konnte und doch immer so etwas von einem Grandseigneur an sich hatte« charakterisiert. »Er war rücksichtslos gegen sich und verlangte den letzten Einsatz von jedem von uns, insbesondere von den Määnzer

Buben, die heute noch stolz waren, wenn sie ihm den Koffer tragen durften und morgen schon heiße Schlachten mit ihm schlugen.«[38]

Die beiden anderen sind die Legende gewordenen Gebrüder Freitag: Otto, der verbissene, stellungssichere Manndecker, der nach seinem Karriereende zum Ehrenspielführer ernannt wird und später viele Jahre Wirt des Vereinslokals ist. Und Willi, der intelligente, taktisch gut ausgebildete Abwehrchef. Über ein Jahrzehnt lang legt dieses Defensivtrio die Grundlage für die ersten großen Erfolge der 05er, die Bezirksliga-Meisterschaften 1927, 1932 und 1933, die den Verein in die Spiele um die Süddeutsche Meisterschaft bringen.

Die gesunde Mischung aus einheimischem Gerüst und auswärtiger Expertise sorgt vorne auch für Tore. Der große, wuchtige, kein bisschen zimperliche Mittelstürmer Paul Lipponer – Mannheimer. Sein Nachfolger, Karl Scherm, »Gaukler« genannt, ein kleiner, technisch ungeheuer geschickter und trickreicher Dribbler, der mit 77 Toren und sicherlich mehr als den 31 nachgewiesenen Torvorlagen in 71 Spielen Lipponer sogar übertrifft – Nürnberger. Heinrich Decker, torgefährlicher Spielmacher – wieder Mannheimer. Karl Kast, der Arbeiter im linken Mittelfeld – Mainzer, Bretzenheimer, aufgewachsen in Laufweite zum Stadion. Sein Partner Josef Gegenheimer – Alzeyer, Rheinhesse. Jockel Schneider, um 1930 viele Jahre der unverzichtbare Kopf dieser Mannschaft – Mainzer. Torwart Hans Lautner – Mainzer. Toni Brandel, Flankengeber von der rechten Seite – Mainzer.

Lipponer wollen die 05er langfristig an sich binden, indem sie ihm das Vereinslokal übergeben, aber damit ist der Stürmerstar überfordert: Sein in Mainz geborener Sohn Paul jr. spielt nach dem Zweiten Weltkrieg sehr kurz für die 05er; die Familie ist da jedoch längst wieder in Mannheim heimisch. Der »Gaukler« geht nach drei Jahren in Mainz zurück nach Nürnberg. Kurt Diemer verschlägt es rüber nach Nordhessen. Die Gebrüder Freitag werden in Mainz assimiliert.

GRUND 59

Weil wir ein Sprungbrett sind für die, die es merken

1970 tauscht Mainz 05 mehr oder weniger die komplette Mannschaft aus. Für den alten Helden Kurt Planitzer und den ewigen Ersatztorwart Peter Lemanik kommen fürs Tor: Wolfgang und Wolfgang. Der eine ist 18 Jahre alt, vom Stadtteilclub FVgg Mombach 03 und er trägt den Nachnamen Orben. Der andere ist schon 1969 vom Vorortsverein TSV Zornheim in die 05-Jugend gekommen, rückt nun mit 17 Jahren auf in die erste Mannschaft und heißt Kneib. Nach fünf Jahren verlässt der die 05er wieder, Orben bleibt ein Jahr länger. Dazwischen gibt es bei Mainz 05 jahrelang keinen Stammtorwart. Und zwar nicht, weil die beiden gleich schlecht sind: Wolfgang Orben und Wolfgang Kneib sind gleich gut.

Orben, der Ältere, ist das größere Talent von beiden. Ein großartiger Flieger auf der Linie, blitzschnell in jeder Ecke, ein für die damaligen Torhüter ganz feiner Techniker. Er hat das Auge, um im richtigen Moment aus dem Kasten zu kommen, ist bei jeder Flanke präsent und hat alles, was ein Torwart braucht. Kneib, der jüngere Wolfgang, ist vom Naturell her genau das Gegenteil: sachlich, ruhig – nicht so wie der reizbare, emotionale Orben. Kneib ist einen halben Kopf größer als Orben und fast zwei Meter lang. Er hat eine bemerkenswert dominante Ausstrahlung; die Defizite in Sachen Beweglichkeit, die seine Größe unweigerlich mitbringt, trainiert er mit Fleiß weg.

Und die Trainer, erst Josef Gehbauer, dann Bernd Hoss, gehen pragmatisch mit der Situation um – beide Torhüter spielen. Anfangs tatsächlich Orben noch häufiger als Kneib; nach Einsätzen führt er nach einem Jahr 21:11. Im zweiten Jahr macht Kneib im März vier Spiele am Stück (2:0, 2:0, 1:0, 0:2) – die längste Serie, die einer dieser beiden Torhüter im ständigen Wechselspiel schafft. Im dritten Jahr setzt sich Kneib doch weitgehend durch; die Hinrunde verpasst der jüngere Wolfgang zwar wegen einer Verletzung, die Rückrunde gehört aber fast komplett ihm. Im vierten Jahr dann macht Orben, das Talent, nur noch drei Spiele, in fünften sind es neun.

Kneib wird 1976, ein Jahr nach seinem Wechsel zum SV Wiesbaden, von der SVW-Legende Bernd Rupp an dessen Ex-Club Borussia Mönchengladbach vermittelt. Er absolviert dort in seiner ersten Saison alle 34 Ligaspiele, wird Deutscher Meister und verpasst den Europapokalsieg der Landesmeister erst im Endspiel: Wolfgang Kleffs Verletzung hat das ermöglicht. Der, sechs Jahre älter, halb so groß und doppelt so spektakulär wie sein Herausforderer, holt sich 1977/78 seinen Stammplatz zurück, verliert ihn aber nach dieser Saison endgültig. Kneib holt mit den Gladbachern den UEFA-Pokal, wird dann Nachfolger des zu diesem Zeitpunkt noch nicht ganz großen Uli Stein in Bielefeld und beendet erst 1995 nach 592 Erst- und Zweitligaspielen und ein paar Oberligajahren mit der abgestürzten Arminia seine Karriere.

Doch von Orben hört man nicht mehr viel. Nur Eingeweihte wissen, dass er nach seinem Wechsel zu Jürgen Jughards neureichem Verbandsligisten SG Harxheim (erfolgreich) zum Mittelstürmer umgeschult wird, ehe ihn der neue Trainer Willi Löhr, bei Mainz 05 einst Kapitän und Orbens Vorstopper, 1981 wieder in den Kasten stellt. Ja, er war das größere Talent der beiden jungen Keeper, hat sich aber mit zu vielen anderen Dingen abgelenkt, wurde mental nie zum Profi. Kneib dagegen hatte bloß ein Mal Blödsinn im Kopf: Bei einer Ostasientour spielen die 05er 1972 in Hongkong gegen eine Auswahl, die gerade den HSV 4:1 geschlagen hat. Beim 1:0-Sieg der Mainzer amüsierten sich 30.000 Chinesen im Stadion königlich und hörbar über den Hünen im Tor, der Flanken im Stehen einsammelt und Abschläge bis vors gegnerische Tor prügelt. »Willst du uns nicht mal ein paar Bälle in den Fuß spielen?«, hat Löhr den Keeper gefragt. »Nö«, ist dessen Antwort: »Weil die Zuschauer so einen Spaß haben!«

Wir wissen vorher nie, wer bei uns zum Star wird und wer hängen bleibt. Wir haben André Schürrle über Bande zum Europa-League-, Jan Kirchhoff aus der Reha zum Champions-League-Sieger 2013 gebracht. Neven Subotić ist zwei Mal Deutscher Meister geworden, Eugen Gopko hat man mit Leo Messi bloß verwechselt und Mario Vrančić haben wir schließlich vom Hof gejagt. Als nächstes sind wir auf die Entwicklung von Ridle Baku gespannt, danach auf die von Paul Nebel. Und immer mal wieder werden wir zwischendrin sechs bis zwölf Millionen kassieren: Wartet's nur ab!

GRUND 60

Weil Gerd Klier einer von uns ist

Vor einem liebevoll gemalten Kaminfeuer sitzen zwei Mainzer Ultras und ein paar mehr oder weniger ältere Herren auf zwei Sofas. Durch den Saal schwirrt hektisch ein kleines Insekt oder vielleicht ist es tatsächlich Amor höchstselbst – und schwer beschäftigt, denn auf einmal sind alle Mainzer Ultras verknallt. In einen 66-Jährigen. Ein Satz hat genügt.

105 Jahre ist Mainz 05 an diesem Nachmittag im »Haus der Jugend« alt. Die kleine Geburtstagsparty, von der Ultraszene Mainz auf die Beine gestellt, ist auf der Stelle in Dimensionen ausgeartet, die so eigentlich gar nicht geplant waren. 250 Gäste füllen den Saal, darunter 05-Präsident Harald Strutz und einige Vorstandskollegen. Auf der Bühne sitzen fünf ehemalige 05-Kapitäne der vergangenen Jahrzehnte, dazu die Torjägerlegende Bimbo Bopp und der Dauertorwart Moppes Petz.

Im Mittelpunkt sitzt eigentlich der große Herbert Scheller, der sich 24 Jahre nach seinem Karriereende noch mal zum Führungsspieler aufschwingt, den Moderatoren als Conférencier Konkurrenz macht, sogar Kollegen einfängt, wenn sie kurz davor sind, sich um

Kopf und Kragen zu reden – aber einen bekommt der Grandseigneur nicht in den Griff: Gerd Klier. Der leidet bereits unter der schweren Krankheit, an der er im folgenden Jahr verstirbt, aber an diesem Nachmittag ist er noch einmal richtig in Plauderstimmung. Das kommt an bei den Gästen.

So wird aus dem 66-jährigen Rheingauer noch einmal der Mittelstürmer, der 1971 vom HSV nach Mainz kam, um Tore zu schießen. Klier, einst beim Wiesbadener Vorortclub Biebrich 02 Nebenmann des jungen Jürgen Grabowski, war bereits mehrfacher Regionalligatorschützenkönig für den FC Villingen 08, hatte in Hamburg den alten Uwe Seeler ins Mittelfeld verdrängt – was aber nicht sonderlich gut funktionierte – und sollte nun nahe der Heimat die Regionalliga Südwest aufmischen. Das klappte ganz hervorragend. Der kleine, stämmige Brecher mit dem legendären Torinstinkt war 1972/73 einer der drei 05er, vor denen die Liga zitterte: Linksaußen Manfred Kipp (17 Tore), Rechtsaußen Herbert Renner (18 Tore) und in der Mitte Klier (19 Tore), das war der 54-Tore-Sturm, der Mainz 05 zur Südwestmeisterschaft und fast in die Bundesliga schoss. Im Winter 1976/77 ekelten die gerade mal wieder nahezu bankrotten Mainzer den teuren Stürmerstar aus dem Verein; mit 115 Toren in 186 Spielen war er damals der beste Mainzer Torjäger aller Zeiten – seither haben ihn nur Gerhard Bopp und Charly Mähn übertrumpft.

34 Jahre später jedenfalls sitzt Gerd Klier im Haus der Jugend und gewinnt auf seine alten Tage noch neue Fans. In der Rolle des Spaßmachers blüht er regelrecht auf und am Ende wird er sogar sentimental: »Ich liebe Mainz und ich liebe die 05er«, dieser Satz bleibt den Gästen im Kopf. Als ein Jahr später die Nachricht von seinem Tod die Runde macht, ist allüberall die Bestürzung riesengroß. Bis vor kurzem kannten den Torjäger nur die paar Veteranen, die ihn einst auf dem Platz erlebt hatten. Dank der Geburtstagsfeier der Ultras aber hat die jüngere Generation Gerd Klier noch rechtzeitig kennenlernen können. Und sofort erkannt: Er ist einer von uns.

GRUND 61

Weil Guidos Katzengeschichten jedes Internetfilmchen übertreffen

Wenn euch irgendwo zwischen Leipzig und Mainz ein langhaariger blonder Mann begegnet, möglicherweise im Tiefflug mit gestrecktem Bein und/oder Bleistift, der Geschichten über seine Katzen, Alkohol und Trainingslagereskapaden erzählen will, dann habt keine Angst oder habt große Angst, denn euch begegnet: Guido Schäfer. Würde es bei Mainz 05 nicht nur vier, sondern fünf Legenden geben, er wäre die fünfte; aber das könnte Streit geben mit dem Goethe-Institut wegen entstellenden Missbrauchs des schönen Worts »Legende«.

Guido Schäfer. Als junger Oberligakicker bei 05 wegen allgemeiner Unerträglichkeit rausgeflogen und nach drei Jahren zurückgeholt. Eine gnadenlose Grätschmaschine, das zeigen sieben Platzverweise und 54 Gelbe Karten in nur 177 Zweitligaspielen.

Schäfer hat die Mainzer Augustinerstraße leer getrunken, er war für eine Menge Blödsinn zu haben und hat sich alles gemerkt. Jedes Detail. Später gab er es neben dem Hauptberuf als Sportredakteur einer Leipziger Tageszeitung als Kolumnist des 05-Stadionmagazins portionsweise wieder.

Und er beherrscht die Symbiose aus Ernsthaftigkeit und Unfug perfekt: Standen uns, nachdem wir im Juni 2013 seinen Nachruf auf den verstorbenen Trainer Josip Kuže gelesen hatten, die Tränen der Rührung in den Augen, aus Trauer oder vor Lachen? Oder gar alle drei in Melange? Wir vermuten letzteres.

GRUND 62

Weil unsere Buben Charly und Schorsch heißen, ob sie wollen oder nicht

In Mainz gibt es eigentlich bloß zwei Namen – Schorsch und Kallheinz. (Vorörtlich variierend noch beispielsweise Schambes und Niggelees, aber darum geht's nicht.) Nur oberflächlich ungewöhnlich ist, dass unsere beiden Charlys, die großen Torjäger der Sechziger und Achtziger, Tripp und Mähn, eben beide nicht Karl-Heinz heißen, sondern Karl-August und Karl-Helmut.

Charly Tripps Bruder, ein nicht ganz, aber fast so großer Torjäger, der heißt natürlich Schorsch, weil es hier unzumutbar ist, »Georg« hochdeutsch auszusprechen. Er war nicht der erste und nicht der letzte dieses Namens: Georg kam zwar eines Tages aus der Mode, aber gerade darum musste der Schorsch bleiben.

Denn als Jürgen Menger, dieser feine junge Libero, 1980 aus Schornsheim kommt, begegnet er bei Mainz 05 einem weiteren Neuzugang: Jürgen Janz, dem doppelt so alten Vorstopper, der in den Siebzigerjahren schon mal für 05 gespielt hatte. Zwei Jürgens in der Abwehr provozieren kommunikativ bedingte Gegentore, Kallheinz ist schon von einem weiteren Neuzugang, Linksverteidiger Schäfer, besetzt – also heißt Menger fortan Schorsch: Der Name ist gerade frei.

Schorsch Menger geht 1984 in die 2. Liga nach Freiburg und kommt nie mehr zurück (in die Region schon, aber nicht zum Verein), so dass es nicht ganz so schlimm ist, als dem im gleichen Sommer verpflichteten Michael Schuhmacher ein Jahr später ein ganzer Sack Michaels folgt. Der Kreuznacher Becker heißt zeitlebens »Micky«, Mike Janz sogar wirklich »Mike«. Schuhmacher nennen alle »Schumi«, Michael Schmitt »Schmitti«. Und Michael Müller? Der bedeutendste von allen, der bis dahin hinter dem Bruchweg auf dem kirchlichen Platz für den DJK/BSC gespielt hat, der es locker in die Bundesliga hätte schaffen können, wenn er sich dafür nicht von seinem sicheren Job bei der Polizei hätte trennen müssen? Der als weltweit bester Zweitligalibero der frühen 1990er elf Jahre bleibt, zweimal in die 2. Liga aufsteigt – und mit 340 Pflichtspielen für die erste Mannschaft Rekordspieler ist, ehe ihn Klopp (auch 340) und Dimo Wache (406) einholen? Der heißt fortan, zeitlebens und ohne gefragt zu werden oder sich je so wirklich damit anfreunden zu können »Schorsch«.

Im Herbst 2013 spielen bei uns ein Nikolče, ein Niko, ein Nicolai, und ein Zimling, dem seine Eltern den unpassenden, weil viel zu niedlichen Namen Niki gegeben haben. Höchste Zeit also, wieder jemanden Schorsch zu nennen! Und bei unserem irren Dänen Zimling, der Sekunden nach seiner allerersten Einwechslung trotz 0:3-Rückstands gegen die Bayern schon winkend, fuchtelnd und rufend im freien Raum stand: »Hier bin ich, spielt mich an, los, los, ich will ganz viel Konstruktives machen!«, woraufhin sich augenblicklich das gesamte Stadion in ihn verliebte – bei dem bietet es sich an.

GRUND 63

Weil wir auch Titel anhäufen für die, die es verdient haben

Die Bundesliga ist 'ne kölsche Jong, da brauchen wir uns nichts vorzumachen. Franz Kremer, FC-Präsident, hat damals so lange genervt, bis der DFB die Liga eingeführt hat – damit Ruhe ist – und mit seinem Verein prompt die erste Saison gewonnen im Frühjahr 1964. Am 13. Februar 1965 kommt in Köln der kleine Sven zur Welt. Ein Samstag ist es und der inzwischen große Sven hat uns einst einen Tag vor seinem 40. Geburtstag verraten, dass er genau rechtzeitig zur Sportschau gebadet und gewickelt war.

»Du wirst Tore schießen«, hat irgendwann in den 1980ern der Fußballgott zum jungen Demandt gesagt, zumindest laut eines Düsseldorfer Fanzines. Worauf er 1989 mit 35 Treffern die Fortuna in die Bundesliga ballert, dort aber nicht so richtig heimisch wird. Fünf Jahre später stellen wir im Herbst 1994 in Mainz fest, mal wieder niemanden zu haben, der weiß, wo das Tor steht: Thomas Ziemers 14 Saisontreffer deuten sich noch lange nicht an, von Arno Glesius erwarten wir längst nicht mehr viel und von David Wagner, der sich im Strafraum noch am ehesten auskennt, darf man langfristig gar nichts mehr erwarten: Dem hat Helmut Rahner – wir haben das Knacken noch immer im Ohr – gerade in Wattenscheid das Bein gebrochen. Bleibt übrig: Außenverteidiger Klopp, immer mal wieder gut für ein Kopfballtor; das langt nicht.

Ein Glück, dass der erfahrene Torjäger Sven Demandt, inzwischen bei Hertha BSC unter Vertrag, dort nicht mehr erwünscht ist. Auf einer Autobahnraststätte bei Montabaur treffen sich der alte Lizenzspielerchef Peter Arens und sein Nachfolger Christian Heidel bei ihrer letzten gemeinsamen Verpflichtung mit dem 29-jährigen Stürmer. »Demandt wollte sich noch ein Angebot von Waldhof Mannheim anhören«, erzählt Arens, »aber hat uns am nächsten Tag zugesagt. So war mein Abschluss als Lizenzspielerchef auch einer der besten Transfers. Darauf war ich ganz stolz, denn ›der Kühlschrank‹ war menschlich und auch als Fußballspieler sensationell. Was er diesem Verein zurückgegeben hat!«[39]

Von Kühlschrank und von einem guten Transfer ist aber erst einmal keine Rede. Demandt ist ja ein völliger Fehleinkauf! Häufiger beim Arzt als sonst wo! Nur ganz sporadisch auf dem Platz! Vier Tore in elf Saisonspielen, das ist keine schlechte Quote für Stürmer Nummer 4, aber so war das nicht gedacht. Zum Klassenerhalt reicht's in dieser merkwürdigen Saison, in der es durch diverse Lizenzentzüge und Begnadigungen in schneller Folge erst vier, dann null und dann doch wieder zwei Abstiegsplätze gibt, auch ohne Demandt. Seinen ersten Spitznamen, »die Wade«, hat der inzwischen aber, weil die ihn ständig zwickt. Trainer Wolfgang Frank, inmitten der folgenden Hinrunde geholt, sortiert den Dauerverletzten konsequent aus. Und auch so ziemlich alle anderen – die Mannschaft, die sein Vorgänger Horst Franz gebaut hat, kann ja gar nichts! Kein Wunder, dass Mainz 05 Letzter ist.

In der Rückrunde erscheint aus dem Nichts: Sven Demandt. Auf einmal haben wir unseren Torjäger. Neun Buden in 14 Spielen halten uns in der Liga. Demandt geht zwar am Ende der Saison schon wieder auf dem Zahnfleisch, muss regelmäßig lange vor Abpfiff ausgewechselt werden, aber im legendärsten Abstiegskampf aller Zeiten schießt er die Mannschaft vorher regelmäßig in Führung. In späteren Jahren ist Demandt endlich körperlich stabil. Aber eines bleibt immer gleich: In der Hinrunde stellt man ihn eher pro forma auf oder weil sonst Marco Grevelhörster spielen würde; je näher das Saisonende rückt, desto häufiger trifft Demandt das Tor.

In jenen Tagen spielt das Footballteam der Frankfurt Galaxy gegen die London Monarchs und deren NFL-Legende William Perry, diesen großen, unförmigen Koloss, für die US-Presse einst »die beste Verwendung von Fett seit der Erfindung des Bacon«.[40] Perrys Spitzname »Refrigerator« bezieht sich zwar auf das Format des 150-Kilo-Manns, aber die Mainzer Lokalpresse versteht es falsch, unterstellt Perry vollendete Coolness auf dem Platz und übersetzt den Spitznamen. Vielleicht mag sich Sven Demandt, der abgezockte Schleicher, der vordergründig unbeweglich-phlegmatisch scheinende, in Wahrheit aber technisch herausragende Angreifer mit dem kurzen Abzug im linken Fuß, deswegen mit der Bezeichnung »Kühlschrank« erst nicht so unbedingt anfreunden. Bald aber posiert er sogar – in Möbelpackermontur – für ein Werbeposter lässig auf einen eben solchen gestützt.

Der Fußballgott ist er sowieso; diesen Titel verleihen Fußballfans ständig, aber bei Demandt bleibt er hängen. Zehn Jahre nach seinem Karriereende ist er immer noch der einzige echte Fußballgott bei Mainz 05. Gegen Ende seiner Laufbahn aber, die er möglicherweise ein Jahr eher hätte abschließen sollen, 2000, mit 35 Jahren, wird auch Demandt von der Boshaftigkeit einiger Fans getroffen. »Gelenkbus« wird er auf einmal genannt, weil er den gleichen Wendekreis habe. Was natürlich eine Frechheit ist, aber dazu beiträgt, dass der großartigste Stürmer, den die 2. Liga je erlebt hat, erstens gleich bei zwei Vereinen »Fußballgott« genannt wird – in Düsseldorf und in Mainz – und zweitens bei den 05ern nicht weniger als vier Spitznamen gesammelt hat. Sterbliche wären froh über einen.

GRUND 64

Weil wir die Pümpel und das Kloppomobil haben

Jeder kennt diese für Uneingeweihte namenlosen Dinge des Alltags, zum Beispiel das Teil, das man an der Supermarktkasse aufs Band legt, damit die Kassiererin weiß, was zu wem gehört. Erst das Sommerloch 2013 hat uns darüber informiert, dass die Dinger »Warentrenner« heißen – war uns neu. Oder das rote Gummidings mit dem langen Holzstiel, das man benutzt, um im heimischen Badezimmer sanitäre Notfälle zu beheben oder um es sich im Suff auf den Kopf zu setzen und nie wieder abzukriegen. »Saugglocke« heißt das Teil offenbar; wie man es anderswo tatsächlich nennt, wissen wir auch nicht; hier sagt man »Klostumper« oder »Pümpel«.

Einen solchen jedenfalls soll Abdul Ouakili einst benutzt haben, um ungebetenen Besuch in die Flucht zu schlagen. Die Geschichte wird in mannigfaltiger Variation erzählt; am gängigsten ist die, nach der sich zwei Damen über den Weg gelaufen sind, die sich jeweils für die einzige in Abduls Herzen gehalten hatten – und nun beschlossen, ihn gemeinsam zur Rede zu stellen. »Nein«, sagt dagegen Abdul, in Wirklichkeit habe er nur jemanden aus seiner Wohnung werfen wollen, der sich geweigert habe, den Fuß aus der Tür zu nehmen; bis auf die Beteiligten weiß kein Mensch, was vorgefallen ist. Das gilt für vieles, was mit Ouakili zu tun hat.

Der kommt eines Tages vom SV Jügesheim nach Mainz, von jenem legendären hessischen Amateurclub aus dem Frankfurter Hinterland, bei dem der große und viel zu früh verstorbene Winfried »Django« Mann Ausnahmetalente wie den Killermichel Thurk und eben den in Marokko geborenen Abderrahim Ouakili auf den Profifußball vorbereitet. Abdul kann Dinge, die wir hier seit Jahren nicht mehr gesehen haben; jedenfalls nicht bei der eigenen Mannschaft. Man kann ihn in ein Dribbling gegen zwei Verteidiger schicken, ohne eine Minute später Anstoß zu haben; er beherrscht es meisterhaft, mit Ball in einem Spielerknäuel zu verschwinden, aus dem Sekunden später erst der Ball herausfliegt, dann Abdul hinterher – bis die Verteidiger merken, dass sie sich nur noch gegenseitig ans Schienbein treten, ist Ouakili schon zehn Meter weiter.

Abdul ist bald Stammspieler und irgendwann Torjäger, bis er uns für sehr viel Geld als Führender der Torschützenliste mit elf Toren in 14 Spielen von 1860 weggekauft wird. Vom Lorant! Der Abdul! Jeder weiß, das kann nicht gut gehen – doch es klappt leidlich, bis Ouakili wiederum von der neureichen Tennis Borussia nach Berlin geholt wird. Hier spielt Ouakili wieder zusammen mit seinem ehemaligen 05-Kollegen Ansgar Brinkmann, dem Paradiesvogel, der es nicht mag, »weißer Brasilianer« genannt zu werden, sondern »der letzte Rebell« vorzieht. (Brinkmann hätte einst in Mainz einen neuen Zweijahresvertrag bekommen können, hatte aber nur noch die Bundesliga im Kopf und spielte bald darauf im tiefsten niedersächsischen Amateurfußball bei der zweiten Mannschaft des BV Cloppenburg. Von dort verpflichtete ihn tatsächlich der Bundesligist Eintracht Frankfurt – nie zuvor dürfte ein Spieler durch einen einzigen Transfer dermaßen viele Ligen auf einmal übersprungen haben.)

Brinkmann wiederum hat, als Ouakili noch Jügesheimer war, in Mainz mit dem berüchtigten Vlado Kasalo gespielt. Der war vorher beim Nürnberger Club rausgeflogen – seine zwei Eigentore im Trikot der Franken binnen weniger Spiele sollen nicht ganz unabsichtlich gewesen sein. Freigesprochen wird der Kroate aus Mangel an Beweisen, möglicherweise war er aber der erste Wettbetrüger der Bundesliga.

Nach dem Rauswurf in Nürnberg verschwindet Vlado Kasalo in den jugoslawischen Bürgerkriegen, ehe sein Landsmann Josip Kuže ihn 1992 nach Mainz holt. Dem Vorstand ist das erst nicht gerade geheuer; der damalige Transferchef Peter Arens bestellt tatsächlich ausgewählte Mainzer Sportjournalisten in ein Eiscafé, um sich beraten zu lassen, ob Mainz 05 dieses Wagnis eingehen soll.

Kasalo, der erfahrene Ex-Nationalspieler, ist ein überragender Libero, bester 05er seiner Zeit. Bis er auf dem Bruchweg-Parkplatz von der Polizei gestoppt wird, die eine bemerkenswerte Waffensammlung aus seinem Kofferraum holt. Wenig später taucht er nach einem mysteriösen Verkehrsunfall unter und jahrelang nicht wieder auf.

Irgendwann im neuen Jahrtausend geht sogar das Gerücht, Kasalo sei gar nicht mehr am Leben, bis der *kicker* 2012 ein aktuelles Interview mit ihm druckt. Mit Ouakili, Kasalo und Brinkmann haben wir aufregende Jahre erlebt: Jeden Tag hofften wir am Frühstückstisch, nur im Sportteil der Zeitung von unseren Spielern zu lesen, nicht wieder im Polizeibericht …

Ouakili spielt tatsächlich ab 2000 noch mal für Mainz, was leider überhaupt nicht funktioniert: Streitsüchtig geworden, fliegt er mitten in der Saison hochkant raus. Den nach ihm benannten 05-Fanclub »Die Pümpel« gibt's noch, das Kloppomobil, den acht Meter langen, umgebauten, rot-weiß lackierten und von Jürgen K. mit einer Flasche Aldi-Schampus getauften Bundeswehr-Unimog, mit dem Pümpel-Chef Andreas Duesberg und seine Frau rund um die Welt und immer den 05ern hinterher gefahren sind, ebenso, auch wenn die beiden nicht mehr so regelmäßig on Tour gehen wie einst. Hupt mal, damit wir wissen, es geht Euch gut!

GRUND 65

Weil wir für immer ein bisschen in Dimo Wache verknallt bleiben

Dimo Wache ist kein Mann der großen Worte – und er ist nicht der einzige 05er mit dieser Eigenschaft, der hier Kultstatus genießt. Interviews mit dem einstigen Keeper konnten schon mal in etwa so ablaufen: »Herr Wache, haben Sie denn eine Erklärung dafür, warum Mainz heute nicht gewinnen konnte?« – »Die andere Mannschaft hat ein Tor mehr geschossen.« Wo er recht hat, hat er recht, und wer sollte es den Spielern schon verübeln, dass sie auf die immer gleichen Reporterfragen nicht mit unglaublich kreativen Antworten aufwarten. Im Dezember 2004 geht ein erschrockenes Raunen durch die Mainzer Straßen und Gassen – Dimo Wache liegt ein Angebot des BVB vor. Die großartigen Leistungen des Keepers in seiner ersten Hinrunde im Fußballoberhaus (zuvor in Gladbach war er zwar zeitweise im Erstligakader, kam aber nie zum Einsatz) haben in Dortmund Begehrlichkeiten geweckt. Es ist eine Zeit, in der man morgens die Zeitung nicht so recht aufschlagen will, aus Angst, vom Weggang der »Krake aus Brake« zu lesen. Das Scheitern des Transfers schließlich bringt Christian Heidel eher auf die Palme, als ihn zu erfreuen, da der BVB in einer schlichten Pressemitteilung verkündet, über eine Verpflichtung Waches als Nummer 2 (hinter Roman Weidenfeller) sei mit dem Mainzer Keeper keine Einigung erzielt worden. Laut Wache aber soll es nie um die Position als Ersatzkeeper gegangen sein, und Heidel schäumt in der lokalen Presse über so viel Arroganz seitens der Schwarzgelben.

Uns Fans ist in Sachen schäumen eher nach explodierenden Sektflaschen zumute: »Dimo bleibt!« – wie ein Mantra wird der Satz von Ohr zu Ohr geflüstert, von Balkon zu Balkon gerufen und von Tribüne zu Tribüne gestikuliert: Mainz ist nach neun Jahren mit Wache für uns ohne ihn längst nicht mehr denkbar.

Dabei dauerte es zunächst eine Weile, bis die absolute Vereinstreue sich im Herzen des Norddeutschen einnistete. Kein Wunder, in den ersten Mainzer Jahren hat Wache Angebote beinahe im Minutentakt: Neben dem BVB strecken auch Celtic Glasgow, der griechische Erstligist Ionikos Nikea und Hansa Rostock die Fühler nach dem Keeper aus. Der hört sich alle Angebote an, bleibt aber letztlich jedes Mal in Mainz; die Gründe dafür sind allerdings nicht immer sportlicher Natur: Den Wechsel auf die Insel wagt der junge Wache 1999 vor allem deshalb nicht, weil er frisch verliebt ist – und nach eigenen Bekenntnissen gerade andere Dinge im Kopf hat.

Kontakte gibt es auch mit dem Hamburger SV, eine große Sache für den Norddeutschen, der nach eigenen Bekenntnissen Felix Magaths Tor beim Pokal der Landesmeister 1983 in seiner HSV-Bettwäsche verfolgt hat – Glück in diesem Fall für die Mainzer, dass die Rothosen schließlich Alexander Bade verpflichten.

Irgendwann muss Wache klar geworden sein: All diese Möglichkeiten vorbeiziehen zu lassen hat ihm die Zeit gegeben, die er brauchte, um zu erkennen, was die Fans längst wussten: Er gehört genau hier her. Das Dortmunder Angebot in jenem Winter ist dann auch das letzte, von dem Verein und Fans noch mal aufgeschreckt werden. Tatsächlich hat Wache nämlich zu diesem Zeitpunkt längst erreicht, wovon er immer geträumt hat: Er spielt in der 1. Liga. Bloß war lange nicht daran zu denken, diesen Traum auch anders verwirklichen zu können als durch einen Vereinswechsel.

Dabei hatte der Profi Ende der Neunziger geglaubt, es sei vorbei mit seiner Karriere: Wache ist Diabetiker Typ 1. Die Diagnose haut ihn damals zunächst um, doch dann meldet sich der ihm eigene Pragmatismus, verbunden mit der Erkenntnis, ihm bleibt nur die Chance, die Situation anzunehmen und zu lernen, mit ihr zu leben.

Nach 15 Jahren im 05-Tor ist es schließlich eine erneute Verletzung des in dieser Hinsicht arg geplagten Profis, die Dimo Waches Karriere beendet. Seinen letzten Einsatz hat er im Testspiel gegen CF Getafe am 24. Juli 2009. Anfang August wirft ihn ein Einriss der Patellasehne aus dem Kader und was zunächst lediglich wie ein kleinerer Eintrag in Waches Krankenakte anmutet, verbaut ihm schließlich nicht nur die komplette Hinrunde – trotz tapferen Kampfes in der Reha verschiebt sich das erhoffte Comeback so lange, bis klar ist, es wird nicht stattfinden.

So hat Wache erst am letzten Spieltag der Saison noch mal einen Auftritt am Bruchweg, am 8. Mai 2010, als er vom Verein zum ersten neuzeitlichen Ehrenspielführer ernannt wird. Am Ende stehen dem »unterkühlten Mann vom Deich«, wie Wache sich selbst nennt, bei seiner Verabschiedung Tränen der Rührung in den Augen; bei den Fans ist es mit ein paar Tränen nicht getan: Wir heulen an diesem Tag so laut, dass es bis nach Brake zu hören ist.

GRUND 66

Weil Vater und Sohn bei uns in einer Mannschaft spielen

»A Kasach?«, fragt Didi Constantini, der glücklose Österreicher, der 1997/98 zwischen Wolfgang Frank und Wolfgang Frank die mal wieder nahezu untrainierbaren 05er am Hals hat, als man ihm Peter Neustädters wahre Nationalität verrät. »Dös san die Ärgsten!« Viel Freude hat der Trainer an seinem Innenverteidiger in der Tat nicht – Neustädter ist in der kurzen Zeit unter Constantini lange verletzt.

Einer der Ärgsten, das ist er in gewisser Weise tatsächlich: für seine Gegenspieler. Die haben gegen den unfassbar zuverlässigen, schweigsamen Manndecker keinen Spaß. Es ist oft einfach nicht möglich, an Peter Neustädter vorbeizukommen.

In der Sowjetunion war er zuvor ein Pendler zwischen Liga eins und zwei, kein großer Star. Für Kasachstan absolviert er später drei Länderspiele. Mainz 05 ist nach glücklosen Zeiten in Karlsruhe und Chemnitz seine dritte Station in Deutschland. 28 Jahre ist Neustädter alt, als Christian Heidel ihn 1994 an den Bruchweg holt. Schon im ersten Jahr spricht er davon, seine Karriere in Mainz beenden zu wollen; dass die noch zehn Jahre andauern wird, ist zunächst also nicht absehbar. Bis 2001 ist Neustädter, der Stumme, der Asket, einfach nicht wegzudenken aus der 05-Abwehr. Um ihn herum mag die Defensive bröckeln, mag nach dem Karriereende von Miroslav Tanjga ein Manndecker nach dem anderen scheitern – Tony Sekulic, Mark Schierenberg, Bernard Schuiteman – wenigstens halblinks in der Viererkette weiß einer, was er tut. Selten wagt sich Peter Neustädter nach vorne. Im laufenden Spiel nie, auch nicht bei Eckbällen, aber wenn es einen Freistoß gibt, ein paar Meter vorm Strafraum, gehört er ihm. Und wer dabei war, der wird nie die Sprachlosigkeit am Bruchweg vergessen, als Neustädter einst gegen Köln einen herrlichen Ball über die Mauer zum 2:1 ins Eck schnibbelte. Normalerweise ging das anders, humorlos, brachial, knallhart, flach unter der Mauer durch, und wenn der Torwart mit der Hand dran kam, war die halt ab: selbst schuld.

Bemerkenswert dabei – Peter Neustädter hatte in Mainz nie einen Profivertrag. Grund dafür sind sowjetische Altlasten: Ein Vertragskonstrukt verspricht irgendeinem Ex-Verein eine gewaltige Ablöse, sollte Neustädter Auslandsprofi werden. Regelmäßig kommt eine Delegation aus Russland vorbei, vor der der Spieler eine Heidenangst hat, stellt fest, dass der alte Mann immer noch als Amateur geführt wird, leert mit Christian Heidel eine Flasche Wodka und reist wieder ab – so geht zumindest die Legende. Heidels immerwährende Dankbarkeit ist Neustädter damit gewiss.

Ab 2000 baut der langsam ab: eine ewige Fußverletzung. »Voltaren – wird schon geh'n«, murmelt er dann, ein paar Spiele schafft er immer noch. 2003 gibt es eine letzte Einwechslung bei den Profis. Drei weitere Jahre ist Neustädter Abwehrchef der 05-Amateure, das letzte Spiel macht er zwei Monate vor seinem 40. Geburtstag. Dann wird er zum Trainer der Mannschaft befördert. Zwei Spieltage später debütiert Peters Sohn Roman Neustädter, heute russischer Nationalspieler, im Team des Vaters.

In dieser langen Leidenszeit spielt Peter Neustädter jedoch noch eine ganz andere, nicht minder wichtige Rolle. 2000 verpflichtet Heidel gegen den Widerstand seines Trainers René Vandereycken ein ukrainisches Sturmtalent aus Mönchengladbach: den jungen Andrey Voronin. Der ist ein einziger Problemfall – hochbegabt zwar, aber faul und undiszipliniert. Mainz 05 ist seine letzte Chance, wenn Voronin die auch noch versemmelt, war's das für ihn mit Profifußball.

Peter Neustädter, so etwas Ähnliches wie ein Landsmann für Voronin, wird zu einer Vaterfigur für den Jungen, der anfangs in der Oberliga spielen muss, erst im zweiten Jahr in Mainz bei den Profis ankommt. 2001/02 ist Voronin als einziger 05er in jedem Spiel dabei, wenn auch selten über die vollen 90 Minuten. Seine Bilanz: acht Tore, acht Vorlagen; gemeinsam mit dem gleichaltrigen Abwehrtalent Manuel Friedrich ist Voronin der drittbeste Torschütze der Mannschaft. Das ist ordentlich.

Und doch haben wir noch nichts gesehen: Angeleitet von Papa Neustädter, der dem Bub die Flausen austreibt und Trainer Klopp, der ihm auf dem Platz alle Freiheiten gibt, wird Voronin 2002/03 Torschützenkönig der 2. Liga. Aber er ist ein tragischer Held: Ein Tor mehr, dann wäre Mainz aufgestiegen – und was vergibt er für Chancen, am letzten Spieltag in Braunschweig. Für die neue Saison hat er längst in Köln unterschrieben, beim Zweitligameister. Glücklich wird er dort nicht, von der alten Heimat in Mainz kommt er nie ganz los. 2004 bricht er vermutlich alle Tempolimits, als er zu den Aufstiegsfeierlichkeiten nach Mainz düst. Als Leverkusener (2004 bis 2007) wird er beim Gastspiel in Mainz erwischt, wie er als Ersatzspieler gedankenverloren *Wir sind nur ein Karnevalsverein* mitsingt.

Gegen die 05er aufstellen sollte man ihn eh nicht. Vielleicht bringt er es nicht übers Herz, seinem alten Club wehzutun; er ist ein gefährlicher Stürmer, aber nur gegen andere Teams. 2006 scheitert eine Rückholaktion, weil Voronin sich zwischen zwei Frauen verzettelt, Angst hat, sein Kind nicht mehr sehen zu können und spät absagt. Gegen Ende seiner Karriere kann der Stürmer zurückblicken auf 48 Bundesligatore in 145 Spielen, eine gute Quote. Auf eine lange Karriere in der Nationalmannschaft. Und auf zweieinhalb Jahre Vertrag in Liverpool (wobei er in dieser Zeit ein Dreivierteljahr an Hertha BSC ausliehen ist), verbunden mit einem Riesengehalt – alles dank Papa Neustädter.

Dessen Zeit in Mainz endet traurig. Nach vier Jahren muss er 2010 als Trainer der zweiten Mannschaft wenige Spiele vorm Saisonende gehen, weil man es ihm nicht zutraut, den drohenden Absturz in die 5. Liga zu verhindern. Als Verteidiger war er eine Legende, jahrelang eine Führungsfigur, ein Held. Als Trainer ist Neustädter, der noch gar keine Ausbildung zum Fußballlehrer hat, einfach nicht gut genug für das, was man von ihm fordert. Es fällt dem Vorstand schwer, einen so verdienten Mann nach 16 guten Jahren beurlauben zu müssen, aber viele Argumente für eine Weiterbeschäftigung gibt es nicht. Neustädter reagiert zutiefst gekränkt; der Kontakt reißt abrupt ab.

GRUND 67

Weil wir Spieler in die Nationalmannschaft bringen, die sich nicht so für Fußball interessieren

»Fußball interessiert mich nicht so.« Einmal gesagt, Salat gehabt – die Geschichte wird Manuel Friedrich nicht mehr los. Der Satz steht in (und als Titel über) einem Interview mit dem *kicker*, veröffentlicht 2003, beim zweiten Comebackversuch nach dem zweiten Kreuzbandriss. Schon der *kicker* lässt Friedrich nicht mehr raus aus der Nummer. Fragt ihn ab: Wer ist Philipp Bönig? Den kennt Friedrich, gegen den hat er nämlich schon gespielt. Guti von Real Madrid kennt er nicht. »Wozu sollte ich?«, fragt er. »Was würde mir das bringen?« Zack, Schublade auf, Manu rein, »unprofessionell« dran geschrieben. So schnell kann's gehen.

Die große Karriere des ersten Mainzer Nationalspielers ist ungewöhnlich. Sie beginnt schon mit einem Zufall, denn der Nachwuchskicker ist noch nicht richtig in Mainz angekommen, da soll er schon wieder gehen. Im letzten Moment wird er in die A-Jugend übernommen; an Profifußball denkt kein Mensch. Nicht mangels Talent – Friedrich hätte es auch in anderen Sportarten weit bringen können. Sein Problem ist die Mentalität. »Manu war mehr Student«, sagt Wolfgang Frank, der erste Trainer, der ihn in der 2. Liga aufstellt. Ein kickender Computerfreak, der sich nicht besonders dafür interessiert, wer gerade den Europapokal gewinnt.

René Vandereycken macht den fast 21-jährigen Friedrich 2000 zum Stammspieler. Das Publikum findet es nicht so gut. Dem Trainer ist's egal, er lässt ihn spielen – es ist so ziemlich das einzige Positive, was man ihm in Mainz zuschreiben kann. Zwei Trainer später, unter Jürgen Klopp, macht Friedrich den großen Entwicklungssprung. Mit Robert Nikolic, einem Verteidiger der alten Schule, der schon 1993 im Mainzer Probetraining war, bildet Manu bald eine überragende rechte Abwehrseite: Außen der Grätscher Nikolic, der taktisch hochdisziplinierte, harte, immer noch unfassbar schnelle, offensiv dagegen nutzlose Kämpfer. Und innen das technisch perfekte, spielintelligente, konstruktive, vorausschauende Talent, das bei jeder Gelegenheit den Angriff unterstützt. Friedrichs Bilanz am Saisonende: 31 Spiele, acht Tore.

Und was für Tore! Das schönste gegen Schweinfurt: Keine Minute nach dem ersten 05-Tor zieht Friedrich am eigenen Strafraum los, spielt irgendwo den Doppelpass mit Michael Thurk und vollendet selbst. Aber: kein Aufstieg, tragisch. 2,5 Millionen Euro zahlt Werder Bremen daraufhin für den jungen Verteidiger, ein stattlicher Betrag. Für Mainz 05 ist das die Finanzierung der neuen Haupttribüne am Bruchweg, für Werder eine dramatische Fehlinvestition; umgerechnet auf die Einsatzzeiten in der 1. Liga kostete Friedrich

357.142 Euro und 86 Cent pro Minute. Wofür niemand etwas kann, denn das Kreuzband ist ihm beim allerersten Testspiel im Trainingslager ganz von alleine gerissen. Dann das *kicker*-Interview, das so dramatisch missverstanden wird und auch bei Thomas Schaaf nicht gut ankommt, beim Comeback-Versuch wieder ein Kreuzbandriss, später immerhin sieben Bundesligaminuten und eine Handvoll Regionalligaspiele – eine katastrophale Bilanz nach 18 Monaten in Bremen.

Nur darum können die 05er Friedrich im Winter 2003/04 zurückholen; zunächst als Leihspieler, nach dem Aufstieg (Friedrichs Beitrag: 17 Spiele, vier Tore) verpflichtet für die damalige 05-Rekordablöse von 1,4 Million Euro. Das sind von da an bis zum Abschied 2007 umgerechnet etwas mehr als 14.000 Euro pro Spiel.

Friedrich entwickelt sich sofort zu einem der besten Innenverteidiger der Liga. Nach Zweikämpfen (83 Prozent gewonnen) ist er 2005/06 der beste von allen. Ein paar Wochen vor der WM 2006 wird er als erster 05-Spieler der Vereinsgeschichte zur deutschen A-Nationalmannschaft eingeladen, aber nicht eingesetzt. Und auch nicht zur WM nominiert, weil Jens Nowotny die besseren Fitnesswerte hat. Das sorgt für helle Aufregung in Mainz, die sich erst nach dem Turnier auflöst, als die Diagnose Pfeiffersches Drüsenfieber bekannt wird.

Sieben Länderspiele absolviert Friedrich insgesamt. Es hätten mehr sein können, hätten mehr sein müssen, wären mehr geworden – wäre Friedrich nicht Anfang 2007 in eine tiefe Formkrise gerutscht. Wäre nicht sein erstes Spiel nach dem Abstieg und dem Wechsel nach Leverkusen das konfuse 3:0 gegen Österreich gewesen, bei dem der ebenfalls formschwache Per Mertesacker seinen Nebenmann nicht eben stabilisierte. Bei Bayer 04 ist Friedrich anfangs ein Leistungsträger, ohne aber sein bestes Niveau aus Mainzer Zeiten noch mal zu erreichen. Dafür ist er zu still, auch zu wenig auf Fußball-und-sonst-nichts fokussiert. So kommt es, dass wir uns an unser »Wir sehen uns wieder, wenn Du in zehn Jahren bei uns die

Karriere ausklingen lässt« von seiner ersten Verabschiedung nicht mehr erinnern mögen – und uns damit rausreden, dass er ja schon nach anderthalb Jahren wieder da gewesen ist. Als Freund, Idol und als einer der fantastischsten 05-Spieler aller Zeiten ist Manu uns aber jederzeit willkommen.

GRUND 68

Weil sich Marco Rose in uns verliebt hat

Die Gelehrten streiten sich ja gerne darüber, wie viele deutsche A-Nationalspieler Mainz 05 bislang in seinen Reihen hatte. Manu Friedrich ist klar, auch wenn der in medialen Aufzählungen gerne vergessen wird. Auch André Schürrle ist gänzlich unumstritten. Bei Lewis Holtby gibt's dagegen leichte Misstöne – darf der, da er lediglich Leihspieler war, mitgezählt werden? (Die Autoren dieses Buches finden: eindeutig ja! Seine ersten Einsätze fallen ja in die Mainzer Zeit.) Einig sind sich sämtliche Fanlager dann wieder beim kurzzeitig berufenen Nicolai Müller.

Aber wer weiß schon, dass mit Marco Rose von 2002 bis 2010 ein Spieler im Dienst der 05er stand, dessen Großvater Walter 1937 für die A-Nationalmannschaft auflief? Nicht die einzige ungewöhnliche Anekdote rund um den Leipziger, der nach einer langen Phase, in der die Mainzer Verantwortlichen nicht einen ostdeutschen Spieler in ihren Kader holen, der erste Kicker »von drüben« war. Wobei es jenes »Drüben« zum Zeitpunkt von Roses Wechsel natürlich zum einen längst nicht mehr gab und er zum anderen nicht direkt aus Leipzig nach Mainz kam, sondern aus Hannover, als Leihspieler von 96.

Und dorthin muss Rose nach seinem ersten Mainzer Jahr, in dem er sich sofort zum Stammspieler mausert, zunächst auch zurück, obschon das ziemlich eindeutig gegen seinen Willen geht: »Es klingt dumm, aber ich habe mich in diesen Verein verliebt«, gesteht er der lokalen Presse – nicht auszuschließen, dass seine Pupillen dabei die Form von Herzchen annehmen; möglicherweise spielt im Hintergrund Musik.

Nach zähem Gerangel mit Hannover 96 darf der Linksverteidiger schließlich doch zurückkehren an den Rhein, zunächst erneut für ein Jahr als Leihspieler, danach folgt mit dem Aufstieg in die 1. Liga auch die endgültige Verpflichtung. Ausgerechnet »Erstligaspieler Rose«, wie sich der Leipziger am Aufstiegstag vor laufender Kamera bestens gelaunt betitelt, ist es denn auch, der Mainz 05 in der neuen Saison den ersten Auswärtssieg sichert. Gegen Freiburg ist das, als der Verteidiger in der 92. Minute und wohl zu seiner eigenen Überraschung feststellt, wie viel Platz er plötzlich hat. Den nutzt er, stürmt in den Strafraum, bekommt den Ball und bringt ihn im langen Eck unter. Das Spiel wird nicht noch mal angepfiffen, Mainz 05 gewinnt 2:1.

Sportlich läuft es für die Nummer 17 in den kommenden Jahren mal mehr, mal weniger erfreulich; in den ersten beiden Serien in Liga eins wird er zeitweise von Benjamin Weigelt verdrängt, erkämpft sich seinen Stammplatz gegen das ewige Talent aber zurück und kommt in der dritten Saison wieder auf 28 Einsätze (davon 27 Mal Startelf) und zwei Tore. Menschlich läuft es für Rose in Mainz durchgehend sensationell. Er ist sicher der fannaheste Spieler seiner Generation; unvorstellbar, was passiert wäre, hätte er wie heute bei vielen der Spieler üblich eine Facebook-Seite gehabt: Live-Chats und Fotoreportagen rund um die Uhr.

Nach seinem Abschied von den Profis (Rose wird, ebenfalls nach einer längeren Verletzung, gemeinsam mit Dimo Wache verabschiedet – einige der nach Brake übertragenen Schluchzer gebühren also ihm) verstärkt er für eine Saison die zweite Mannschaft als Spieler und Co-Trainer. Im Frühsommer 2012 folgt er dem Ruf in die alte Heimat und heuert als Trainer bei Lok Leipzig an. Lange, so scheint es alsbald, hält er es jedoch ohne die rheinhessische Luft nicht aus: Im Sommer 2013 verlässt er Lok vorzeitig und seine Verpflichtung als Trainer beim Mainzer Verbandsligisten TSV Schott wird bekannt gegeben. Aus dem Vertrag steigt er aus, ohne ihn je anzutreten, um beim Brauseclub Salzburg als Jugendtrainer anzuheuern. Was soll man dazu sagen, außer, dass seine Vermutung, dadurch in Mainz ein paar Freunde zu verlieren, zutrifft. Sportlich kann er beim Konzern auf sich aufmerksam machen: Im Sommer 2019 wird er Bundesligatrainer bei Borussia Mönchengladbach.

GRUND 69

Weil wir einander auch ohne Worte verstehen

Wintertrainingslager in Andalusien, immer ein Quell herrlicher Anekdoten. Daniel Gunkel sitzt in der Lobby mit einem 800-Seiten-Wälzer in der Hand. Frage: »Unn, Daniel, was lieste?« »Mei' erst' Buch.« Pause, dann: »Bei uns in Bonames liest mer net so viel.« Ein Mitspieler hat's ihm aufgedrängt, Gunkel zieht's durch.

Auf einmal großes Geschrei am Pool. Fernsehjournalist Martin Quast, Haus- und Hoffilmer von Mainz 05, wird von Marco Rose und Dimo Wache ans kalte Wasser gezerrt und in hohem Bogen reingeworfen. Später am Trainingsplatz: »Wie geht's, Dimo?« Wache: »Den Quast in den Pool zu werfen hat gut getan.« – »Der hat ja geschrien wie am Spieß!« Wache: »Zurecht.« Pause, dann: »Was hat er euch eigentlich getan?« – »Er ist hier.«

Das gemeinsame Playstation-Turnier, sagt Trainer Jürgen Klopp, bilde die Realität gut ab: »Peko foult nur, Feulner sucht immer das Dribbling.« Und wie ist's beim Trainer? »Da auch«, sagt Klopp. »Der kann's nicht.« An der Konsole zeigt sich außerdem, dass Kommunikation im Fußball überbewertet ist – das Duo Miroslav Karhan/ Stefan Markolf gewinnt ohne Worte. Der eine sagt nichts, der andere hört nichts: Karhan, der grimmige Slowake, ist in der Lage, auch komplizierte Sachverhalte durch die bloße Modulation seines Knurrens zu formulieren, Markolf ist seit der Geburt annähernd gehörlos. Der Linksverteidiger aus Nordhessen ist der erste, der es mit dieser Behinderung in den deutschen Profifußball schafft.

Markolf lebt als Fußballer von seiner großen Übersicht. Er hat immer den Kopf oben, hat sich von frühester Jugend an daran gewöhnt, über die Optik das Fehlen akustischer Signale zu kompensieren. Im Alltag hilft ihm ein Hightech-Hörgerät, das er im Spiel aber nicht tragen kann – zu empfindlich, es würde kaputtgehen. Es gibt Linienrichter, die schon die Gelbe Karte beim Chef bestellen, wenn Markolf bei der Einwechslung einfach aufs Feld sprintet, obwohl der Offizielle noch irgendetwas kontrollieren will; denen muss man erklären, dass der vermeintlich impertinente Spieler sie tatsächlich nicht hört. Schiedsrichterbetreuer Rocky Mayer gewöhnt sich früh an, die Schiris vor dem Spiel darauf hinzuweisen, dass die Nummer 24 nicht aus Bosheit nach einem Pfiff einfach weiterspielt, und dass man ihn eben anderweitig einfangen muss.

Das klappt gut genug: Markolf absolviert acht Zweitligaspiele. Für mehr reicht es sportlich nicht; Christian Demirtas (der dauerhaft für die Bundesliga ebenfalls unterqualifiziert war, später für die Würzburger Kickers in der 3. Liga spielte und schließlich als Co-Trainer der Mainzer U23 für eine Weile an den Bruchweg zurückkehrte) und Marco Rose versperren ihm den Weg. Mittlerweile ist Stefan Markolf über 30 und zwischenzeitlich mit dem KSV Baunatal in die Regionalliga aufgestiegen.

Als einziger Spieler mit Profierfahrung gehörte er außerdem zum Team, das 2011 Dritter bei der Fußball-EM der Gehörlosen wurde. Im Viertelfinale gegen die Türkei schoss Markolf das einzige Tor.

GRUND 70

Weil es sich hier manchmal lohnt, sehr viel Geduld zu haben

Es ist eines der Bilder, die wir so schnell nicht vergessen werden: Christian Wetklo steht vor der gelben Wand des Dortmunder Stadions, knöcheltief im Inventar des Kiosks, den das Publikum der Borussia in den vergangenen 45 Minuten über ihn ausgekippt hat, und gibt mit seinem blauen Torwarttrikot an: »Ihr habt mich eine Halbzeit lang mit Feuerzeugen, Kleingeld und was nicht allem beworfen, aber es hat euch nichts gebracht! Sogar den Elfmeter habe ich gehalten!« Petar Slišković hat in der vorletzten Minute ausgeglichen, Jürgen Klopp sich anschließend sehenswert mit Thomas Tuchel gezofft und wieder vertragen, nur der Schalke-Fan im Mainzer Tor will die Schwarzgelben noch ein bisschen ärgern – sicherheitshalber wird er schnell von den eigenen Leuten verhaftet, denn wer weiß, was die Dortmunder noch alles im Block haben?

Wer sich beklagt, es gebe in der Bundesliga heute keine »Typen« mehr – keine mit Genuss aneckenden Exzentriker – der kennt Christian Wetklo nicht. Den ewigen 05er mit dem königsblauen Herzen. Den Mann, der mit 20 Jahren von Rot-Weiss Essen zu den 05-Amateuren kommt, in seinem zehnten Oberligaspiel Rot sieht, im Moebus-Stadion von Eintracht Bad Kreuznach eine Glastür zertrümmert und kurz vor dem Rausschmiss steht. Der sich später jahrelang die Zähne an Dimo Wache ausbeißt und, wenn dieser verletzt fehlt, nicht immer ein fehlerfreier Ersatz ist. Den Mann, der trotzdem von 2004 an in jeder Saison mindestens einmal spielt – in Testspielen gerne mal als Mittelstürmer. Dem man häufiger einen Vereinswechsel nahelegt, nicht (mehr) wegen schlechten Benehmens, sondern mangels Perspektive. Den aber nicht einmal in der 2. Liga jemand haben will. Den Mann, der 2010/11 nur aufgrund von Heinz Müllers Verletzung so etwas wie ein Stammtorwart wird. Der nach Müllers Genesung wieder auf die Bank muss. Und der am 26. Oktober 2011, mit 31 Jahren, in seiner zwölften Saison bei Mainz 05, seine Schlüsselszene hat. Pokalspiel in Hannover. Mainz 05 führt seit der dritten Verlängerungsminute 1:0. Wir sind tief in der Nachspielzeit – und wo Schiedsrichter Felix Brych in der 122. Minute den Elfmeter für die 96er gefunden hat, weiß er allein. Alle Proteste sind zwecklos. Didier Ya Konan schießt. Wetklo hält. Brych pfeift ab.

In der Liga läuft es nicht gut bis dahin. Müller ist noch Stammtorwart, aber längst nicht mehr unumstritten. Er hat seine Fans, aber auch die, die ihm vorwerfen, im ganzen Oktober nicht einen Ball gehalten zu haben. Das Pokalspiel war nur ein Geschenk für den Ersatztorwart, so etwas macht Thomas Tuchel häufiger. Der gehaltene Elfmeter macht Wetklo zur sofortigen Nummer 1. »Matchglück« nennt Tuchel als Begründung. Es ist ein Symbol, an dem sich die Mannschaft aufrichten soll. Im folgenden Ligaspiel kassiert Wetklo drei Tore der Bremer. Müller sagt der Presse, von Matchglück habe er nicht viel gesehen; das lässt die Stimmung noch weiter zugunsten seines Rivalen kippen. Im nächsten Spiel hilft Wetklo, den zweiten Saisonsieg zu sichern. Es gab bis zum Ende seiner Mainzer Zeit einige Fans, die ihn für untauglich hielten, doch in dieser Phase hat er den Zweikampf gegen den spektakulärer spielenden Müller haushoch gewonnen. (Und ein bisschen mehr Anerkennung und Liebe hätte Wetklo, dafür und überhaupt, definitiv verdient!)

Trotzdem gibt es im Frühjahr 2013 Streit. Mit allen. Wetklo hat sich – in Dortmund, na klar – mal wieder ein bisschen zu auffällig benommen. Müller, der gegen Gladbach im Tor steht und nach einem 2:4-Fiasko die Klappe weit aufreißt, müsste mittlerweile wirklich bei jedem unten durch sein … Im letzten Saisonspiel sitzt jedenfalls mit Christian Mathenia die nominelle Nummer 4 auf der Bank, während Wetklo dem VfB Stuttgart mit einem Eigentor den Ausgleich schenkt. Danach klingen die Vereinsverantwortlichen ein paar Tage lang so, als würden sie am liebsten alle Torhüter auf einmal austauschen.

GRUND 71

Weil Jürgen Klopp bis heute Lobeshymnen auf Elkin Soto singt

Jede Bundesligasaison hat ihre Gesichter: Spieler, die im Fokus der Medien stehen, deren spontane Nachkicksanalysen abends über den Bildschirm flimmern und die auch über die Region hinaus mit einem Verein in Verbindung gebracht werden. Der Kolumbianer Elkin Soto wurde erst im Jahr seiner tragischen Verletzung im Spiel gegen den HSV *das* Gesicht einer Saison – und war doch für uns Fans schon Jahre zuvor neben dem langjährigen Kapitän Nikolče Noveski stets unbestritten *das* Gesicht von Mainz 05.

Dabei beginnt die Beziehung mit Schwierigkeiten, allerdings nicht zwischen Spieler und Fans, sondern in puncto Vertragsabschluss. Im Januar 2007 wechselt Soto aus Ecuador, wo er auf Leihbasis spielt, nach Mainz. Mit dem ausleihenden Club Once Caldas gibt es laut der Unterlagen, die Spieler und Berater im Gepäck haben, seit dem Jahreswechsel keinen Vertrag mehr – Soto ist demnach ungebunden und ablösefrei. Denkste. Denn plötzlich verweigert der kolumbianische Fußballverband dem Mann, über den Jürgen Klopp bis heute auf Knopfdruck minutenlange Lobeshymnen singen kann (wenn man denn drückt und ihn dann auch lässt), die Freigabe. Nachdem Mainz 05 die FIFA um die Klärung der Situation bittet, erhält Soto im Januar 2007 eine vorläufige Spielerlaubnis.

Nach gerade zwei Einsätzen reißt ihm aber das Innenband – Soto muss wochenlang pausieren und kann erst gegen Ende der Saison wieder spielen. Und es kommt noch schlimmer: Zwischen dem Pokalspiel im Sommer 2007 (6:1 gegen Wormatia Worms, das Spiel war, äh, körperintensiv) und dem Auftakt der Bundesligasaison verletzt sich der Kolumbianer im Training – Kreuzbandriss. Dazu kommen schlechte Nachrichten aus der Schweiz: Zwar wird

Mainz vom Vorwurf des Vertragsbruchs freigesprochen, Soto aber wird mit einer Geldstrafe von 300.000 Euro sowie einer Sperre von vier Monaten belegt.

Gegen das Urteil legen sowohl Once Caldas auf der einen Seite, als auch Mainz 05 mit Spieler Soto auf der anderen Berufung beim Internationalen Sportgerichtshof (CAS – Court of Arbitration for Sport) ein. Der CAS hebt das FIFA-Urteil im Februar 2008 auf, das Verfahren wird neu verhandelt und entschieden. Soto kann mit der abermaligen Spielerlaubnis zu diesem Zeitpunkt nicht viel anfangen, er kuriert nach wie vor seine Verletzung aus und kommt erst am 26. Spieltag wieder zum Einsatz – immerhin vor dem theoretischen Ablauf der nun aufgehobenen ursprünglichen Sperre.

Eine endgültige Entscheidung in der Vertragsangelegenheit fällt schließlich im Juli 2008: Sotos Viermonatssperre wird vom CAS bestätigt, die Geldstrafe auf 150.000 Euro halbiert, die der Verein berappt. Christian Heidel sieht die Angelegenheit im Rückblick pragmatisch, denn betrachtet man den Betrag als Ablösesumme, ist das für den Kolumbianer ein Schnäppchen.

Was das monatelange Gezerre allerdings mit dem sanftmütigen, bescheidenen Spieler angestellt hat, mag man sich gar nicht vorstellen. Doch auch, wenn viele Fans die Vorkommnisse nicht im Detail erinnern mögen, die beinahe schon kafkaeske Geschichte prädestinierte Elkin Soto von Beginn an für einen Platz in der Ahnengalerie der großen 05-Lieblinge. Und mit dem Abstand der Jahre schließlich hat auch Soto seinen Frieden mit der Geschichte geschlossen: »Es ist gut ausgegangen. Ich wollte nach Mainz, das hat geklappt.«[41] Zum großen Glück für alle Beteiligten.

Soto unser

Soto unser,
der du stehst auf dem Platze,
geheiligt werden deine Füße
und der Rasen, den sie betreten,
wie in der heimischen Arena
so auch auf auswärtigen Plätzen.
Unsere tägliche Flanke schlage uns heute
und überrumple deine Gegenspieler,
wie auch wir überrumpeln die gegnerischen Fans.
Und verzaubere uns mit deiner Technik,
die das Spiel erlöst von allem Übel –
denn dein ist unsere Bewunderung
und Unterstützung und Begeisterung,
bei jedem neuen Spiel.
Helau![42]

GRUND 72

Weil ein großer Schweiger unser Herz geklaut hat

»Waaas, wen holen die jetzt schon wieder? Den Miroslav, was, Karhan? Den alten Mann? Von Wolfsburg, oder wo?« Im Sommer 2007 ist einigen Hobbytrainern in den Fanblöcken von Mainz 05 ein weiteres Mal klar, was klammheimlich ohnehin längst jeder weiß: Dieser Manager kann nichts, erst wirtschaftet er ein Mainzer Autohaus zugrunde – und jetzt unseren schönen Verein.

Schon klar, die Suchkombination »Christian Heidel« und »Insolvenz« ergibt 2013 bei Google 11.400 Treffer in 0,28 Sekunden und immer, wenn ein Transfer Stirnrunzeln in dem einen oder anderen

Fanlager hervorruft, wird die alte Geschichte von der Pleite jenes Autohauses hervorgeholt, das Heidel bis zum Jahr 2005 geführt hat. (Übrigens ergibt die Suchkombination »Matthias Sammer« und »Insolvenz« 236.000 Ergebnisse in 0,38 Sekunden, »Dirk Dufner« und »Insolvenz« hingegen 3230 Treffer in 0,34 Sekunden – nur, um mal Vergleichswerte heranzuführen.)

Nun also Miroslav Karhan, der die Skeptiker gleich zu Tausenden auf den Plan ruft, denn der war in der Slowakei zwar mal Spieler des Jahres, aber diese Auszeichnung liegt fünf Jahre zurück. Inzwischen ist der Mittelfeldstratege mit seinen 31 Jahren »uralt« für einen Feldspieler und außerdem »schaut der immer so grimmig«.

Mhm. Jawohl.

Den grimmigen Gesichtsausdruck legt Miroslav Karhan unseres Wissens nach auch nur ein einziges Mal ab, nämlich, als er sich im Mai 2011 bei der sonst eher unnötigen Feier zum Erreichen des Europapokals so bewegt wie bewegend bei den Fans für seine Zeit im rot-weißen Trikot bedankt. Für wenige Minuten hat da der Mann, der bei den 05ern längst von Herzen geliebt wird, der Legende nach Tränen in den Augen, in denen sich die Wehmut Tausender über seinen Weggang spiegelt. Weil sie nun, nach vier Jahren mit Karhan, den Weggang des Slowaken genauso wenig begreifen wie einst seine Verpflichtung – nur, dass diesmal nicht Christian Heidel für das Leiden der Fans verantwortlich gemacht wird, sondern Trainer Thomas Tuchel.

Insider behaupten, den grummeligen Herzmenschen auch mal beim Lachen ertappt zu haben (was bedeuten würde, er hat seinen Gesichtsgrimm gar zweimal abgelegt). Zugetragen hat sich die seltene Mienenakrobatik angeblich am 23. November anno 2008, als Schiedsrichter Thomas Metzen im Heimspiel der Mainzer gegen St. Pauli nicht eine, sondern gleich zwei Gelbe Karten aus seinen Brusttaschen fummelte, um Karhan und Florian Bruns im Westernstil »Doppelgelb« zu geben.

GRUND 73

Weil wir das Verfallsdatum unserer Helden kennen

Manchmal bringt einen ein bisschen Scouting wirklich weiter. Den Schalkern haben unsere Buben mal sechs Stück in einem Spiel reingeschossen. Davon haben zwar nur drei gezählt – und zwar nicht die drei, die hätten zählen müssen – aber Zufall war es nicht, denn die Buben wussten: Angriffe über rechts, der Jurado kommt in der defensiven Umschaltung nicht in die Gänge, und gegen Neuer flach schießen, das kann der nicht. Wobei wir zugeben müssen: Inzwischen hat er's gelernt.

Oder Hildebrand. Der Timo hat gegen Mainz 05 das immer gleiche Tor über die Jahre ungefähr fünf Mal kassiert. Im Eins gegen Eins macht er beide Ecken auf, da kann sich der Stürmer ja aussuchen, ob er aus 20 Metern links oder rechts reinschiebt! Und damit sind wir beim Bansemann: Aristide Bancé. Ein sehr großer Mann aus Westafrika mit einem sehr kleinem Kopf und lustigen, blondierten Haaren. Ein großartiger Stürmer, kurzzeitig, in seinen zwei Mainzer Jahren. Ein merkwürdiger Kerl. Jeden Tag mit einem neuen Skandal – und man weiß nie, was jetzt Sturm im Wasserglas ist und was ernst zu nehmen. Ob er tatsächlich manchmal gewalttätig wird, was der eklige Maik Franz ihm beim Derby wirklich ins Ohr gebrüllt hat – das sind Dinge, die nie so ganz aufgeklärt werden. Nur das Telegramm an den Bornheimer Torhüter Patric Klandt (»Schieße. Unhaltbar. Größter Bums aller Zeiten. Besser nicht rangehen.«) – das ist definitiv eine Fälschung.

Bancé kommt 2008 inmitten einer langen Sperre wegen Sichdanebenbenehmens aus Offenbach nach Mainz, um Tore zu schießen. Gerne mit mehr oder weniger Anlauf von irgendwo weit weg. In Augsburg hat er freie Bahn zum Tor, alle Zeit der Welt, um sich Ball und Torwart zurechtzulegen, aber der Weg ist so weit, das Spiel schon so lang, da hat er keine Lust mehr zu laufen, zimmert das

Ding halt aus 30 Metern unter die Latte, 2:0 – Deckel drauf. Gegen Hildebrand gibt's natürlich den Klassiker. Im Pokal ab der zweiten in jeder Runde ein Tor, Halbfinale inklusive. Unverzichtbar ist der Bansemann aber vor allem als erster Verteidiger. Man hat mit allen Tricks, am Ende vermutlich wirklich mit Handpuppen, versucht, ihm zu erklären, wie die Zuordnung beim gegnerischen Eckball funktioniert – zwecklos. Am Ende hat man ihm gesagt: Du gehst in den Strafraum und köpfst den Ball raus. Woraufhin der Bansemann fortan in den Strafraum geht und den Ball rausköpft. Jeden Ball. In zwei Jahren gibt's daher ungefähr null Kopfballgegentore.

Doch auf einmal ist er weg. Über Nacht für einen Sack mit Dollarzeichen drauf nach Dubai gewechselt, wo in Zeitlupe Fußball gespielt wird. 25 Jahre alt ist er erst, aber im Prinzip wissen wir: Viel älter wird er auf dem Platz auch nicht mehr, Knie ruiniert; eigentlich Sportinvalide.

Zwei Jahre später ist Bancé plötzlich wieder auf dem Markt und ganz Mainz schreit Zeter und Mordio, als er nach Augsburg wechselt – nur, weil der Heidel mal wieder gepennt hat. Und erst recht, als es im ersten Pokalspiel direkt das erste Bancé-Tor gibt. Das war 2012. Ein Jahr, 18 Einsätze und null Bundesligatore später wissen wir: Schon wieder alles richtig gemacht!

GRUND 74

Weil wir manchmal auch loslassen können

Wahrscheinlich kann man wirklich ganz am Anfang ansetzen, beim großen Matthias Sindelar, dem »Papiernen«, dem bedeutendsten österreichischen Fußballer aller Zeiten. Bei jenem Mann, dem der auf anderem Felde nicht minder große Friedrich Torberg, einst der beste Schriftsteller unter den zeitgenössischen Wasserballern – oder vielleicht war es auch andersherum – ein wunderbares Gedicht widmete und schrieb: »Er spielte lässig, leicht und heiter, er spielte stets, er kämpfte nie.«[43] Mit Sindelar, womöglich noch früher, ging das große Dilemma österreichischer Spielmacher los, das sich über Pepi Hickersberger, Buffy Ettmayer, Andy Herzog und schließlich Andy Ivanschitz zieht: allesamt fantastische Fußballer, allesamt auch auf ihrem Zenit unvollendet. Allesamt mit dem nie erfüllten Versprechen, viel mehr zu können.

Der Andy, unser Andy, hat Mainz 05 im Sommer 2013 Richtung Levante UD verlassen, spielte dann bei den Seattle Sounders und beendete 2018 bei Viktoria Pilsen die Karriere. Bis 2013 war er vier Jahre in Mainz, davor drei Jahre bei Panathinaikos Athen, davor ein halbes bei RB Salzburg, davor fünf Jahre Stammspieler bei Rapid Wien. Wer mitgezählt hat, merkt, wie jung er bei seinem Debüt war: 16 Jahre und elf Tage beim ersten Einsatz im österreichischen Pokal, 16 Jahre, sieben Monate und fünf Tage beim Ligadebüt, mit 17 Stammspieler. Vier Tage vor seinem 20. Geburtstag erstmals Kapitän der A-Nationalmannschaft und mit 20 Jahren Österreichs Fußballer des Jahres – das ist schon bemerkenswert.

Und doch war Andreas Ivanschitz nie bei Inter Mailand oder wenigstens Schalke 04 – oder beim großen Verein Valencias, dem FC. Die Frage drängt sich auf: Warum? Die Antwort: siehe oben. Weil er ein österreichischer Spielmacher ist und als solcher das Vorurteil komplett erfüllt. Sein Einstand bei Mainz 05 ist großartig: Im ersten und zweiten Spiel jeweils eine Vorlage, im dritten ein Tor, im fünften und sechsten je ein Tor und eine Vorlage, dasselbe im zehnten und elften, zwischendrin im achten ein weiteres Tor. Erster in der Scorerliste der Bundesliga nach dem ersten Drittel der Saison. In den anderen zwei Dritteln folgt – eine weitere Vorlage.

Kein Wunder, dass er im zweiten Jahr selten spielt, und wenn, dann irgendwo im linken Mittelfeld versteckt. Lewis Holtby war nach ähnlich grandiosem Start (zwei Tore und sieben Vorlagen in sieben Spielen) zwar ähnlich schnell verglüht, aber er lässt Andy trotzdem nicht mehr vorbei. 2011/12 wird es besser. 2012/13 schließlich hat der Österreicher seine beste Saison in Mainz: Stammspieler, 29 Mal Startelf, sieben Tore, sechs Vorlagen – trotzdem lässt man seinen auslaufenden Vertrag wirklich und tatsächlich auslaufen. Die Bestürzung der Fans ist riesengroß und noch viele Wochen und (bei aller Emotionalität auch schlüssige) Erklärungen des Vereins später ist das Internet voll von traurigen, kopfschüttelnden Emojis und fassungslosen »Das ist nicht zu verstehen«-Einträgen.

Aber zu verstehen ist es eben doch, wenn man es will, denn Andy Ivanschitz hat eine brutale Schwäche: Man muss ihn eigentlich jede Woche nach einer halben Stunde auswechseln. Wenn von ihm Konstruktives kommt, dann in den ersten 30 Minuten. Manchmal aber auch überhaupt nicht – gerade Fernsehzuschauer bekommen teils erst bei seiner Auswechslung mit, dass er überhaupt dabei war. Das ist die eine Seite der Geschichte von und mit Andreas Ivanschitz.

Die andere ist der Grund dafür, dass der Trainer ihn trotzdem nächste Woche wieder aufstellt, denn das, was Ivanschitz an seinen guten Tagen in der ersten halben Stunde abruft, ist verdammt effektiv – dabei spielt dann auch keine Rolle, dass seine 24 Tore in den vier Jahren als Mainzer auch 48 hätten sein können. 15 Mal schießt er das 1:0 – zwölf Mal ist das Tor der Grundstein zum Sieg. Drei Mal schießt er das 1:1 – zwei dieser Tore sind der Grundstein zum Sieg. 19 Mal insgesamt erzielt Andy das erste Mainzer Tor des Spiels.

Ein unbedeutendes Ivanschitz-Tor, das 3:0 bei einem 4:0-Erfolg beispielsweise, das gibt es nicht – bis zum letzten Heimspiel für Mainz, als sein Abschied längst klar ist und Ivanschitz' Elfmeter in der Nachspielzeit die 2:4-Niederlage gegen Gladbach minimal erträglicher gestaltet. Andys Tore waren tatsächlich immer wichtig. Nichtsdestotrotz, seine Position ist im neuen Spielsystem nicht mehr vorgesehen und ihn dauerhaft auf die Bank setzen wäre unzumutbar – für alle Beteiligten.

Ähnlich unzumutbar übrigens wie das, was er teilweise mit der Nationalmannschaft ertragen musste, in der es die große Karriere für ihn auch nicht gab. Jahrelang hat ihn der ehemalige ÖFB-Teamchef Didi Constantini, früher selbst 05-Trainer, gereizt, gequält und provoziert, ihn immer wieder in den vorläufigen Kader geholt und stets aufs Neue nicht für den endgültigen nominiert. Der Andy, gutmütig, wie er ist, hat all das fromm ertragen – ohnehin ist es schwer vorstellbar, dass er die Fassung verliert. Vielleicht ist genau das am Ende sein Problem: Schon klar, ein Mensch kann kaum zu nett sein, ein Fußballer aber eventuell schon. Ob das tatsächlich die große Karriere verhindert hat, bleibt Spekulation.

Fest steht, seine aufgeschlossene und sympathische Art hat ihm die unerschütterliche Liebe seiner Fans eingebracht: Andy, wir werden dich hier immer vermissen!

GRUND 75

Weil bei uns die Bruchweg Boys ihre Karriere gestartet haben

»I saw rock and roll future, and its name is Bruce Springsteen. And on a night when I needed to feel young, he made me feel like I was hearing music for the very first time.«
Jon Landau, 1974 [44]

»Don't put your life in the hands of a rock and roll band.«
Oasis, 1996 [45]

Es kommt wohl kaum häufiger als einmal im Jahrzehnt vor, dass eine Platte völlig unerwartet derart einschlägt, dass Kritiker unisono Lobeshymnen auf die jungen Musiker anstimmen. Aber was heißt das schon, *völlig unerwartet*, natürlich wird es dabei immer jene selbst ernannten Spezialisten geben, die erklären, es ja schon immer vorhergesagt zu haben – den Beweis ihrer Behauptung freilich bleiben sie schuldig. Irgendwie geahnt, gehofft, erträumt haben es denn auch nur jene, die hinter den Kulissen fleißig gearbeitet und leidenschaftlich gebastelt haben: an den Texten, der Stimme, an dem Rhythmus, der perfekten Instrumentierung. *Leidenschaftlich*, nicht etwa akribisch; am Ende ist es diese Leidenschaft, die aus einer scheinbar stinknormalen Platte *die eine* des Jahrzehnts macht, aus einer eben noch unbekannten Band *The Next Big Thing*. Eine Leidenschaft, die sich ungebremst von den Musikern auf ihr Publikum überträgt, die man nicht spielen kann und nicht erfinden; die einfach da ist, unerklärlich, zauberhaft, mitreißend und betörend.

Niemand, auch kein Insider, hat Lewis Holtby and the B-Way Band auf dem Zettel, als im Spätsommer die Konzertsaison losgeht. Klar, wer die Jungs bereits spielen gehört hat, weiß: Hier ist etwas solide und unverkrampft zusammengewachsen, ein gemeinsamer Klang entstanden. Doch war wohl kaum absehbar, welch gigantischen Sprung die Musiker mit ihrem selbstbetitelten Debütalbum machen würden, das sich in der 4. Woche an die Spitze der Charts setzt. Debüt – das gilt nur in der aktuellen Formation: Holtby, clowniger Kopf der Band, war zuvor nicht ohne Erfolg mit den Black Yellows unterwegs, hat aber nur an einem ihrer Alben mitgewirkt, während Ádám Szalai seine Brötchen als Piano-Man in einer spanischen Tapas-Bar verdiente und André Schürrle die Texte der Combo »Weck, Worscht und Woi« schrieb. Nun aber haben sie sich dank Manager Don Heiteli in der B-Way Band zusammengefunden – *Danke* möchte man flüstern, ach was: *schreien!*, in Richtung des Managergenies.

»Ich habe die Zukunft des Fußballs gesehen – und ihr Name ist Lewis Holtby. Und an einem Nachmittag, als ich mich unbedingt jung fühlen musste, gab er mir das Gefühl, zum ersten Mal im Stadion zu sein.« Die meisten Menschen sind an jenem Samstag nicht wegen des munteren Trios vor Ort, ein Schicksal, das den Dreien nicht neu ist, werden sie doch häufig lediglich als Vorband gebucht. Was aber heißt das schon, wenn Zehntausende von ihren Plätzen springen,

begeistert darüber, was die Youngsters darbieten, sich nicht in den Sitzschalen halten können, ungläubig Augen und Ohren reiben und jubeln, selbstvergessen, statt zu schimpfen darüber, dass jene, wegen derer sie eigentlich gekommen sind, weit hinter dem Versprechen ihres großen Namens zurückbleiben.

Lewis Holtby, englischer Vollpunk, ist nicht nur Sänger, sondern vor allem Chef der Truppe. Der Komponist, altkluger rheinischer Straßenkicker, überschäumend bis an die Grenzen der Aufmüpfigkeit, hat mit seinen akrobatischen Einlagen das Publikum ebenso im Griff wie seine Formation. Holtby ist einer, der mit ausgelassener Autorität die Band dirigiert, als ob er nie etwas anderes getan hätte, sich gleichzeitig nicht über-, sondern einordnet.

Daneben André Schürrle an der Gitarre. Tempo-Virtuose, technisch hochtalentiert und präzise, dabei verspielt: Seine selbstvergessenen Soli umkurven die Taktstriche wie Slalomstangen, ohne aber von ihnen umgerissen zu werden. Ádám Szalai, der Widersprüchliche, Drummer und Bassist. Er hat eine hochklassige Ausbildung genossen – als Schüler der Akademie in Stuttgart, für junge Talente sicher die mit Abstand beste Adresse im Land, anschließend an der legendären königlichen Musikschule in Madrid. Der Ungar ist heimlicher Rhythmusgeber, das Powerzentrum, der fleißige Arbeiter. Laien unter den Beobachtern oft durch seine Rockabilly-Frisur auffälliger als durch seinen musikalischen Beitrag, bildet er doch eine sichere Basis für die ungestümen Bandkollegen, um plötzlich unerwartet mit wuchtigen Bassläufen an ihnen vorbeizupreschen. Er ist, neben Tausendsassa Holtby und Klassenprimus Schürrle, der Hardrocker, dem es sichtlich Vergnügen bereitet, mit dem Image des Elternschrecks zu kokettieren.

Wenn die Drei in ihre Instrumente greifen, scheint es, als würde es für sie kein Morgen geben. Ihr Spiel ist von ungebremster Energie, gepaart mit einer Naivität, die alles andere als aufdringlich daherkommt, die man nicht abwinken oder wegwedeln möchte, der man sogar Textzeilen verzeiht wie: »On a perfect day like this,

I wouldn't mind to drop dead in Bremen« – und was heißt das schon, *verzeiht*? Im Grunde gibt es nichts zu verzeihen bei einem, der sein Herz derart in seine Songs gibt, wie Holtby bei diesem spontanen Solo im Norden der Republik. Ihre Auftritte sind getragen vom Selbstvertrauen des jungen Trios in das eigene Können, ausgezeichnet nicht von Größenwahn, sondern vielmehr Größenbewusstsein; der Ahnung davon, was sie noch erreichen werden. Die Jungs sind gut und das wissen sie. Sie zeigen Begeisterung für sich selbst, ihr Publikum, ihr Repertoire – und spielen jedes Konzert in dem Bewusstsein, diese erste Tour ist nur der Beginn, nicht der Höhepunkt. Da ist noch viel Luft nach oben, in den Olymp. Aber dahin kommen sie auch noch! Und das dauert nicht lange. Diese Vorfreude ist ebenso spürbar wie das Glück der Drei in der geteilten Gegenwart – das macht sie so authentisch, lässt den Funken so mühelos auf ihr begeistertes Publikum überspringen. Dafür werden sie geliebt, und deswegen möchte man ihnen bedenkenlos das eigene Leben anvertrauen – jeden Samstag zwischen 15.30 Uhr und 17.18 Uhr …[46]

Ja, so, und nur so, kann man dem 05-Erfolgstrio der Saison 2010/11 nach ihrem längst schon legendären Auftritt im *Aktuellen Sportstudio* huldigen. Dazu ist noch zu sagen, dass Lewis Holtby im März 2012, zurück auf Schalke, beim 4:1 seiner Knappen gegen den FCK fröhlich die Eckfahne bespielt: Ein Gruß an seine alte Heimat, mit dem er hier sämtliche Herzen hüpfen lässt. Weltmeister André Schürrle hat sich gleich fünf Mal gelohnt: Als A-Jugendspieler der Mannschaft, die 2008/09 die Deutsche Meisterschaft holte. Als unersetzliches Mitglied der Bruchwegboys. Mit einer für Mainzer Verhältnisse schwindelerregenden Ablösesumme beim Verkauf nach Leverkusen. Und schließlich beim Weiterverkauf durch eben jene an den FC Chelsea – ein Deal, von dem Mainz natürlich finanziell profitierte, ebenso wie vom anschließenden Wechsel nach Wolfsburg. Und Szalai? Der letzte Bruchwegboy verlässt die 05er im Sommer 2013. Das weckt kurzfristig noch einmal wehmütige Erinnerungen an vergangene Zeiten, letztlich überwiegt aber ein anderes Gefühl: Respekt gegenüber dem Verein und unserem Don, die uns in eine Zeit geführt haben, in der Transfers dieser Größenordnung bei Mainz 05 abgewickelt werden. Und dieser Respekt wird noch einmal tiefer, wenn wir sechs Jahre später zurückschauen und feststellen: Summen, die uns damals anerkennend erschauern ließen, werden heute locker getoppt. Der Weg, den die damaligen Verantwortlichen für den Verein eingeschlagen haben, lässt uns – trotz einiger Stolpersteine in der jüngeren Vergangenheit – sicher im Fußballoberhaus mitspielen. Und das inzwischen wieder mit Szalai, der im August 2019 zu Mainz zurückkehrt.

8. KAPITEL

ES GIBT NUR EINEN NIKOLČE NOVESKI

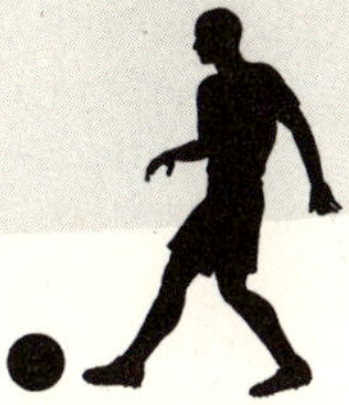

GRUND 76

Weil Nikolče Noveski härter ist als die Härtesten

Alles, was ihm zum wahrhaftigen Heldenstatus fehlt, sind drei, vier weitere Jahre in Mainz. Tamás Bódog ist schon ein recht alter Spieler, als er an den Bruchweg kommt. Aber was für einer! Der Ungar ist ein wuchtiger Innenverteidiger, kantig, hart im Nehmen, ein Modellathlet. Man sieht es halt nicht von Anfang an. Im Sommer 2000 hat der SSV Ulm 1846, gerade aus der Bundesliga abgestiegen, keine Verwendung mehr für den fast 30-Jährigen. Bódog hält sich beim Oberligisten SpVgg Au/Iller fit, wechselt im September zu den 05ern und gilt schnell als Fehleinkauf. René Vandereycken und sein Nachfolger Eckhard Krautzun lassen ihn außen verteidigen. Das funktioniert nicht gut. Erst, als ihn Jürgen Klopp nach innen zieht, lernen die Mainzer, Bódog zu schätzen.

In der großen Saison 2001/02, die mit dem Skandalspiel von Köpenick endet, ist Tamás Bódog aus der Mainzer Abwehr nicht wegzudenken. Eine lange Verletzung kostet ihn die folgende Hinrunde, aber im Endspurt der Saison 2002/03 spielt Bódog eine Schlüsselrolle. Sein Solo gegen Lübeck ist Legende geworden: Der VfB stellt die Abseitsfalle nahe der Mittellinie, stellt sie schlecht. Niclas Weiland schickt den Innenverteidiger auf die Reise. Und der dampft los, unaufhaltsam und zielgerichtet, wie ein stählernes Schlachtschiff auf dem weiten Weg zum Tor. Die Erde erbebt unter Bódogs mächtigen Schritten. Der Himmel verfinstert sich, Vögel verstummen, die Blätter fallen von den Bäumen. Es wird Abend und es wird Morgen und endlich kommt Bódog an, schiebt den Ball am Torwart vorbei ins Eck. Während Andrey Voronin, der Torschützenkönig, sich im Mittelfeld kaputtlacht: So etwas hat er noch nie gesehen! »Ich habe mich geschämt für meine Leistung in Ahlen«, sagt Bódog.[47] Dort haben die 05er eine Woche vorher ein dramatisches Spiel 3:4 verloren. 0:2 nach elf Minuten. 3:2-Führung bis in die 90. Minute, dann Ahlens Doppelschlag. Niemand sonst macht Bódog Vorwürfe wegen dieses Spiels – schon in Ahlen hat er seine unbändige Moral gezeigt. Mit seinen beiden Toren gegen Lübeck – denn vor diesem 4:1 hat er schon mit einem profanen Kopfball das 3:1 besorgt – wäre er nach Benni Auer der zweitgrößte Aufstiegsheld geworden; hätte nicht am Ende ein Treffer gefehlt.

Wegen verschiedenen Wehwehchen verpasst Bódog im tatsächlichen Aufstiegsjahr 2003/04 ab und an ein Spiel. Aber in der Bundesliga startet er noch mal durch, schießt in Stuttgart am ersten Spieltag das zweite Mainzer Bundesligator, ist klarer Stammspieler, verpasst keine Minute. So lange, bis im Training vor dem achten Spieltag der Ellenbogen des 25-jährigen mazedonischen Neuzugangs Nikolče Noveski noch härter ist als Bódogs Schädel: Die Fraktur beendet die Karriere des neun Jahre älteren Ungarn, der nach langer, langer Pause nur noch fünfmal eingewechselt wird und ein einziges Mal in die Startelf darf, um den gesperrten Manuel Friedrich zu vertreten.

Noveski, von Erzgebirge Aue nach Mainz gekommen, hat bis dahin gerademal zehn Bundesligaminuten absolviert: Sechs Jahre zuvor, für Hansa Rostock. Bei Mainz 05 hat er genau ein Mal auf der Bank gesessen. Seine Defizite im Spielaufbau sind riesig. Nun, gegen den Deutschen Meister Werder Bremen, muss er ran. Werder geht in Führung. Nick Weiland gleicht aus. Und Bódog liegt im Krankenhaus, kann das Spiel nicht mal im Fernsehen verfolgen, hat aber einen privaten Livekommentar per Telefon. »Ich hatte mich mit dem 1:1 schon abgefunden«, erzählt er. »Ich wollte auflegen, da hat Ferenc gebrüllt, dass da noch etwas passiert. Danach habe ich nur noch die Schreierei aus dem Stadion gehört.«[48] 90. Minute, 2:1. Der Aufsteiger schlägt den Deutschen Meister. Noveski hat mit den Toren nichts zu tun. Ranisav Jovanović, Neuzugang aus Dresden, ist der Held des Tages: Nach seiner Einwechslung in der 75. Minute bereitet er beide Tore vor; es bleibt sein mehr oder weniger einziges gutes Spiel für Mainz. Noveski jedoch war ab diesem Tag, dem 16. Oktober 2004, Stammspieler. Unumstritten.

GRUND 77

Weil wir kaputte Helden einfach wieder zusammentackern

In Mainz beginnt die unendliche Geschichte mit den Worten: »Damals, als Noveski getackert wurde.« Häufig pariert wird diese Einleitung mit der Nachfrage: »Wurde der nicht sogar genäht?« Ab diesem Zeitpunkt dauert es noch drei bis fünfzehn Minuten, dann ist den Beteiligten klar – man redet von vollkommen unterschiedlichen Spielen. Nikolče Noveski ist, so scheint es im Verlauf des sich anschließenden Gesprächs, im Schnitt bei jedem zweiten Saisonspiel genäht worden. (Und bei den anderen hat man ihn vermutlich getackert.)

Nie schwingt im Wort »Eisenmann« mehr Zärtlichkeit mit, als wenn es weiland im Mainzer Stadion geflüstert wurde. Und wir sagen bewusst »EisenmaNN«, benutzen nicht etwa das englisch gesprochene »Eisenmäääähn«, denn wir wollen nicht meckern wie die Ziegen, sondern uns verneigen vor dem härtesten Schädel, der in den 2000er Jahren über die Plätze der Republik getragen worden ist.

Niemand in Mainz, der nicht eine Anekdote erzählen kann (oder eine, die sich in der Erzählung befindet, um Details erweitern), wenn es um den blutenden Noveski geht. Die meisten Legenden ranken sich wohl um das Spiel im Februar 2006, als der Hüne aus Mazedonien im Weserstadion bereits ab Spielbeginn mit geschientem Unterarm und zwei gestauchten Fußgelenken auf dem Platz unterwegs ist. Mainz 05 führt in der 39. Minute mit 2:0 – in die Pause geht es trotzdem mit 3:2 für Bremen. »Schuld« ist Noveski, der sich ab der 30. Minute am Spielfeldrand neun Minuten lang eine Platzwunde am Kopf nähen lässt (und eine zweite am Kinn). Als er anschließend nahtlos (haha) wieder aufs Spielfeld zurück will, übersieht Schiedsrichter Manuel Gräfe den winkenden Wankenden zunächst und Bremen erzielt das Anschlusstor. In der darauffolgenden, großzügig bemessenen Nachspielzeit (Torhüter Dimo Wache hat sich bereits in der 12. Minute verletzt verabschiedet und wird vermutlich just in jenen Minuten im nächstgelegenen Krankenhaus in die Röhre geschoben) gleichen die Bremer nicht nur aus, sondern schießen auch noch den 3:2-Führungstreffer.

In der Pause muss Noveskis durchgebluteter Kopfverband ausgewechselt werden, weitere »Arbeiten« am Abwehrchef sind aber nicht nötig, um ihn für die zweite Hälfte fit zu machen – er spielt bis zum bitteren Ende durch. Und der Verband hält, es liegt also nicht an der eventuell durch Blutschlieren getrübten Sicht, dass auch Noveski das 4:2, das die Bremer zum Endergebnis noch beisteuern, nicht verhindern kann.

Weitere Spiele mit spektakulären Noveski-Kopf-und-Gesichtsverletzungen sind unter anderem das Heimspiel gegen Schalke in derselben Saison sowie die Blut-und-Tacker-Begebenheiten in den Auswärtsspielen gegen Offenbach und Gladbach in der Saison 2007/08. Mal sind es 15 Stiche (Offenbach), mal bloß magere sechs bis sieben (Schalke) und mal verletzt sich auch der Gegenspieler (Gladbach – 13 Stiche). Mal glauben wir, im Stadion atemlos hören zu können, wie die Nadel sich ins mazedonische Gesichtsfleisch bohrt, mal mutmaßen wir an den heimischen TV-Geräten, in unserer Toilettenpause habe unsere bessere Hälfte vom Fußballspiel im DSF zu *Emergency Room* umgeschaltet, weil die Näherei am Eisenmann in voller Bildschirmgröße ins heimische Wohnzimmer gebracht wird. Zwei Dinge aber bleiben gleich: Nach jeder OP an der Seitenlinie spielt Noveski anschließend weiter – und niemals hat er währenddessen auch nur mit der Wimper gezuckt.

So endet die unendliche Geschichte schließlich doch: mit der kühnen Behauptung, Nikolče Noveski trägt statt Brauen inzwischen Reißverschlüsse über den Augen.

GRUND 78

Weil wir stolz darauf sind, den »Eigentorkönig der Bundesliga« in unseren Reihen zu haben

Es gibt Rekorde, die kein Spieler erreichen oder einstellen will. Nikolče Noveski hat es in der Saison 2011/12 dennoch getan und ist mit der Hamburger Legende Manni Kaltz in Sachen Eigentore gleichgezogen – bei sechs Buden ins falsche Netz. Für den stets besonnenen Mister Zuverlässig ist die Nummer mit den Eigentoren ein nicht enden wollender Albtraum, von dem man ihm nur wünschen kann, dass er später mal mit einem gewissen Humor darauf wird zurückschauen können.

Zu seiner aktiven Zeit schmerzte ihn jedes dieser »falschen Tore« und die Gewissheit, außerhalb von Mainz mit nichts so sehr verbunden zu werden. Auch wenn, um mal wieder den Daten sammelnden Suchriesen ins Spiel zu bringen, die ersten beiden automatischen Vorschläge im Zusammenhang mit Noveski damals andere sind: »Facebook« und »privat«. Die Eigentore landen auf Platz drei, vor dem Vorschlag »Freundin«.

Für uns Fans sind die falschen Buden nur im positiven Sinne von Bedeutung, weil sich unsere Nummer 4 in jedes dieser Spiele zurückgekämpft und eine bemerkenswerte Leistung an den Tag gelegt hat. Für Chronisten sind sie ein Heidenspaß, weil jedes davon in eine besondere Geschichte eingerahmt ist, zur Anekdote taugt.

Den Auftakt macht der langjährige Kapitän, der von dieser Rolle zu jenem Zeitpunkt noch Welten entfernt ist, in der Serie 2004/05 beim Derby gegen den FCK. Den Torreigen im Spiel eröffnet der Ur-Lauterer Mathias »Matze« Abel, der im Trikot der Mainzer gegen seinen ehemaligen Verein trifft. (Im Hinspiel hatte Abel noch die Lauterer in Führung gebracht: per Eigentor.) Den Ausgleich für Lautern schießt an diesem Tag Ioannis Amanatidis, bevor erneut ein Lauterer einnetzt – allerdings ins falsche Tor, 2:1 für Mainz. Den

Zwischenstand erhöht Noveski auf 3:1, bevor er dann mit seinem Bundesligaeigentor Nummer 1 den Endstand von 3:2 besorgt.

Das legendäre Eigentorspiel des Mainzers ereignet sich ebenfalls vor heimischem Publikum. In 129 Sekunden schießt Noveski in der Saison 2005/06 beim Spiel gegen die Eintracht in den ersten sechs Minuten gleich zwei Tore – für Frankfurt … Ein Tag, von dem er später im Interview bekennt, er wäre lieber im Bett geblieben, obwohl er immerhin auch noch den 2:1-Anschlusstreffer besorgt. Aber Humor ist bekanntlich, wenn man trotzdem lacht: »Immerhin war es mein erster Hattrick«, erklärt Noveski später. Jürgen Klopp gibt zu Protokoll, gar nicht mitbekommen zu haben, dass sein Verteidiger in der ersten Hälfte nicht nur ein, sondern zwei Eigentore fabriziert hat – zum Glück. Denn weil Klopp Noveski sonst nach eigenen Aussagen vom Platz genommen hätte, wäre das Spiel vielleicht für Mainz weniger glücklich ausgegangen. Es ist Noveskis schierer Wille, der den Anschluss ermöglicht; ohne diesen – so scheint es im Stadion – auch der späte Treffer von Petr Ruman nicht möglich gewesen wäre. Endstand – 2:2. Rekorde stellt Noveski in diesem Spiel gleich zwei auf: Nicht nur, dass zuvor noch nie zwei Eigentore in so kurzer Zeit gefallen sind, auch, dass der Schütze später noch ins richtige Netz trifft, ist ein Novum.

Anschließend bleibt es eine Weile ruhig um den Mann, den DER SPIEGEL gar zum »Eigentorkönig der Bundesliga«[49] gekürt hat, in der Saison 2009/10 schlägt Noveski dann wieder zu: Ausgerechnet beim Spiel gegen die Bayern legt er den Ball zum vierten Mal ins eigene Netz. Für das Spiel ist's am Ende ohne Belang, die kleinen Mainzer schlagen den damals gerade ausnahmsweise nicht amtierenden Meister nämlich mit 2:1 und machen dabei einfach alle Tore selbst. Eine Genugtuung, bedenkt man, dass Uli Hoeneß bei einem früheren Spielen gegen die 05er in der Halbzeit davon gesprochen hat, in der zweiten Hälfte etwas fürs Torverhältnis tun zu wollen.

Im Anschluss gönnt Nikolče Noveski sich und den Reportern, die sich inzwischen vor Begeisterung über die Eigentore teils schier überschlagen, eine kleine Pause, bevor er in der Serie 2011/12 wieder doppelt falsch trifft. Anekdotenfähig werden die Treffer, weil beide dem gleichen Team nutzen: Noveski besorgt im Hinspiel gegen die TSG in der Coface Arena den 0:4-Endstand für die Gäste. Damit geht nicht nur erstmals ein Spiel verloren, in dem der inzwischen zum Kapitän avancierte Verteidiger für den Gegner trifft, das Tor ist auch einfach deshalb besonders schmerzhaft, weil es diesen Grottenkick in die Annalen der Vereinsgeschichte stanzt.

In der Rückrunde zieht Noveski gleich mit dem bis dahin alleinigen Rekordhalter über sechs Eigentore, HSVer Manni Kaltz. Mit seinem Tor bringt der Kapitän die TSG ungewollt in Führung und ist darüber derart konsterniert, dass er nach dem Spiel kommentarlos in den Mannschaftsbus flieht. Endstand ist dank Zidan ein 1:1-Unentschieden, den Mazedonier aber kann der Ausgleich kaum trösten – und auch nicht die Tatsache, dass niemand ihm Vorwürfe macht; Mannschaft und Trainer stellen sich so geschlossen wie selbstverständlich schützend vor den Unglücksraben.

Was aber wäre das Schlimmste gewesen, was Nikolče Noveski in Sachen Eigentore hätte blühen können? Wir legen uns auf einen Stadionsong fest; wahrscheinlicher ist aber, dass wir ihm irgendwann noch ein Denkmal bauen: Das hat er sich verdient.

GRUND 79

Weil Noveski einmal nicht nach Köln ging

Aus der Zeit, in der Nikolče Noveski einmal nicht nach Köln ging, ist unter anderem überliefert, dass er seinen Berater Alen Augustinčić fast in den Wahnsinn getrieben hat. Angebote aus England hörte sich der 05er demnach persönlich gar nicht erst an; unter anderem die Schwierigkeiten, als Mazedonier auf der Insel ein Visum zu kriegen, sollen ihn damals abgeschreckt haben.

Und überhaupt, dass er Deutschland nicht wirklich verlassen möchte, ist eigentlich von allen Entscheidungen, die getroffen werden müssen, die erste, bei der sich der Innenverteidiger relativ sicher zu sein scheint. Also sind neben den Offerten der Interessenten aus England (unter anderem strecken Fulham FC und Everton FC die Fühler nach ihm aus) auch die einiger Clubs aus Frankreich für die Katz. So interessant derlei Wechsel unter sportlichen Gesichtspunkten auch anmuten möchten, Noveski, der Schweiger vom Bruchweg, ist einer, dem sein gewohntes Umfeld enorm wichtig ist. Der Spieler schätzt eine gewisse Routine, er weiß gern, wie die Dinge funktionieren und worauf er sich einstellen kann. Was, wenn ihn ein Wechsel ins Ausland zum Bankdrücker macht, oder er dort einfach feststellt, die Dinge laufen nicht so, wie er es kennt und sich damit wohlfühlt? Für einen wie Noveski sind das unnötige Risiken, denen er sich erst gar nicht aussetzt.

Doch auch aus der 1. und 2. Liga erreichen den Verteidiger in der Zeit nach dem Mainzer Erstligaabstieg konkrete Angebote, sowohl die Verantwortlichen des VfB Stuttgart als auch die des 1. FC Köln würden ihn gerne in ihren Reihen sehen. Bei ihren Werbeversuchen aber stellen sich zunächst die Schwaben offenbar nicht besonders geschickt an. »Die Stuttgarter haben ihn mit einem Termin unter Druck gesetzt, das mag er gar nicht«, verrät sein da schon leicht genervte Berater einer Mainzer Lokalzeitung.[50] Er selbst könne bei seinem Schützling derzeit »keine Tendenz« erkennen – und wie auch, schließlich gibt der zu Protokoll, er habe doch »noch so viel Zeit« für eine Entscheidung.[51] Immerhin, beim mazedonischen Nationaltrainer hat Noveski so gute Karten, dass er sicher ist, für seinen Verbleib im Team wird es keinen Unterschied machen, ob er erste oder zweite Bundesliga spielt. Am Ende, so mutmaßt sein Berater, werde eine reine Bauchentscheidung stehen. Als der 1. FC Köln mit einem lukrativen Angebot ins Bieterrennen einsteigt, sehen die Mainzer ihre Chancen schwinden. Auf eine Hängepartie hatte man sich hier bereits eingestellt, aber mit den finanziellen Verlockungen aus der anderen Domstadt kann natürlich in Rheinhessen nicht mitgehalten werden. Stattdessen versuchen Christian Heidel und Jürgen Klopp, ihren Abwehrdirigenten mit Argumenten zum Bleiben zu überzeugen – aber können sie dabei die richtigen Worte finden?

In der Tat. Am Ende entscheidet sich Noveski gegen den Transfer, gegen den so oft beschworenen nächsten Schritt, gegen das Geld. Und erklärt dazu in der ihm eigenen, zurückhaltenden Art, für den Verbleib in Mainz habe es »tausend Gründe« gegeben. Über die zu sprechen aber sei einfach nicht seine Art, entscheidend schließlich nur das eine: Was er daraus gemacht hat.

Für die Stadt, den Verein, aber auch uns Fans ist Noveskis Verbleib damals so viel mehr als das. Es liegt darin der Glaube an etwas, das mit diesem Verein in jenen Jahren passiert ist, an die Entwicklung, die noch möglich ist – und die Gewissheit, dass all das Wunderbare, was hier zuletzt in Gang gesetzt wurde, durch den Abstieg kein Ende findet, sondern wir in der nächsten Saison neu angreifen und wieder alles, aber auch wirklich *alles* erreichen können.

GRUND 80

Weil Noveski auch die richtigen Tore schießt, wenn es sonst keiner macht

Dass Noveski Eigentore schießen kann, ist mithin bekannt. Für einen Innenverteidiger trifft der Mazedonier aber auch gar nicht mal so selten ins Gehäuse des Gegners. Meist sind das Tore, in deren Entstehung man das Gefühl hat, dem Kapitän sei nun der Geduldsfaden mit seinen offensiven Mitspielern gerissen, frei nach dem Motto: Ich will mich ja nicht in euren Aufgabenbereich einmischen, aber was genug ist, ist genug – und wenn ihr das Tor nicht selbst macht, schieße ich es eben. So war es auch, als die Fortuna aus Düsseldorf in der Saison 2012/13 ihre erste zwischenzeitliche Rückkehr in die 1. Liga bejubeln konnte. Bis zu dem Zeitpunkt, als die Düsseldorfer am siebten Spieltag in Mainz auflaufen, sind sie aus dem Jubeln auch schier noch gar nicht rausgekommen: Nach den ersten sechs Saisonspielen kehrt der Aufsteiger ungeschlagen in die Mainzer Arena ein. Mit zehn Punkten steht er somit drei vor den 05ern, die zu diesem Zeitpunkt zwei Siege, ein Unentschieden und drei Niederlagen auf dem Konto haben (was längst die schlafende Bruderschaft der Nörgler wachgerüttelt hat).

Fürs Fanlager ist es zunächst vornehmlich deswegen ein spannender Spieltag, weil der Mainzer Volksheld Andrey Voronin zurückkehrt an jene Station seiner Karriere, an der er einst zum Profi gereift ist. Und an die, wo ihm die Fans wohl die innigste Liebe entgegenbringen – kaum eine Saison, in der damals nicht spekuliert wurde, ob Heidel den Stürmer nicht als Überraschungscoup aus dem Transferhut zaubern würde. An seinem Scheitern in Düsseldorf müssen demnach auch böse Kräfte schuld gewesen sein; aber wir schweifen ab. In der Arena jedenfalls wird er an dem Tag beinahe so begeistert gefeiert, als trage er rot-weiß.

Das Spiel ist mit »zähe Angelegenheit« gut beschrieben, und weil Schiedsrichter Deniz Aytekin offenbar die Sorge plagt, zwischendurch einfach einzuschlafen, hält er sich mit dem Zücken von Karten bei Laune: sechsmal Gelb und einmal Gelb-Rot. Letzteres trifft den Düsseldorfer Oliver Fink in der 78. Minute, danach kommt auf Mainzer Seite doch noch ein wenig Leben ins Spiel. Weil aber zunächst Andreas Ivanschitz scheitert und sich dann mit Zdeněk Pospěch ohnehin schon ein Verteidiger ins Offensivgeschehen einmischt, hat Noveski in der 85. Minute augenscheinlich einen seiner »Eben langt's mir aber«-Momente: Nach Flanke von Ivanschitz (immerhin!) köpft der Kapitän gegen den Ball – und das mit einem Gesichtsausdruck, als nicke er sich eine lästige Mücke aus dem Haupthaar. Diese Bewegung beschert den Düsseldorfern die erste Niederlage der Saison, den Mainzern den ersehnten Heimsieg – und Noveski seinen siebten Bundesligatreffer.

GRUND 81

Weil unser Kapitän seine Buden mit der Hacke macht

»Kein Mensch, kein Tier, die Nummer 4.« Jaja, Phrasenschwein raus, Handvoll Kleingeld rein, aber es ist halt, wie es ist: Wenn die Nummer 4 – und an dieser Stelle ist es jammerschade, dass das große katalanische Zottelvieh Carles Puyol die fünf trägt – ein Tor schießt, hat das bitteschön ein Kopfballtorpedo zu sein. Ist es ja auch, so generell. Technische Experimente sollen die Stopper lieber unterlassen, viel zu gefährlich, die tun sich doch nur weh dabei und machen den schönen Rasen kaputt.

Umso größer sind die Bauklötze, die wir staunen (vor dem Fernseher, denn hingefahren ist kaum einer), als Nikolče Noveski im August 2008 bei 1860 München den Ball mit der Hacke ins Tor bugsiert! Mit der Hacke! Der Noveski! Mit Absicht! (Und nicht mal ins eigene Tor!) Wir dachten ja, wir hätten schon alles gesehen.

Es muss ihm Spaß gemacht haben, dem sonst so sachlichen Arbeiter. Zwei Monate später nehmen die Buben den SV Wehen 5:0 auseinander. Peter Van der Heyden nimmt recht früh im Spiel einen Eckball direkt. Noveski hält den Fuß in den Schuss – 2:0. Wieder mit der Hacke. 20.000 reiben sich die Augen und fragen sich, was da plötzlich los ist. Spinnt jetzt die ganze Welt? Kommt als nächstes der Fallrückzieher von Peko, die Volksrede von Miro Karhan, der Tanz von Jørn Andersen um die Eckfahne? Hört Dimo Wache auf, seine Innenverteidiger anzuschreien? Fängt Niko Bungert damit an? Versteht der Bansemann taktische Anweisungen? Bekommt Mainz 05 einen Elfmeter, gewinnen wir gegen Fürth?

Selbstverständlich nicht. Das dritte Saisontor schießt Noveski auch mit dem Fuß, aber diesmal mit der normalen Seite – und weil er dazu genötigt wird. Das vierte wieder mit dem Kopf, wie es sich gehört. Und alles atmet durch. Das Raum-Zeit-Gefüge ist intakt, die gewohnte Realität wieder hergestellt. Uff.

GRUND 82

Weil unsere Tränen bei Noveskis Abschied bis in dessen mazedonische Heimat geflossen sind

Was von Noveski übrig bleibt, nun, da er seine Karriere beendet hat, war schon zu seiner aktiven Zeit klar: Das gute Gefühl, dass er einfach immer da gewesen ist. Denn der Kapitän vermittelte nicht nur im Spiel den Eindruck, jederzeit genau da zu sein, wo er gerade gebraucht wurde, er strahlte auch etwas aus, was uns glauben machte, er sei einfach schon immer 05er gewesen: Gründungsspieler, sozusagen. Das hat zunächst mit seiner gefühlt unerschütterlichen Treue zum Verein zu tun, aber die zahlenmäßigen Fakten stützen den emotionalen Eindruck tatsächlich auch. Kein anderer Spieler ist vor ihm in der 1. Liga so häufig für Mainz 05 aufgelaufen, und keiner wird ihn so schnell überholen.

Zum Rückrundenauftakt der Saison 2012/13 war sogar alles angerichtet für ein kleines Jubiläum; zumindest theoretisch oder für Menschen, die gerne planen. So, wie die Macher des Fanzines *Die TORToUR*, zu denen die Autoren dieses Buches gehörten. Es wäre glatt gelogen zu behaupten, die Planung sei so weit gegangen, das Heft Nummer 31 mit Absicht an dem Spieltag zu verkaufen, der das 200. Bundesligaspiel Noveskis für Mainz 05 markieren sollte. Wahr ist aber, die Redaktion hat sich jubilierend über diesen Zufall gefreut – und dafür und damit geplant.[52] Allerdings nur äußerst vorübergehend, denn weil der Kapitän sich am 16. Spieltag in Gladbach die fünfte Gelbe Karte holte und im letzten Hinrundenspiel gegen Stuttgart gesperrt war, gab's zum Auftakt der Rückrunde auch kein Jubiläum. Das feierte Mister Zuverlässig eben eine Woche drauf beim Auswärtsspiel gegen Greuther Fürth (kreisch!) – oder feierte es viel wahrscheinlicher auch nicht. Weil es eben nicht seine Art ist, sich zu feiern – oder wenigstens mal feiern zu lassen.

Aber Ausnahmen bestätigen ja bekanntlich jede Regel. Und als am Ende der Saison 2014/2015 für den ewigen Mainzer Noveski der Zeitpunkt gekommen war, um nach einem letzten Einsatz in Rot-Weiß abzudanken, da ließ er sich geradezu überraschend bereitwillig feiern und mit einem Strahlen im Gesicht, das sonst nicht gerade zu seiner mimischen Grundausstattung gehört. Es habe ihm großen Spaß gemacht, noch einmal mit den Jungs auf dem Feld zu stehen, sagte er, der diese für ihn letzte Saison größtenteils als Einwechselspieler verbracht hatte, während die Tränen der Fans aus den Blöcken und bis in seine mazedonische Heimat flossen. Und ergänzte, jungenhaft und schüchtern, das alles werde ihm sicher ziemlich fehlen. »Du uns auch«, flüsterte da ein ganzes Stadion mit andächtiger Dankbarkeit zurück: »Du uns auch!«

9. KAPITEL

GEKOMMEN, UM ZU BLEIBEN

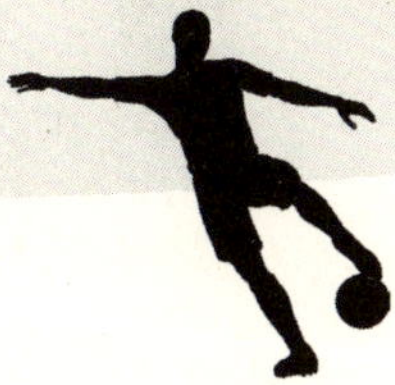

GRUND 83

Weil es ohne Hayer weder Feier noch Dreier gibt

In Heidesheim, vor den Toren der Stadt Mainz, steht der »Mainzer Hof«, ein Gasthaus, in dem nicht nur Eintracht Braunschweig ständig einkehrt. Ist man Stammgast, hat man das Sitzfleisch, um den Abend lang werden zu lassen, erscheint irgendwann der Wirt höchstselbst, um von früher zu babbeln. Gestatten: Fabrizio Hayer. Aus Versehen in Wiesbaden geboren, in den 1980ern schon 05-Jugendspieler, immer mal wieder weg, immer wieder zu Mainz 05 zurückgekommen. In weit über 400 Profispiele in allen möglichen Ligen (knapp die Hälfte für Mainz 05) hat Hayer 62 Tore geschossen und es ohne jegliche Anstrengung geschafft, überall zum Publikumsliebling zu werden. Der *TORToUR*-Redaktion hat er außerdem bei 62 Besuchen weit über 400 Schnitzel serviert, knapp die Hälfte davon mit Pommes.

»18 til I die« stand jahrelang auf einem Banner am Bruchweg; eine Hommage an einen der letzten jederzeit anquatschbaren Spieler bei Mainz 05, denn die 18 war »Diego« Hayers Rückennummer. Ob sein Motto »Kein Dreier ohne Hayer« (sagt er) oder »Keine Feier ohne Hayer« (bestreitet er) lautet, darüber zanken sich die Gelehrten. Fest steht: Glänzender Techniker, völlig zu unrecht nur zweimal in der Bundesliga eingesetzt oder vielleicht auch doch völlig zu recht, aber nein, eben werden wir unfair. Bedeutender Mann in der 2. Liga, erstklassiger Gastgeber, ganz feiner Mensch und bis heute eine der treusten Seelen im Umfeld des Vereins.

Wir kommen demnächst mal wieder vorbei, Schnitzel essen und von früher babbeln. Vielleicht ist der Torsten Lieberknecht ja auch gerade da!

GRUND 84

Weil wir Hintertüren für unsere Leute aufhalten, aber nicht wahllos

Zu den bizarren Details unseres ersten Bundesliga-Aufstiegs gehört, dass wir den ein paar Wochen vorher nach drei Jahren Hoffnung endgültig aufgegeben hatten, natürlich nach einem Spiel in Fürth. Der Verein muss vor lauter Siegprämien auf einmal aufpassen, nicht zu nahe an die Zahlungsunfähigkeit zu rutschen, er muss Geld einsparen und teilt einigen Spielern mit, dass sie nicht mehr mit Angeboten zur Vertragsverlängerung rechnen sollen. Für Jürgen Kramny, Sandro Schwarz, Spasoje Bulajič (ohnehin wegen einer rätselhaften Erkrankung kaum noch dabei), Marco Walker und den Killermichel Thurk soll im Sommer Schluss sein. Kurz darauf: Aufstieg, Kommando zurück, jeder, der dazu beigetragen hat, inklusive Kramny, Schwarz und so weiter, darf bleiben. Abgesehen von Thurk, der auch gedurft hätte, aber schon in Cottbus unterschrieben hat; der heulend mit Christian Heidel vor einer Disco auf der Treppe sitzt, immer wieder fragt, ob er jetzt wirklich da hin müsse – aber eigentlich weiß, aus der Nummer kommt er nicht mehr raus.

Walker und Kramny hängen noch ein Jahr dran. Ausgerechnet Brachialtechniker Sandro Schwarz, der Ur-05er, der einzige gebürtige Mainzer in der Mannschaft, der neun Jahre zuvor als 16-Jähriger vom VfB Ginsheim ans andere Rheinufer kam, aber auch ganz unverdientermaßen von einigen Fans nie richtig ernst genommen wurde, weil ihm die Extravaganz fehlte, weil es in seinen ersten Jahren in der 2. Liga normal war, dass Spieler, die aus unserem Nachwuchs kommen, nach wenigen Spielen wieder in unteren Klassen verschwinden – der geht wirklich. Nachdem Klopp ihm nahegelegt hat, was er insgeheim eh weiß: Bleiben darf er, aber die Bundesliga könnte eine Nummer zu groß für ihn sein. (Jahre später beweist er, für den Trainer Schwarz gilt das kein bisschen.)

Schwarz wechselt zum Zweitliga-Aufsteiger Rot-Weiss Essen, dann zurück in die Region zum Regionalliga-Topteam SV Wehen, mit dem er später ebenfalls in der 2. Liga spielt. Zum Ende der Saison 2008/09 wird Schwarz der Klopp Wehens, als er von der Spieler- in die Trainerkabine umzieht, als Nachfolger von Wolfgang Frank – der ihn selbst einst vom Verbands- zum Zweitligakicker befördert hat. Nach der Saison stufen die Wehener Schwarz zum Co-Trainer zurück, bald darauf wird er entlassen. Er wechselt zum 1. FC Eschborn, steigt inmitten der Dauerinsolvenz des FCE in die Regionalliga auf und wieder ab, besucht nebenher den Fußballlehrerkurs in Köln und macht ein Praktikum nach dem anderen bei Thomas Tuchel. Der ist zwar dafür berüchtigt, von Ex-Profis im Trainerjob nicht mehr als nötig zu halten, aber den intelligenten jungen Regionalliga-Coach aus dem Frankfurter Umland will er schnell nicht mehr missen. Bei jeder Gelegenheit fährt Schwarz in Trainingslager und auch sonst überall hin mit.

Neun Jahre nach seinem Abschied konnten wir Sandro Schwarz wieder als echten und offiziellen 05er begrüßen: Ab 2013 war er Cheftrainer der A-Junioren, übernahm an Fastnacht 2015 die U23 und ist längst als Trainer der Profis: gekommen, um zu bleiben.

GRUND 85

Weil unsere Treter ehrliche Treter sind

Das nennt man wohl »konsequent«: Zehn Spiele hat eine europäische Mannschaft in der WM-Qualifikation. Sieben hatte Milorad Peković 2008 und 2009 für Montenegro absolviert. In den anderen war er gesperrt. Das ging so: Gelb, Gelb, Sperre. Gelb, Gelb, Sperre, Gelb, Gelb, Sperre. Gelb. Wie kann das sein? Ist das wirklich unser Freund, der sanftmütige Peko, dieser freundliche, großzügige, hochanständige Mann aus den Schwarzen Bergen? Der Spieler, der in der Liga von April bis Oktober zwölf Spiele am Stück geschafft hat, ohne Gelb zu sehen? Der Sache mussten wir auf den Grund gehen.

So sitzen wir ein paar Stunden vor dem zehnten Qualifikationsspiel mit der montenegrinischen Nationalmannschaft in einem Fünf-Sterne-Wintergarten vor den Toren Dublins, schaffen es nicht, der kroatischen Kellnerin beizubringen, was Apfelschorle ist (am Ende stehen zwei volle Gläser vor uns, eins mit Wasser, eins mit Apfelsaft) und essen Pekos Kekse. Das Problem sei bekannt, erzählt er. »Peković, heute ohne Gelbe Karte«, fordere der Nationaltrainer vor den Spielen. »Versuch' es wenigstens!«[53]

Die Karten bilden den gelben Faden in Pekovićs Karriere. Alle paar Spiele steht eine, sie geben der ganzen Geschichte Struktur. Man muss eben wissen, was sie bedeuten. Mike Büskens wusste das anfangs nicht. Natürlich sah Peko nach seinem Wechsel nach Fürth im ersten Spiel nach fünf Minuten Gelb, aber das ist doch kein Grund, ihn nach 20 Minuten auszuwechseln. Büskens! Das ist nur die Feinjustierung! Denn Peko dosiert. Peko kennt die Grenze. Peko weiß genau, wie weit man gehen darf. Peko tritt niemanden von hinten um. Peko rammt niemandem den Ellbogen ins Gesicht, wenn er sich unbeobachtet fühlt. Peko ist ein ehrlicher Treter. Er kommt von vorne. Wie in Dublin, wo er in der 47. Minute Damien Duff an der Mittellinie stoppt – und seine Sammlung vollendet.

Bei Mainz 05 gab's 48 Mal Gelb für Peko in 138 Spielen, also eine Karte in jeder dritten Partie. Rot genau ein Mal, und da hat Dominic Peitz simuliert. Die Strafe: Rot im Rückspiel und Elfmeter für Torwartaktion im Feldspielertrikot. Ätsch! Und Gelb-Rot? Gab's nie. Was zu beweisen war: Peko kennt sein Grenzen.

Tore geschossen haben andere. Alle anderen (bis auf Robert Nikolic). Das Stadion war in heller Aufregung, als im Pokalspiel gegen Köln in einem kurzen Augenblick plötzlicher Brillanz auf einmal ein sagenhafter 25-Meter-Linksschuss im Winkel landete. »Seit wann kann der Peko so etwas?«, haben wir uns gefragt, und bald einsehen müssen: Er kann es (weiterhin) nicht. Unter Tuchel ist für Peko bald Schluss: Für technisch hochwertigen Ballbesitzfußball ist der spielerisch limitierte Kämpfer nicht geeignet. Dennoch kommt die Nachricht an einem Dienstagmorgen um 9.25 Uhr völlig überraschend: Peko geht! Der Verein will die wichtige Integrationsfigur gar nicht nach Fürth – oder sonst irgendwohin – ziehen lassen. Die Fans sowieso nicht, und eigentlich will Peko selbst nicht weg. »Wenn man ein Mensch ist, entwickelt man Gefühle für seinen Verein«, hat er mal gesagt. »Ich wechsle nicht einfach so die Umgebung, die Leute. Das mache ich nicht gern.« Aber Peko will wieder spielen. Das hat jeder verstanden. Und er hat im Gespräch mit der Mainzer Rhein-Zeitung im Winter 2008 versprochen: »Wir sehen uns wieder. Ich komme oft nach Mainz.« So halten wir fest: Mögen andere Tore schießen! Du, glücklicher Peko, tritt!

GRUND 86

Weil Petr Ruman sogar in Kriftel unsterblich ist

Dezember 2005, Pokalspiel auf dem Betzenberg. Elfmeterschießen, 2:0 für den FCK nach vier Schüssen. 3:0 nach fünf? Nix da! Bis heute hat uns niemand nachgewiesen, dass Ferydoon Zandis Lattenschuss hinter der Linie war – nicht mal die Neutralen. 3:3 nach elf Schüssen. Als Zwölfter tritt Neuzugang Petr Ruman an. Der tschechische Fleißarbeiter im Sturm schnickt den Ball à la Landsmann Antonín Panenka 1976 zum Auswärtssieg unter die Latte und wird in diesem Augenblick unsterblich. Später noch ein paarmal, sei es als nachsichtiger Nebenmann für Kindskopp Zidan, sei es als Integrationsfigur für jedermann, sei es als Co-Trainer und »Abteilung Attacke« der A-Junioren, wenn hinter der Mainzer Bank gegnerische Spielerväter Streit suchen, der Trainer sich aber aufs Spiel konzentrieren muss.

Oder sei es als Stürmer im Testspiel in Kriftel: 100-Jahre-Spiel des dortigen SV 07. Allein der überragende Torwart hat etwas damit zu tun, dass es bloß 0:12 steht. Schlussminute. Ruman im Solo. Der Torwart foult. Der Schiedsrichter holt allen Ernstes die Rote Karte raus. Ruman geht dazwischen, unterstellt sich selbst eine Schwalbe, sieht (wiederum: allen Ernstes) Gelb, nimmt die Karte mit nach Hause – und ist seither auch in Kriftel unsterblich.

GRUND 87

Weil Srđan Baljak uns zum Weinen gebracht hat

Die Tränen fließen an der andalusischen Walfischküste: Januar 2010, Srđan Baljak reist aus dem Wintertrainingslager ab. Auf Nimmerwiedersehen, denn soeben ist sein Transfer in die 2. Liga zum MSV Duisburg unter Dach und Fach. Verständlich, einerseits, denn der kleine serbische Glatzkopf spielt keine große Rolle mehr in der Mannschaft, aber schade, andererseits, ist es schon. Baki ist auch so einer, in den wir uns ein bisschen verliebt haben. Er sich in uns schließlich auch, bloß nicht auf den ersten Blick.

Serbischer Torschützenkönig kann ja jeder sein. Gern auch jeder vom FK Banat Zrenjanin, was auch immer das sein mag. Es gibt Leute, denen die Tastatur kaputt geht beim Versuch, »Crvena Zvezda« zu schreiben, wo auch Roter Stern (Belgrad) stehen könnte. Baljak kommt 2007 aus der serbischen Provinz. Vorher mal in Japan gescheitert. 28 Jahre alt. Da erwartet man lieber erstmal nichts.

Im ersten Testspiel sieht man schon, was er kann – und was er nicht kann. Möglicherweise hat er den schwächsten Schuss aller Stürmer der Liga. Möglicherweise aber auch den präzisesten: Er kann keinen Ball unter die Latte donnern, aber er kann ihn, wenn er eine freie Schussbahn hat, zentimetergenau dahin setzen, wo kein Torwart und kein Verteidiger mehr ran kommt.

Stammspieler ist er in Mainz nur etwas länger als ein Jahr: In der Aufstiegssaison 2008/09 ist er mit elf Toren und neun Vorlagen der zweitbeste Scorer der Mannschaft, übertroffen nur von Markus Feulner (7/15); den Eindruck aus der Schlussphase seiner ersten Saison 2007/08 bestätigt er damit. Und es gehört zu den Ungerechtigkeiten des Fußballs, dass keiner auf die Idee kommt, Srđan Baljak ein Denkmal zu bauen und »Aufstiegsheld« in den Sockel zu gravieren. Verdient hätte er's. Verdient hätte er's schon 2008 mit seinen drei Toren beim 5:1 gegen St. Pauli am letzten Spieltag, bloß ist an jenem 18. Mai auf die Fürther kein Verlass, die Hoffenheim hätten schlagen sollen, aber 5:0 unterliegen. Verdient hätte er's spätestens 2009, als er am letzten Spieltag gegen Rot-Weiß Oberhausen das frühe 1:0 und 2:0 schießt und das 3:0 vorbereitet, damit aber nur die letzten theoretischen Fragezeichen beseitigt an einem Aufstieg, der schon seit einer Woche kaum noch in Zweifel steht. Eine Niederlage gegen Oberhausen hätte alles kaputtmachen können, aber wer verliert zu Hause gegen Oberhausen? In der Bundesliga findet Baljak keinen Anschluss mehr. Im Trainingslager fällt er vom Fahrrad – Schlüsselbeinbruch, vier Wochen Pause. Saisonbeginn ohne ihn. Seine Positionen sind anschließend besetzt, gegen das junge Supertalent André Schürrle hat Baljak keine Chance. Der neue Trainer braucht ihn nicht. Die gute Hinrunde der 05er gibt Baljak wenige Argumente. Das ist traurig, aber so funktioniert der Fußball. Baljak geht zurück in die 2. Liga. Der MSV Duisburg kann einen wie ihn gut brauchen: Der Neuzugang wird – man mag es nur im ersten Moment kaum glauben, im zweiten hat man natürlich nichts anderes erwartet – in der Rückrunde bester Duisburger Torschütze der gesamten Saison. Und im Sommer Kapitän des MSV. Seinen Lebensmittelpunkt nach der Karriere, das stellt Baljak beim Abschied klar, wird er in Rheinhessen, in der Mainzer Nachbarschaft, haben. Duisburg ist ein Job, Mainz die Heimat – dafür haben wir nur zweieinhalb Jahre gebraucht! Mit seinem Wechsel zu Wormatia Worms im Transfersommer 2013 hatte er die Entfernung zu uns schon mächtig verkürzt, mit dem Wechsel zum TSV Schott 2014 ist er tatsächlich nach Mainz zurückgekehrt.

10. KAPITEL

WAS UNS NICHT UMBRINGT …

GRUND 88

Weil wir Guido Erhard nicht vergessen dürfen

So lange ist das her: 17 Jahre. Vergessen haben wir es trotzdem nicht; und das muss auch so bleiben. Irgendwann in der Saison 1997/98 – Autogrammstunde in einem Elektronikmarkt. Die ganze Mannschaft ist da. Bis auf einen, von dem man schon seit einiger Zeit nichts mehr gesehen oder gehört hat. »Sag mal, Kloppo, was ist eigentlich aus Guido Erhard geworden?« – »Der spielt nicht mehr bei uns.« Mehr verrät Klopp nicht.

Guido Erhard. Geboren in Hanau, kurzzeitig Bundesligaprofi beim TSV 1860 München, über den VfL Wolfsburg zu Mainz 05 gekommen. Ein leidlich erfolgreicher Einwechselstürmer, vier Tore in 27 Zweitligapartien. Auf einmal ist er weg.

Klopp ist einer der wenigen Teamkollegen, die den Grund kennen. »Als Spieler hatte er immer eine Riesenangst, dass es rauskommen könnte«, verrät er Jahre später: Guido Erhard litt an manischen Depressionen. »Einmal fing er auf einer Auswärtsfahrt im Bus plötzlich an, alle Selbstmordmöglichkeiten aufzuzählen«, erinnert sich sein Mitspieler Lars Schmidt. Erhard lässt sich in eine Klinik einweisen, ist monatelang nur als gelegentlicher Gast am Bruchweg, unter Aufsicht Stadionrunden laufen, um den Kontakt zu den Mitspielern nicht ganz zu verlieren. Seine Profikarriere kann er nicht mehr fortsetzen, doch eine Zeit lang sieht es so aus, als könne Erhard die Krankheit überwinden. In der Bezirksliga spielt er wieder, unter Lars Schmidt wird er Co-Trainer der U19-Mannschaft der Offenbacher Kickers. Am 21. Februar 2002 wirft er sich im Offenbacher Hauptbahnhof vor einen Zug.

Über Christian Heidels Schreibtisch in der neuen Geschäftsstelle der 05er hing ein Plakat mit einer alten Autogrammkarte von Guido Erhard im karierten 05-Trikot, einem Portrait von Erhard in Alltagsklamotten und einer langen handgeschriebenen Nachricht von Erhards Mutter, ein Dank für die Unterstützung, die Mainz 05 geleistet hat. »Das begleitet mich von Büro zu Büro«, sagt der Manager. Es wirkte zwischen den Hochglanzfotos der neuen Arena fast wie ein Relikt. »Ich kann es nicht einfach abhängen«, sagte Heidel.

GRUND 89

Weil es manchmal einfach nicht fair zugeht

Wir waren ja noch Schüler damals, Kinder fast, mit unseren 17, 18 Jahren – jung, naiv und von unserer grundsätzlichen Unschlagbarkeit überzeugt. Wir hatten keine Ahnung, worauf wir uns da einlassen. Wir wussten aber, warum an jenem Mittwoch, am 11. Juni 1997, auf einmal die halbe Schule nach der vierten Stunde Kopf- und Bauchschmerzen hatte: keine Zeit für Naturwissenschaften oder Mathe. Auf, zum Bahnhof, den Sonderzug nach Wolfsburg erwischen!

Letzter Spieltag der 2. Liga an einem Wochentag: super. Ein paar von uns bleiben diszipliniert in der Schule, lernen in entvölkerten Klassen unwichtige Dinge; im Kopf haben auch wir nur eines an diesem Tag: den Aufstieg. Und warum soll der nicht klappen? Am Sonntag haben wir mit dem 2:0 gegen Fortuna Köln vor unfassbaren 10.217 Zuschauern den Tisch gedeckt, sind Vierter, müssen nur noch gewinnen, sind nicht mal auf Schützenhilfe angewiesen – denn wir spielen selbst gegen den Dritten. Und beim Dritten, dem VfL Wolfsburg. Nur noch ein Mal gewinnen, zum 15. Mal in dieser Saison, und wir sind in der 1. Liga!

Überraschend? Mitnichten. Der größte Abstiegskampf aller Zeiten hat vor einem Jahr gezeigt, wozu Mainz 05 in der Lage ist. In der neuen Saison gewinnt die Mannschaft einfach weiter. Die erste Niederlage gibt's am ersten Spieltag, die zweite erst am elften, und für die kann niemand was: Die Grippe hat die komplette Mannschaft umgehauen. Wir schießen in Meppen trotzdem vier Tore, kassieren allerdings fünf. Zuhause sind wir nicht zu bezwingen, »nicht« im Sinne von »fast nicht«; die Hertha schafft es, sonst niemand. Wir sind einfach gut!

Im Winter ist auf einmal der Trainer weg, ganz komische Geschichte. Drei Wochen Trainingslager in Zypern haben mehr geschadet als genutzt: »Vom Kopf her ist einiges kaputtgegangen«, sagt Sven Demandt Jahre später. »Wir waren einfach tot.« Das erste Spiel nach dem Trainingslager, jene Niederlage gegen die Hertha. Das zweite ein 0:3 in Leipzig mit zwei Platzverweisen. Demandt will sich nach Abpfiff bei Wolfgang Frank für die Rote Karte entschuldigen, aber der Trainer schottet sich ab. Tags darauf schmeißt er hin.

Reinhard Saftig, Ex-Trainer von Bochum, Leverkusen, Hannover und Galatasaray übernimmt. Ein erfahrener Mann, aber der falsche für die 2. Liga, die kennt er nicht und das merkt man. Die Stimmung in der Mannschaft kippt, Saftig hat keinen Zugriff. Macht aber auch nichts: Die Jungs sind so gut, die brauchen eh keinen Trainer.

Nun also Wolfsburg. Siebte Minute – 1:0, Demandt. Aber dann kommt Roy Präger. »Einer, der vorher nie etwas getroffen hat«, sagt Demandt. Sechs Saisontore bis dahin, persönlicher Bestwert. Präger schießt das 1:1 und das 2:1, dann fällt er im Strafraum um. »Ich hatte immer das Gefühl, dass wir dort nicht fair behandelt worden sind«, darauf besteht Kapitän Lars Schmidt Jahre später immer noch. »Wir haben zwei unrechtmäßige Elfmeter kassiert.« Erst den zum 3:1. Doch diesen Spielstand gleichen Jürgen Klopp und Abdul Ouakili aus. Dann gibt's den nächsten Elfer für Wolfsburg – 4:3, wieder ist Präger gefallen. Demandt sieht's nicht ganz so extrem wie sein Chef: »Glasklare Elfmeter waren es nicht. Einen musste man nicht unbedingt geben. Aber es nutzt ja nichts.« Wolfsburg erhöht auf 5:3, Demandt trifft erst in der 88. Minute zum 5:4 – zu spät, um noch eine Wende einzuleiten.

Der entscheidende Fehler: Den langen Steffen »Herze« Herzberger gegen den kleinen Wuseler Präger auf die linke Abwehrseite zu stellen. Herze, der als junger Profi ein ungeheuer offensivstarker Manndecker war, dann Mainz mit Bundesligaträumen verlassen hat und nach drei Jahren aus der Regionalliga wieder zurückgekommen ist, wird nach seinem Karriereende auf Jahre Teil des Mainzer Stadtbilds. Er steht in der Römerpassage hinterm Tresen einer winzigen Boutique und bestätigt sogar in dieser Rolle seinen Ruf als brachialer Zweikämpfer: Als gegenüber beim Isistempel das Spendenglas geklaut wird, kommt Herzberger aus seinem Laden geschossen und grätscht den Dieb mit der Routine von fast 300 Profispielen ab.

Aber gegen Präger ist Herze überfordert. Beim ersten Elfmeter sieht er Gelb. »Nur eine Frage der Zeit, bis er vom Platz fliegt«, erinnert sich Demandt. Das merkt auch der Trainer und will Herzberger noch vor der Pause auswechseln. Der Ersatzmann steht bereit, aber es ist zu spät: Herze sieht in der 42. Minute Gelb-Rot. Die elftmeisten Tore aller 05-Spieler in der 2. Liga (allein 1992/93 neun, 1997/98 sieben), die fiesen schiefen Flanken oder die Tatsache, dass Herze nicht an jedem Gegentor schuld war – fast vergessen. Den Ruf des Verlierers von Wolfsburg hingegen wird Steffen Herzberger nie mehr los. Auch so eine der Ungerechtigkeiten des Fußballs.

GRUND 90

Weil wir ganz schön viel einstecken können

Am 5. Mai 2002 wird die Welt ein Sauhund. Kein anderes Datum in den vergangenen 14 Milliarden Jahren hat Mainz 05, diese Stadt, uns und unsere Sicht auf die Welt so schlagartig und allumfassend verändert wie dieser Sonntag und der Tag danach. Der 25. Mai 2003 mag diese neue Weltordnung weiter gefestigt haben, aber die Welt – oder der Fußball oder wir oder irgendjemand; so ganz genau ist uns das heute noch nicht klar – hat bereits ein Jahr vorher die Unschuld verloren.

Bis zu diesem 5. Mai ist Mainz die Insel der Glückseligen und das Stadion am Bruchweg der Tempel von allem, was schön und gut ist in der Welt. Glitzernde Einhörner tummeln sich im Stadtpark und produzieren Regenbögen. Es regnet Batzekuchen, ach was, eigentlich regnet es nie: Tag und Nacht scheint die Sonne, alles ist so schön, dass einem fast schlecht werden könnte.

Doch in einem finsteren Lande, in einem Sumpf, unter einem Stein, wir wissen doch auch nicht wo, verschwören sich derweil die Mächte des Bösen und schreiben in die Zeitung, Kloppo hätte gesagt, Union Berlin sei eine »Kloppertruppe«.

Bis dahin klappt alles. Wir mischen die 2. Liga auf wie niemand zuvor. Eine der stärksten Mannschaften, die es je gegeben hat bei Mainz 05, bricht die Rekorde im Dutzend: 16 Punkte nach sieben Spielen, 19 nach acht, 22 nach neun, 25 nach zehn, 28 nach elf, 31 Punkte nach zwölf Spielen. Rückstände? Da lachen wir doch nur! 0:1 gegen LR Ahlen nach 30 Minuten? Ausgleich in der 40., Führung in der 45., 3:1 immer noch in der 45. Minute. Beim Waldhof nach 36 Minuten 2:0 geführt und in der 40. den Ausgleich kassiert? Piffpaff, trotzdem 4:2 gewonnen. Und so weiter.

Kleiner Durchhänger im Winter. 4:4 gegen Duisburg – nach 1:0, 1:3, 4:3 spielt Andrey Voronin den Katastrophenrückpass einem Duisburger in die Füße. 2:3 in Fürth, wo Jürgen Jansen mit Elfmetern um sich wirft. 0:1 gegen Aachen, weil Christof Babatz den Schiri k. o. schießt. »Wie steht's?«, fragt Dr. Klaus Gerlach. »1:0 durch Sandro Schwarz«, fabuliert Kai Voss. »Gehirnerschütterung«, diagnostiziert der Doc: »Ab ins Krankenhaus, Schiri!«

Wir können so was von alles! Dimo Wache im Kasten, Robert Nikolic, der Meister der Ballamputation rechts, der dynamische Turbo Markus Schuler links, Spielmacher Manuel Friedrich und Eisenmann Tamás Bódog dazwischen. Bumm-Bumm Babatz, das Pressingmonster Niclas und sein Bruder, Kampftechniker Dennis Weiland, der Feldherr Jürgen Kramny, der Meenzer Bub Sandro Schwarz und Hitzkopf Christian Hock im Mittelfeld, Blaise »Büffel« Nkufo, der bullige Mittelstürmer aus dem Kongo, Killermichel Thurk und Toptalent Andrey Voronin vorne – unschlagbar!

Auch, als uns Hannover am Rosenmontag (logisch) 2:0 schlägt und wir die Zweitliga-Meisterschaft aus den Augen verlieren. Auch, als wir von einer Grippewelle dezimiert gegen Rot-Weiß Oberhausen ein 3:0 abgeben. Der SV Babelsberg (!) geht bei uns in der 90. Minute 2:1 in Führung und bringt sie nicht heim. In Ahlen gibt's ein 4:1, gegen Waldhof und in Schweinfurt jeweils ein 3:0. Am 31. Spieltag erscheint mit Arminia Bielefeld der härteste Konkurrent am Bruchweg und geht mit 1:4 unter. Der erste Autokorso zieht hupend durch die Stadt. Wir steigen auf! Mainz 05 wird Bundesligist! Einen Sieg brauchen wir noch, mehr nicht. Drei Matchbälle haben wir. Wie schwer kann das sein?

1:1 in Duisburg – ersten Matchball vergeben. 1:1 gegen Fürth – zweiten Matchball vergeben, weil Union Berlin gegen den VfL Bochum in der 87. Minute verliert. Letzter Matchball, ganz simple Rechnung: Wenn Mainz bei Union verliert *und* Bochum in Aachen gewinnt *und* Bielefeld gegen LR Ahlen, dann, nur dann – und sonst nicht – steigt Mainz 05 *nicht* auf. Wenn nur ein einziges von diesen drei Spielen anders ausgeht, sind wir oben.

Alles hätte noch immer gut werden können – aber dann kommt der Berliner Kurier mit seinem Redakteur Mathias Bunkus, der Kloppo in der Vorberichterstattung den Spruch mit der »Kloppertruppe« in den Mund legt. Frei erfunden, wie Bunkus später selbst eingesteht. Aber die Leute glauben bekanntlich, was in der Zeitung steht. Wir haben bis heute nicht vergessen, wie Union Berlin sich aufgeführt hat an diesem Sonntagnachmittag in Köpenick. Den vom Boulevard geschürten Hass auf den Tribünen. Den Mittelfinger, den Kostadin Widolow nach seinem Führungstor auf dem Platz Jürgen Klopp entgegengestreckt hat. Union-Verteidiger Steffen Menze kann nicht spielen, er ist verletzt. Jahre später hospitiert er im Rahmen seiner Ausbildung zum Fußballlehrer bei Jürgen Klopp. »Viele meiner Mitspieler waren total motiviert, sie wollten den Mainzern und ihrem angeblich überheblichen Trainer unbedingt den Aufstieg verderben. Diese Stimmung, der angeblich fehlende Respekt vor dem Ostfußball, hat sich nach und nach aufgebaut durch die Presseveröffentlichungen und auch durch unseren Trainer«, erinnert Menze sich später.[54]

In dieser merkwürdigen Atmosphäre sind die Mainzer Spieler überfordert. Ein zweifelhafter Elfmeter bringt Union in Führung. Dann aber macht sich der angeschlagene Nkufo hinter dem Tor warm. Hoffnung im Gästeblock: Der Büffel kommt, alles wird gut! Der Büffel braucht tatsächlich nur sieben Minuten, um das 1:1 zu schießen. Das würde reichen. Doch Widolows Fernschuss und der Konter zum 3:1 machen die großartige Saison kaputt, einfach so. Der Schock sitzt tief. Aber wir überwinden ihn. Werden schlagartig erwachsen, sperren die doofen Einhörner ins Märchenbuch, holen das schwere Geschütz aus dem Zeughaus und zahlen es dem Leben, diesem Sauhund, heim. Wartet's nur ab!

GRUND 91

Weil wir wirklich, wirklich ganz schön viel einstecken können

Manche Sätze vergisst man nie. »Das interessiert mich überhaupt nicht«, kommentiert Jürgen Klopp am letzten Spieltag der Hinrunde 2002/03 den späten Anschlusstreffer der Braunschweiger in der Nachspielzeit. Mhm. Ja. Wie hätte er denn auch ahnen können, dass eine Halbserie weiter, am 34. Spieltag der Saison, genau ein fehlendes Tor (oder ein zu viel gefangenes) erneut den Aufstieg der Mainzer verhindern würde? Keine Chance.

Und wer genau denkt sich eigentlich so einen Saisonspielplan aus? An der Stelle der größten Niederlage geht es für die Mainzer in dieser Saison wieder los: auswärts bei Union Berlin. »Es war geil, euch heulen zu sehen« schreiben die Unioner auf einem Transparent. Die Mainzer sind bereit – und halten in Großbuchstaben dagegen: »Die Zeit des Heulens ist vorbei«. Jürgen Klopp hat die Mannschaft perfekt vorbereitet. Die Mischung aus hitziger Restwut und kühler Entschlossenheit geht auf. Nach 30 Minuten gibt's Elfmeter vor dem Union-Fanblock. Gellende Pfiffe. Voronin trifft, die 05er gewinnen das Spiel mit 2:0.

Es ist der erhoffte positive Start in die neue Saison, doch die weiteren Spieltage können nicht halten, was der Auftakt verspricht: Die Mainzer finden keine konstante Form, der neue Spielstil – der Powerfußball der Vorsaison plus Kombinationsspiel – greift noch nicht wirklich. Nicht zu unrecht klagt Jürgen Klopp zunehmend frustriert über den Ergebnisgemischtwarenladen: »Können wir verdammt noch mal in dieser Saison nicht einfach mal als Sieger durchrutschen? Müssen wir für jeden Fehler bestraft werden?«[56]

Zum Ende der Hinrunde gelingen den Mainzern vier Siege in fünf Spielen: 3:1 gegen Aachen, in Frankfurt verliert die Mannschaft 0:1 – dann sammelt sie Punkte. Beim 1:0 gegen Ahlen macht Neuzugang Benjamin Auer, der bislang die in ihn gesetzten Hoffnungen nicht erfüllen konnte, sein erstes Tor. 3:1 in Lübeck, schließlich am letzten Spieltag vor der Winterpause das 3:1 gegen Braunschweig und Kloppos legendäres Zitat. Und doch, alles wird gut. Luft holen. Weihnachten feiern.

Rückrunde. Union Berlin kommt nach Mainz und wird mit ohrenbetäubendem Heavy Metal aus dem Stadion gedonnert. »All stand together for the world to see, now the time is right to live out all our dreams. Say the words forever, your strength will never leave. If you want to win the fight say: I believe!«[57], bellen Manowar – es ist die Wunschmusik der Spieler. Und es wird glorreich! Torschütze beim 1:0-Sieg für die Seele von Mannschaft und Fans ist Voronin, der trifft und trifft und trifft. Und die Rückrunde läuft und läuft und läuft. Es scheint, als könne Jürgen Klopp sein Versprechen, das er nach dem traumatischen Ende der Vorsaison gegeben hat, hier und jetzt einlösen, als rücke der Aufstieg mit jedem Spieltag näher, endlich! Vor allem, weil in der Rückrunde auch der Sieg gegen den Mitkonkurrenten aus Frankfurt gelingt. Der Bruchweg schlägt einen Salto, als Benjamin Auer in der 89. Minute zum 3:2 trifft. Zumal Eintracht-Profi Jens Keller vor dem Spiel noch getönt hat: »Die Mainzer machen die Big Points einfach nicht. Dem Aufstieg werden sie ewig hinterher rennen. So etwas hat man oder man hat es nicht. Die Mainzer sind nicht abgezockt genug.«[58] In your face!

Dann der 34. Spieltag.

»Wie bekommt man einen Sektkorken wieder in die Flasche zurück?« – »Frag doch mal die Mainzer.« Es gibt diese Tage, an denen möchte man keine Menschen kennen, die in Hessen wohnen. Der 25. Mai 2003 wird für uns Mainzer zu so einem Tag.

Gewinnen, gewinnen, gewinnen. Wir müssen in Braunschweig gewinnen, denn die Eintracht wird das gegen Reutlingen auch tun. Und wir müssen um ein Tor höher gewinnen als die Eintracht, denn die liegt vor dem Spieltag punktgleich mit uns auf Platz drei und glänzt durch eine Tordifferenz von +23. Wir bringen es auf eine von +22 – Platz vier. Es ist ganz simpel: Wer höher gewinnt, steigt auf. Wir müssen gewinnen. Hoch gewinnen. Tore schießen.

Das Schlimme ist ja, man kann in einer solchen Situation überhaupt nichts tun. Rund 25.000 Fans stehen in Mainz irgendwo zwischen Schillerplatz, Gutenbergdenkmal, Theater und Höfchen, um das Spiel zu schauen – und können nichts tun. Als die Begegnung der 05er gegen Braunschweig mit einem Endstand von 4:1 abgepfiffen wird, ist Mainz 05 mit einem Tor Vorsprung Dritter, wäre somit aufgestiegen. Aber in Frankfurt wird noch gespielt und dort sind in den letzten Minuten für den Geschmack der 05er eindeutig zu viele Tore gefallen …

Die 25.000 in Mainz starren auf die Großleinwand, die nun kein Spiel mehr zeigt, sondern umherstehende Kicker, ratlose Gesichter, gezückte Telefone und sehr viel Unruhe, Hoffen, Beten und Bangen. Waren wir emotional schon während des ganzen Spiels eine Einheit mit unserer Mannschaft, sind wir es nun umso mehr, weil sie in den letzten Minuten dieses dreckigen Spieltages unser Schicksal teilt – nichts tun zu können.

Nur abwarten, den Jubel unterdrücken, hören, wie das eigene Herz schlägt, wie die Minuten durch die Zeit rasen. »Pfeif doch ab, pfeif doch ab.« Wir alle, wir leben im Schatten des Doms, wir hocken, knien und beten im Schatten des Doms in diesen schier endlosen Minuten, während in Frankfurt der Schlusspfiff einfach nicht ertönt.

Stattdessen plötzlich Jubel; aus vereinzelten Wohnungen verirrter Hessen rund um den Gutenbergplatz in Mainz, sogar, aber auch wie eine Welle den Main hinauf, aus der hessischen Metropole; ist das Einbildung? Was passiert hier gerade? Verwirrung, dann Gewissheit – das 6:3 für Frankfurt ist gefallen. Jetzt müssen wir wieder ein Tor nachlegen, allein: Das Spiel in Braunschweig ist ja bereits abgepfiffen.

Der Groschen fällt bei manchen unendlich langsam, doch er fällt.

Und er fällt auch auf dem Rasen in Braunschweig. Das 4:3 der Frankfurter hatte die Mannschaft in der 84. Minute noch auf dem Platz mitgekriegt, das 5:3 in der 90. hat Klopp direkt nach dem Abpfiff verraten. Teammanger Axel Schuster telefoniert mit Ulrika Sickenberger von der SPORT BILD, die im Waldstadion sitzt. Alle Spieler, Trainer, Physiotherapeuten und Betreuer stehen im Kreis um ihn, halten sich gegenseitig im Arm und an den Armen, halten einander, halten die Luft an. Von überall Kameras und Mikrofone – aber kein Bild, kein Ton vom Frankfurter Spiel, nur Schuster mit dem Telefon. Anspannung. Mannschaftsarzt Klaus Gerlach hält es nicht aus, er sackt zusammen, schreit: »Nein, bitte nicht!«[59] Im gleichen Moment lässt Schuster das Handy sinken. Stummes Kopfschütteln, Fassungslosigkeit: Mainz ist Vierter. Wieder.

Irgendwann später verrät jemand Jürgen Klopp, wer das 6:3 geschossen hat – sein alter Kumpel Alex Schur, den er bei Rot Weiss Frankfurt damals immer mit dem Auto zum gemeinsamen Training mitgenommen hatte.

Irgendwann noch viel später endet dieser 25. Mai für fast jeden passiv oder aktiv Beteiligten an einem der Orte, wo sich kühles Bier und heiße Tränen vermischen. Und auf dem Höhepunkt der Nacht weicht der Schmerz zum ersten Mal für einige Sekunden dem Trotz: Wir haben das schon einmal überwunden. Wir stehen auch diesmal wieder auf. Und wir marschieren so lange weiter, bis wir endlich da oben angekommen sind, in dieser verdammten 1. Liga!

GRUND 92

Weil man nach einem 5:0-Sieg gegen Liverpool auch mal absteigen kann

Der große FC Liverpool kommt im Sommer 2006 zum Testspiel nach Mainz. Unter Flutlicht geht der Champions-League-Finalist des Vorjahres am ausverkauften Bruchweg 5:0 unter. »Tobi Damm ist besser als der Thurk« singen die Fans: Ein erstes Indiz dafür, dass es den Mainzern nicht so gut geht, wie das Ergebnis der Generalprobe andeutet. Vor dem dritten Bundesligajahr können die Stammspieler nicht gehalten werden. Mathias Abel ist jetzt Schalker, Benjamin Auer Bochumer, Toni da Silva Stuttgarter, der ausgeliehene Mohamed Zidan wieder Bremer – und Michael Thurk Frankfurter. Dazu das Karriereende von Niclas Weiland: 34 Tore und 28 Vorlagen aus der Saison 2005/06 gehen da auf einen Schlag verloren.

Gleichwertigen Ersatz zu finden ist nicht möglich. Cha Du-Ri aus Frankfurt, Bakary Diakité aus Wehen, Ralph Gunesch von St. Pauli, Markus Feulner und Imre Szabics aus Köln, Edu aus Bochum, Chadli Amri aus Saarbrücken und der aus Schalke ausgeliehene Ex-Mainzer Mimoun Azaouagh sind allesamt – zumindest in dieser Saison – Enttäuschungen. Vorne fehlen die verletzten Petr Ruman und Conor Casey monatelang. Und Tobi Damm, der Torjäger der Oberligamannschaft, schießt zwar das erste Saisontor beim Auftaktsieg gegen den VfL Bochum, ist aber leider doch nicht besser als Thurk.

Rückblick, Sommerpause: Der zur Bequemlichkeit neigende Auer soll durch einen schnelleren, kombinationssicheren Mann ersetzt werden. Der Argentinier Germán Denis ist schon fast verpflichtet, sagt aber im letzten Moment ab. Als Zidans Nachfolger soll Andrey Voronin heimkommen, doch der Mainzer Zweitligatorschützenkönig von 2003 hat kurzfristig familiären Ärger, bleibt in Leverkusen.

Und dann mobbt sich auch noch Thurk, der Exzentriker, im Sommer-Trainingslager aus seinem Vertrag. Durch diese offensiven Verluste bleibt das 2:1 gegen Bochum der einzige Sieg in der gesamten Hinrunde. Die 30 Gegentore in 17 Spielen täuschen – Katastrophenspiele sind selten. 1:6 gegen Bremen, 0:4 auf Schalke und gegen die Bayern, fertig. Nur elf eigene Tore – hier liegt der Hund begraben, der die 05er mit ebenso vielen (wenigen) Punkten auf dem letzten Platz der Tabelle überwintern lässt.

Im Winter wird doch noch groß eingekauft: Mittelstürmer Marius Niculae, der einst zu den größten Talenten weltweit gezählt wurde, aber jahrelang verletzt war, schafft es nicht. Aber Mohamed Zidan, nach schwierigen Verhandlungen aus Bremen gekauft, schießt in 15 Rückrundenspielen 13 Tore. Der Werder-Leihspieler Leon Andreasen, der Meister des gewinnbringenden dänischen Flachpasses, stabilisiert das Mittelfeld. Der kolumbianische Nationalspieler Elkin Soto wertet die linke Seite auf. Und Petr Ruman ist nach seiner Genesung der perfekte Sturmpartner für Zidan – als fleißiger Arbeiter ist er selbst kaum an Toren beteiligt, ermöglicht es aber der ägyptischen Diva an seiner Seite, ohne Rücksicht auf defensive Aufgaben die Liga in Grund und Boden zu ballern. Ergänzt mit intensiver Mentalarbeit in teuren Einzelsitzungen gewinnen die 05er sechs der ersten acht Rückrundenspiele, sind wochenlang die beste Rückrundenmannschaft der Bundesliga; zwischenzeitlich stehen sie auf Platz zehn. Und trotzdem geht es schief …

Soto ist lange verletzt. Neben Andreasen und Zidan trifft vom 19. bis zum 29. Spieltag kein einziger Mainzer ins Tor. Andreasen, längst verehrt als »Leon, der Profi«, kann seinen anfänglichen Schwung nicht halten. Abwehrchef Manuel Friedrich leistet sich eine schwere Formkrise und gegen Aachen, Leverkusen und Wolfsburg fehlt einfach das Spielglück. Trotzdem, 23 Rückrundenpunkte sind ein ordentliches Ergebnis – es ist die Vorrunde, die den Abstieg bringt. Der steht nach dem letzten Heimspiel quasi fest. 3:0 schlagen die 05er Borussia Mönchengladbach. Kurz ist es still am Bruchweg, als Stadionsprecher Klaus Hafner die Ergebnisse des Spieltags vorliest. Zum Schluss, ganz leise: Aachen – Wolfsburg 2:2. Der späte Ausgleich des VfL zerstört die letzten realistischen Hoffnungen. Mainz müsste jetzt am letzten Spieltag drei Punkte und 14 Tore aufholen; bei den Bayern.

Aber das Publikum erholt sich schnell. »Wir wollen die Mannschaft sehen«, tönt es von den Tribünen. Nach und nach trauen sich die Spieler aus der Kabine. Zuerst der seit Wochen verletzte Kapitän Dimo Wache. Dann Ruman, dann Andreasen, dann der Rest. *Wir sind stolz auf unser Team*, singen die Zuschauer, denn sie wissen, dass sie ihren Jungs keinen großen Vorwurf machen können, dass der kleine FSV Mainz 05 die Verluste aus der Sommerpause kaum kompensieren konnte, dass die Spieler sich nach Kräften gegen den Abstieg gestemmt haben, dass es einfach nicht gereicht hat.

Eine halbe Stunde nach dem Spiel lässt sich Jürgen Klopp ein Mikrofon geben. Die Mannschaft, sagt er, habe nicht mehr auf die Tabelle geachtet. »Uns war heute nur wichtig, euch zu zeigen, wie unglaublich fantastisch es ist, wie überragend es ist, das Ganze für euch machen zu dürfen. Ihr seid das unglaublichste Publikum der Welt. Im Moment geht es mir nicht so gut. Aber ab morgen, das verspreche ich euch, greifen wir wieder an! Wir werden das hier durchziehen, so lange, bis einer den Stecker rauszieht und sagt: Jetzt ist Schluss.« Klopp endet mit dem Spruch »eines rosaroten Philosophen: Heute ist nicht alle Tage. Wir kommen wieder, keine

Frage.« Danach gibt's ein *You'll never walk alone* von immer noch über 15.000 Menschen: So steigt man ab.

GRUND 93

Weil wir Jürgen Klopp zum Heulen bringen

Alles endet in Köln. Natürlich nicht offiziell, da haben wir nach dem 33. Spieltag der Saison 2007/08 noch eine realistische Chance, direkt wieder aufzusteigen: Zwei Punkte auf Hoffenheim (ausgerechnet) – klingt machbar. Aber irgendwie ist nach diesem Auswärtsspiel, das mit einer seltsamen Aufstellung unserer Mannschaft beginnt und mit dem Aufstieg der Kölner endet, die Luft raus. Das Gefühl weg. Der eigene Aufstieg wirkt in weite Ferne gerückt, was im Fußball in der Regel mindestens die nächste Saison bedeutet.

Das letzte Saisonspiel also zu Hause, mit dem komischen Bewusstsein, heute könnte eine Ära zu Ende gehen: Vor ein paar Wochen hat Jürgen Klopp erklärt, bei einem Aufstieg werde er seinen Vertrag noch mal um ein Jahr verlängern, beim Verbleib der 05er in der 2. Liga aber den Verein verlassen. Und dann?, fragt sich manch einer auf dem Weg ins Stadion bange. Der Verein und sein Trainer scheinen längst zur Einheit verschmolzen – wie soll es ohne Klopp eigentlich weitergehen? Und tatsächlich muss auf diese Frage mit dem Ende des Spiels und damit dieser Saison eine Antwort gefunden werden, denn es gelingt, zumindest zunächst und unter Jürgen Klopp, kein zweiter Aufstieg. Mainz 05 gewinnt in einem berauschenden Spiel mit 5:1 gegen St. Pauli, Hoffenheim aber schlägt zeitgleich Greuther Fürth (die damit ihre absolute Nutzlosigkeit einmal mehr unter Beweis stellen) mit 5:0, zieht sogar noch an Köln vorbei: Platz zwei hinter Gladbach.

In der Schlussphase des letzten Heimspiels unter Trainer Jürgen Klopp gehen die Schals hoch. *You'll never walk alone* singt die

Kurve, *Am Rosenmontag bin ich geboren* und: *Wir sind stolz auf unser Team.* – »So etwas Emotionales habe ich in meinem ganzen Leben nicht erlebt«, sagt Klaus Hafner später.[60] Nach dem Abpfiff das große Heulen – alle hängen irgendwo auf dem Zaun, auch Klopp, der von den Fans beider Lager mit Sprechchören und »La Ola« gefeiert wird, ebenfalls heult und irgendwann in die Kabine flieht. »Wenn einer im Umgang mit diesen Momenten geübt ist, dann wir«, sagt er bei der Pressekonferenz. Nur dass diesmal die Verarbeitung und der nächste Schritt nicht gemeinsam erfolgen werden; komisches Gefühl.

Eine Woche später wird Jürgen Klopp nach 30 Trillionen Jahren bei Mainz 05 auf dem Platz vorm Theater im Beisein etlicher aktueller und ehemaliger Spieler des Vereins von der ganzen Stadt verabschiedet. Und geht mit den Worten, die uns bis an sein und unser Lebensende immer Teil seines Weges bleiben lassen: »Alles, was ich bin, alles, was ich kann, habt ihr mich werden lassen.« Danke, Kloppo!

GRUND 94

Weil wir wie dicke Hummeln aus Europa geflogen sind

Europa, das kennen wir ja seit der Saison 2005/06 – damit kann man in Mainz niemanden hinterm Ofen vorlocken. Es sei denn … Der Verein findet sich in völlig neuen Sphären wieder und die Qualifikation lockt nicht etwa dank eines ominösen Lostopfes, sondern aus eigener Kraft. So reiben wir uns am Ende der zweiten Tuchelsaison verwundert die Augen, weil unser Team plötzlich Rang fünf belegt – oder vielmehr gar nicht so plötzlich, eigentlich bewegen wir uns über den ganzen Saisonverlauf zwischen Platz eins und fünf, übrigens als einzige Mannschaft der Liga. So richtig damit gerechnet, uns damit am Ende für Europa zu qualifizieren, haben wir irgendwie trotzdem nicht.

Es wird ein denkbar kurzer Ausflug. Das Hinspiel gegen Gaz Metan Mediaş in der Coface Arena, die noch so neu riecht, dass wir uns nicht zu Hause fühlen (es ist das erste Pflichtspiel in den Bretzenheimer Feldern) verlieren wir 1:1 – so fühlt es sich zumindest an; daran ist auch, aber nicht nur, der schottische Schiedsrichter schuld.

Macht aber nichts, gewinnen wir eben das Rückspiel – denkste. An einem schönen Sommertag im August reist die Mannschaft samt ein paar Fans nach Rumänien, um alles klarzumachen. Nach der regulären Spielzeit steht es wieder 1:1 – so langsam wird man an den heimischen Fernsehgeräten nervös. Nach der Verlängerung müssen wir trotz 44:4 Torschüssen in diesen 210 Minuten ins Elfmeterschießen. Dreimal legen die Mainzer vor, dreimal ziehen die Spieler von Gaz Metan nach. Den Schuss von Sami Allagui wehrt der überragende Răzvan Pleşca ab. Macht aber wieder nichts, denn im Anschluss hält auch Christian Wetklo – alles ist also weiter offen.

Was folgt ist ein großes Gekreische in etlichen Mainzer Kneipen, als ausgerechnet Soto als nächstes zum Elfmeterpunkt kommt. Soto, Held, der er ist, keine Frage – aber einen Elfmeter? Da hätte man doch lieber noch den bereits ausgewechselten Andreas Ivanschitz auf dem Platz. Der kann aber nur noch zusehen, als Pleşca ein zweites Mal hält; Wetklo anschließend leider nicht.

Europa, wir kommen doch nicht; und an diesem Tag kann man guten Gewissens noch nicht einmal den Schiri verantwortlich machen – also schieben wir es auf das absurd hässliche, gestreifte Trikot, das die Spieler in Rumänien anhatten.

Wen wir aber für das ähnlich blamable frühe Aus gegen Asteras Tripolis drei Jahre später verantwortlich machen sollen, haben wir noch nicht abschließend ausdiskutiert. Zwei Jahre später scheitert die Mannschaft in der Gruppenphase und vielleicht ist Europa einfach nicht unser Ding: Zuhause ist es halt am Schönsten.

11. KAPITEL

HALLELUJA IM SCHATTEN DES DOMS

GRUND 95

Weil ein wilder Abstiegskampf für uns das Schönste ist

Arminia Bielefeld bildet sich viel ein auf die vielen Bundesliga-Aufstiege. Der 1. FC Köln hätte fast einen Preis gewonnen für sein »Erst steigen wir auf, dann steigen wir wieder ab, dann steigen wir wieder auf und dann steigen wir wieder ab«-Lied. Sollen sie, dürfen sie. Dass zu einer hinreichend großen Menge an Aufstiegen eine ähnliche Zahl von Abstiegen gehört, wissen sie natürlich; und all die anderen wissen es auch.

Die Aufstiegsjahre von Mainz 05 kann man auswendig im Kopf behalten, denn so viele sind es nicht: 1925, 1988, 1990, 2004, 2009, fertig. Das mag nicht spektakulär aussehen, ist aber eine Erfolgsgeschichte: Wer nach insgesamt fünf Aufstiegen in 110 Jahren in der Bundesliga spielt, kann nicht so oft abgestiegen sein. Und was ist Erfolg? Der VfL Bochum, das behaupten wir hier mal, war in den 1970ern und 1980ern der erfolgreichste Verein der Bundesliga: Vom Aufstieg 1971 bis zum Abstieg 1993 hat der VfL jedes Jahr sein Ziel erreicht. Das ist Erfolg.

Über 22 Jahre Bundesliga am Stück reden wir 2030, frühestens. Bis dahin ist unser größter Erfolg nicht die Amateurmeisterschaft von 1982, nicht die U19-Meisterschaft von 2009, sondern die Topografie unseres Tiefpunkts: Zweimal Achter der 3. Liga (1983 und 1984), schlechter stand Mainz 05 nie da. Abstiege? Gab es. 1923, 1934, 1989, 2007. Fertig. Vier in 110 Jahren, sportlich. Plus eine Ligareform und ein freiwilliger Rückzug. Abstiegskampf, den gab es eigentlich jedes Jahr.

1950/51 sind wir von Oktober bis Februar Tabellenletzter der Oberliga. Dann findet Horst Lebefromm das Tor, trifft sechsmal in drei Spielen; alles ist gut. Im Herbst und Winter 1954/55 gibt es eine Serie von 1:19 Punkten. Wir wissen, dass wir am vorletzten Spieltag bei TuS Neuendorf verlieren werden, bereiten uns auf das fast unlösbare Endspiel gegen Wormatia Worms vor und gewinnen in Neuendorf nach 0:2-Rückstand; wieder ist alles gut. 1968/69 ist kein Geld da, um die Abgänge zu kompensieren. Passiert ist nichts, ebenso wenig 1970. 1988/89 übernehmen wir uns, steigen tatsächlich mal ab, kommen aber direkt zurück. 1992 setzen wir die einzige Abstiegsrunde der 2. Liga in den Sand – und trotzdem wird es am Ende nicht mal eng: Weil die Konkurrenz zwangsläufig gegeneinander spielt, dürfen wir uns am letzten Spieltag sogar eine Niederlage mit zwei Toren Unterschied leisten. Micky Beckers Führungstor in Darmstadt hält bis in die 80. Minute; die 1:2-Pleite ist uns doch egal!

1992/93 stehen wir am ersten Spieltag auf Platz 23 der 2. Liga; das wird wohl nie wieder jemand schaffen. Die Saison ist fürchterlich, fühlt sich nach Abstiegskampf an, ist es aber eigentlich nie. 1994 wird der Vorsprung bedenklich klein – aber Ende Mai gibt's flott zwei Siege gegen Meppen und in Rostock (vor 800 Zuschauern!) und alles ist auf einmal gut. 1995 weiß vor lauter Lizenz- und Dochnichtentzügen kein Mensch, wie viele Absteiger es gibt, aber ein 7:1 am letzten Spieltag gegen den FSV Frankfurt erlaubt es uns, darüber nicht nachdenken zu müssen.

1995/96 – der größte Abstiegskampf aller Zeiten, wir erinnern uns, unter Wolfgang Frank: Letzter der Hin-, Erster der Rückrundentabelle, an jedem Spieltag auf einem Abstiegsplatz – außer am vorletzten und letzten. War was? 1997 steigen wir fast aus Versehen auf, aber dann geht's zurück nach Hause: in den Keller. 2000? In höchster Not ein 1:0 in Bochum; Thorsten Lieberknecht, Manndecker gegen Yıldıray Baştürk, weicht dem Spielmacher so was von überhaupt nicht von der Seite, dass wir die Frage: »Wo ist der Lieberknecht?« auch Wochen später damit parieren, der sitze vermutlich noch bei's Baştürks am Frühstückstisch.

Und 2001? Diesmal sind wir fällig, denken wir, machen vor lauter Verzweiflung Klopp vom Spieler zum Trainer – und sind augenblicklich eine Spitzenmannschaft. 2004/05, die erste Bundesligasaison, ist einfach. 2005/06 haben wir vorm letzten Spieltag nur einen Punkt Vorsprung, hätte also eng werden können. Um uns runterzuschicken, müssen die beiden Mannschaften hinter uns am letzten Spieltag jeweils gewinnen – die spielen da aber gegeneinander: ha, ha!

2007 erwischt es uns doch, aber 2009 sind wir schon zurück. Werden jedes Jahr »Abstiegskandidat« genannt, stehen aber seitdem jahrelang niemals auf einem Abstiegsplatz, nicht mal zwischendrin, und halten immer die Klasse. Und wenn es doch noch mal passiert? Macht uns das keine Angst. Nichts ist größer als ein Abstiegskampf. Nichts ist aufregender, als unter Druck alle Reserven zu mobilisieren. Dann sind wir in unserem Element. Dann geht's rund!

GRUND 96

Weil wir nicht immer gegen Plattling aus dem Pokal fliegen

Warum ist eigentlich immer Werder Bremen beteiligt, wenn in Deutschland ein Tor umfällt? Beim berühmten Pfostenbruch 1971 in Mönchengladbach ist es immerhin bloß ein künftiger Bremer, der das Tor umwirft. Sechs Jahre vorher in Mainz ist es der große Max Lorenz, Bremer Nationalspieler, der kurz vor Spielende den Kasten kaputt macht – und selbst Hand anlegt, um ihn wieder zu flicken.

Die 05er bringen gegen den deutschen Meister die 1:0-Führung ins Ziel: Das erste Kapitel der großen Mainzer Pokalsaison 1964/65. In der zweiten Runde kommt der Titelverteidiger TSV 1860 München und gleicht kurz vor Schluss den 0:2-Rückstand aus. Weil das Elfmeterschießen noch nicht erfunden ist, gibt's ein Wiederholungsspiel – das wiederum gilt als erste größere Auswärtsfahrt der Mainzer: 500 Fans reisen mit Sonderzug und Charterflugzeug nach München und sehen Charly Tripps spätes Tor zum 2:1-Sieg. Der Empfang der Pokalhelden am Hauptbahnhof legt die halbe Stadt lahm. Erst der damalige Rekordmeister 1. FC Nürnberg ist im Viertelfinale eine Nummer zu groß: Die 05er verlieren vor heimischem Publikum 0:3.

35 Jahre mit unzähligen Erstrundenblamagen dauert es, bis Mainz 05 zum zweiten Mal im Viertelfinale auftaucht. Los geht's 1999/00 mit einem knappen 2:1 in Halle und einem erstaunlich einfachen 2:0 gegen den HSV, dann kommt Hertha BSC. Ein schwaches Spiel, das mit 1:1 und Berliner Überzahl in die Verlängerung geht. In der macht der Champions-League-Teilnehmer Druck. Im einzigen Entlastungsangriff trifft Marcio Rodrigues zum 2:1 und reißt sich – im Irrglauben, es sei das Golden Goal gewesen – das Trikot vom Leib. Schiedsrichterbetreuer Rocky Mayer will ihn noch einfangen, purzelt in seinem Entsetzen über die Werbebande. Marcio hat schon Gelb … »Es tat mir in der Seele weh«, sagt später Schiri Helmut Fleischer. Aber er kann dem Brasilianer Gelb-Rot nicht ersparen. Die restlichen 22 Minuten sind eine grandiose Abwehrschlacht – von der Jürgen Klopp, der ebenfalls bereits Gelb-Rot gesehen hat, nichts mitbekommt: Marcio hat ihn versehentlich in der Kabine eingeschlossen. Das Viertelfinale findet wieder in München statt, diesmal bei den Bayern. Zwei Tage vor Heiligabend bringen vier Sonderzüge und eine gewaltige Busflotte 8000 Mainzer zur 0:3-Niederlage ins Olympiastadion.

Anschließend gibt es wieder Blamagen: Erstrundenaus in Velbert, wo das Stadion »Sonnenblume« heißt. Ein 0:3 im Elfmeterschießen in Karlsruhe. 2005/06 dann eine schöne Eskalation im Achtelfinale: Der FCK führt im Elfmeterschießen schon 2:0, Ferydoon Zandi trifft aber die Latte. Ob der Ball vor oder hinter oder auf die Linie fällt, bevor er nach vorne weg springt, kann nicht mal das Fernsehen eindeutig auflösen – Millimeterentscheidung zugunsten der 05er. Petr Ruman verwandelt den Elfer, der FCK ist raus und macht ein riesiges Fass auf. Der Protest der Pfälzer wird in zwei Instanzen abgewiesen und Mainz 05, ein halbes Jahr zuvor als Sieger der Fair-Play-Wertung in den Europapokal geschickt, darf sich anhören, um das zu rechtfertigen, hätte man doch bitte von sich aus ein Wiederholungsspiel anbieten müssen. Was natürlich Blödsinn ist, zumal wir ja gar nichts für den Lattenschuss können … Das Viertelfinale führt uns nach München, wo die Bayern von der 12. bis zur 81. Minute 0:1 hinten liegen und die Verlängerung für ihren 3:2-Sieg brauchen.

Der größte Mainzer Pokalerfolg gehört Jørn Andersen. Der sieht 2008/09 einen mühsamen Verlängerungssieg in Babelsberg, ein 3:1 gegen den 1. FC Köln (das mit dem Traumtor von Milorad Peković!), ein 3:1 in Freiburg. Das Heim-Viertelfinale gegen Schalke entscheidet Bancé in der 88. Minute, 1:0, erstmals Halbfinale. Das findet in Düsseldorf statt; der Gegner ist aber Bayer Leverkusen. Bancé trifft wieder in der 88. Minute, diesmal zum 1:1. In der Verlängerung gewinnt Bayer 4:1. (Angeblich gab's auch in der Saison 2012/13 ein Viertelfinale, sogar mit Mainzer Beteiligung – gegen Freiburg. Das streiten wir aber mit aller Vehemenz ab. Wir haben nicht nach drei Minuten 2:0 geführt, in der 94. Minute per Elfmeter den Ausgleich kassiert und 2:3 verloren. Auch an ein Pokalspiel 2019 in Kaiserslautern können wir uns nicht erinnern.)

GRUND 97

Weil wir ein Heimspiel im Olympiastadion hatten

Mannschaften, die im Münchner Olympiastadion Heimspiele hatten: Bayern und 1860. Die deutsche und die türkische Nationalmannschaft. Und: Mainz 05. Das glaubt ihr nicht? Wir können es aber beweisen: DFB-Pokalsaison 1999/00. Erste Runde – Halle 96. Das übliche Erstrundengewürge, weitergekommen und fragt nicht nach Details. Dann in Überzahl die Scharfschützen des HSV geschlagen und mit einer riesigen Abwehrschlacht mit neun gegen elf Mann den Champions-League-Teilnehmer Hertha BSC rausgeworfen. Viertelfinale, zum ersten Mal seit 35 Jahren! Und das Los, das wirklich keiner will, erst recht nicht ein Zweitligist, der genau weiß, dass er nur zufällig gerade Tabellenvierter ist. Bayern – Trommelwirbel – auswärts! Ganz Mainz sackt in dem Augenblick dem Meeresspiegel einen Meter näher, an der Mainspitze gibt's vor Schreck eine Überschwemmung. Bloß Dimo Wache ist bei der Auslosung schon im Bett, wird von seiner Frau geweckt, erfährt, wo's hingeht und murmelt: »Das war's dann« in die Kissen, bevor er nahtlos weiterschläft.

»Aber wenn«, denken wir, »dann mit Pauken und Trompeten«. Und Christian Heidel beschließt im selben Moment, eben die ganze Stadt nach München mitzunehmen. Kartendruckereien legen Sonderschichten ein. Busunternehmen sind ausgebucht, Bahnstrecken überlastet. Zwei Tage vor Heiligabend verlassen morgens vor Sonnenaufgang im Halbstundentakt vier endlos lange Sonderzüge den Mainzer Hauptbahnhof. Unzählige Reisebusse sind schon unterwegs, alles vom Verein subventioniert. 8000 Mainzer werden nach München spediert, 500 mehr, als durchschnittlich die Heimspiele besuchen. Was eben so viele Legenden erzeugt.

In wenigen der nahezu schrottreifen Bahnwaggons funktioniert die Heizung. Draußen legen zweistellige Minusgrade alles lahm, drinnen sitzt eine Horde Marshmallow-Men, so dick eingepackt, dass ihre Arme unbeweglich waagrecht nach links und rechts abstehen, und heilfroh, dass die 05-Trikots, die es zur Eintrittskarte gab, XL und größer sind und noch über das dickste Bärenfell gezogen werden können. An jedem zweiten Baum spielt irgendein Dollbohrer mit der Notbremse, alle paar Meter müssen reguläre Züge durchgelassen werden. Kurz vor Sonnenuntergang kommen die Mainzer Eiswürfel in der bayerischen Hauptstadt an. Von Einheimischen keine Spur; die haben sich bei -15 Grad Außentemperatur und eisigem Wind in ihre Höhlen verkrochen. Der Olympiapark ist von Glatteis überzogen, aber irgendwie kommen wir lange nach Einbruch der Dunkelheit im zugigen, weitläufigen Olympiastadion an. Gegenüber, unter der Anzeigetafel, verlieren sich gut 3.000 Bayern-Fans.

Um Punkt Mitternacht zuckelt der erste Zug vom Münchner Hauptbahnhof aus heimwärts. Gnadenlos überbucht, weil die Begleiter vom Bundesgrenzschutz sich nicht einigen können, ob der für sie reservierte Wagen 1 der direkt hinter der Lok ist oder doch der mit der Nummer 1 an der Tür – und kurzerhand beide Waggons blockieren. Wer Glück hat oder schnell genug ist, schließt sich im Abteil ein und schläft auf den Sitzen. Wer Pech hat, verbringt die Nacht auf einem Notsitz im Korridor oder auf einem Trittbrett zwischen den Waggons. Morgens gegen sechs, nach 24 Stunden auf Achse, sind wir wieder daheim.

Unterwegs haben sich Ehen angebahnt, wurden Imperien vernichtet und Weltrekorde aufgestellt. Der Autor wankt heim, schläft fünf Minuten und macht sich auf den Weg zum ersten Tag im neuen Job. Warum er tags drauf auch zum zweiten antreten darf, weiß er bis heute nicht. Wir haben 3:0 verloren. Es war glorreich.

GRUND 98

Weil im dritten Anlauf alles so viel schöner ist

Die 2. Liga erlebt in der Saison 2003/04 die wohl schlecht gelauntesten Mainzer aller Zeiten. Kein Wunder, der Sekundenschock von Braunschweig im Mai hat seine Wirkung hinterlassen. Von der ersten tiefen Niedergeschlagenheit berappeln sich die 05er nach dem so schmerzlich verpassten Aufstieg zwar schnell, auch dank Klopps Rede vorm Theater. Doch sie haben sich verändert, die gelöste Partystimmung vor allem der Saison 2001/02 ist weg. Spieler, Verein, Management und Fans, sie alle sind noch ein bisschen enger zusammengerückt. Und sie verstehen nun überhaupt keinen Spaß mehr.

Als erstes bekommt das Mombach 03 bei einem Testspiel zu spüren. Der älteste Fußballclub Rheinhessens, zuletzt in den Dreißigerjahren Ligakonkurrent von 05, bekommt zum Jubiläum in 90 Minuten 25 Tore eingeschenkt – für die Mainzer ein neuer Vereinsrekord. Denn eines hat man in Braunschweig kapiert: Jedes Tor ist wichtig, jeder einzelne Treffer zählt. Und zwar vom ersten Tag an.

Der Start in die neue Saison gelingt, es dauert sieben Spieltage ohne Niederlage, bis Mainz 05 am achten schließlich ziemlich unnötig in Burghausen verliert. Danach setzt es dafür im Spitzenspiel gegen Bielefeld direkt Niederlage Nummer zwei. Intern brodelt es, so zumindest lauten die Gerüchte. Offenbar haben doch nicht alle Spieler den verpassten Aufstieg weggesteckt, hier und da fehlt es an Motivation. So markiert das anschließende 4:1 gegen Cottbus nach der Länderspielpause keine Wende, obschon es mit zwei Platzverweisen, einem wiederholten Elfmeter und dem kurzatmigen Flutlicht am Bruchweg durchaus ein Spiel für die Geschichtsbücher ist. Aber die nachfolgenden Kicks sind dafür zum Vergessen – 1:1 in Aue, die übliche Niederlage gegen Fürth, Trainingslager, Neustart. Mit zwei Siegen gegen Duisburg und Lübeck scheint die Ergebniskrise überwunden, aber sie hatte den Heimweg aus dem Trainingslager offenbar lediglich zu Fuß angetreten, denn was wie ein Neustart ausgesehen hat, erweist sich nur als kurzes Aufflackern.

Gegen ihren alten Trainer Wolfgang Frank spielen die Mainzer in Haching 1:1 und so endet auch das Spiel gegen Regensburg. In Trier patzt das Team vollständig, der Gegner geht mit einer großen Ernsthaftigkeit ins Duell und ringt Klopps Elf 1:0 nieder. Von einer erhofften Mainzer Übermacht ist in dieser Phase der Saison nichts, aber auch gar nichts zu spüren, im Gegenteil: Mit Ergebnissen der Art ist ein Aufstieg nicht zu machen.

Winterpause, Rückrunde, ein Unentschieden im Morast von Köpenick und danach endlich mal wieder eine Partie der Sorte, die man einfach reißen muss in einer Saison, in der man den Aufstieg will. Gegen den Aufstiegskonkurrent Aachen liegt Mainz in der Halbzeit 2:0 zurück, doch die Spieler wirken seltsam entspannt und auch wenn außer ihnen niemand so recht begreift warum, offenbar sind sie es aus gutem Grund – am Ende steht es 3:2 für Mainz!

Aber auf wenig Licht folgt mal um mal viel Schatten, fünf Spiele bleibt Mainz 05 anschließend ohne Sieg. Aufstieg? Nicht in diesem Mai, vor allem aber nicht mit diesen Ergebnisschwankungen ... Irgendwann dann wird der Traum auch offiziell abgehakt, die Verantwortlichen diktieren es den Journalisten in die Blöcke: Es fehlt an Klasse, es fehlt an allem und geht fortan, so Christian Heidel, nur noch »darum, dass die Mannschaft die Runde anständig zu Ende bringt«.[61] Zumal der Schuh inzwischen noch ganz wo anders drückt: Nach Stadionumbau und Kirchpleite fehlt es auch an Geld und der Verein braucht fürs Lizenzverfahren vor der nächsten Saison Hilfe, um nicht gar in den Amateurfußball abzugleiten.

Alle warten: auf Trotz, auf ein Zeichen, darauf, dass etwas passiert, was uns den Glauben zurückgibt. Ein Spiel gegen Fürth könnte dafür wie geschaffen sein: Wieso nicht einfach mal gewinnen gegen den Gegner, bei dem sonst nichts, aber auch gar nichts zu holen ist? Die Mainzer Antwort – weil das zu einfach gewesen wäre. Lieber bleibt man bei der üblichen Dramatik und verliert das Spiel nicht einfach nur, sondern gibt sich desaströs und inklusive Platzverweis und verschossenem Elfer geschlagen. Tonne auf, Saison rein, Tonne zu, acht dicke Kinder drauf. Noch dazu werden die Verträge etlicher Stammspieler nicht verlängert, darunter der von Michael Thurk. Einzig die Tatsache, dass Stadt und Land die Mehrkosten des Stadions decken und die Lizenz nicht mehr gefährdet ist, verbreitet ein bisschen gute Stimmung.

Thurk unterschreibt beim Aufstiegsaspiranten Cottbus und beginnt anschließend nach Monaten ohne Tor wieder zu treffen. Und dann weiß eigentlich niemand, wie genau es passiert, aber am letzten Spieltag ist der Aufstieg plötzlich doch wieder möglich: Cottbus hat geschwächelt, Aachen hat gepatzt. In Mainz kapiert der eine oder andere plötzlich, was am Ende dieser Saison den Unterschied machen könnte: Die Mannschaft hat fast nie verloren. Es gab unglaublich viele unfassbar nervtötende Unentschieden, aber selten stand man am Ende mit leeren Händen da. Sollte es am Ende etwa ausgerechnet in dieser Saison doch … Niemand wagt es, den Satz zu Ende zu denken. So viel steht fest, Mainz 05 muss das letzte Spiel zu Hause am Bruchweg gegen Trier gewinnen – das sind gleich zwei Veränderungen gegenüber der letzten beiden Jahre: Ohne eigenen Sieg geht diesmal gar nichts, erstens. Und zweitens, gespielt wird am letzten Tag der Saison vor heimischer Kulisse.

Wie klingt es, wenn sich der Herzschlag einer ganzen Stadt beschleunigt? Die Straßen sind leer, wer nicht im Stadion ist, sitzt gegenüber vor der Großleinwand oder vor irgendeinem Fernsehgerät. Wer geht am Ende dieser Saison mit Nürnberg und Bielefeld in die 1. Liga? Cottbus, denen zum Saisonende die Luft ausgegangen ist? Aachen, die zu Beginn des letzten Spieltags auf dem begehrten dritten Platz stehen? Oberhausen, die es nur schaffen können, wenn alle anderen gleichzeitig patzen? Oder etwa in dieser, der unwahrscheinlichsten aller Serien, doch Mainz 05?

Wie klingt es, wenn sich die Atmung einer ganzen Stadt beschleunigt? Irgendwann führen Cottbus und Oberhausen, doch »ehrlich gesagt, wen interessiert das hier?«[62], denn auch die 05er führen dank Michael Thurk. Interessant ist also einzig das Ergebnis von Aachen gegen Karlsruhe – gewinnen die Schwarzgelben der 2. Liga, werden wir genau die nicht verlassen.

Kaum vorstellbar, aber im Mai 2004 ist das Stadion noch nicht flächendeckend mit Smartphones ausgestattet. Wie steht es in Karlsruhe? Keine Ahnung, keinen Plan, was weiß denn ich. Kurz vor der Halbzeit: das Geräusch. Es kommt aus der Kneipe gegenüber, eindeutig. Ist es kollektiver Jubel? Ist es kollektives Entsetzen?

Wie klingt es, wenn eine ganze Stadt die Luft anhält? Stadionsprecher Klaus Hafner bestätigt: In Karlsruhe ist das 1:0 gefallen. Was die 05er da noch nicht wissen: Geschossen hat es Conor Casey. Der wird in der kommenden Saison in Mainz unter Vertrag stehen – zu diesem Zeitpunkt ist das bereits geplant, aber noch nicht fix –, gerade hat er mit einem Schuss seinem alten Arbeitgeber den Klassenerhalt gesichert, seinem künftigen den Aufstieg; wenn die Ergebnisse genau so bleiben. Wann war ein Tor je so wertvoll? Irgendwann ist es vorbei, 3:0 dank Michael Thurk als Mann des Spiels. Freuen kann der sich nicht darüber – sein neuer Verein Cottbus bleibt nun so oder so zweitklassig. Aber wer ist aufgestiegen, Mainz – oder doch noch Aachen?

Am Bruchweg trauen sich die ersten zu jubeln. Die Stimmung ist nervös, angespannt fast, unter der Haut aber kribbelt es bereits, als könnten die Nerven dort Signale aus Karlsruhe empfangen. »Hört auf zu jubeln, so lange noch nicht überall abgepfiffen ist, gibt es nichts zu feiern!«, schreit einer die Nachbarn im Block an. Keine Neuigkeiten aus Karlsruhe, kein Nackenschlag; aber auch keine Erlösung.

Wie fühlt es sich an, wenn in einer ganzen Stadt die Zeit stehen bleibt? Die Gewissheit schwappt in kleinen Wellen ins Stadion, die sich verbinden zu einer großen, kraftvollen, die bald alle Mainzer erlöst. Wir haben es geschafft, es ist tatsächlich vollbracht! Karlsruhe schlägt Aachen, Mainz ist im dritten Anlauf im dritten Jahr tatsächlich in die 1. Liga aufgestiegen.

Alles leuchtet, das Stadion scheint zu explodieren, befreite Lachtränen mischen sich in kollektive Erleichterung. Wer hat die Nachricht zuerst weitergegeben, was war die Reaktion der Spieler, wo sind die Bilder dieses Tages? In der Erinnerung irgendwie verblasst, verwaschen; geblieben aber ist eine Ahnung dessen, was dieser Moment bedeutet hat, das Geräusch, als sich die Blöcke öffnen, das Gefühl von Gras unter den Schuhen bei den ersten, ungläubigen Schritten auf den Rasen. Und irgendwo da drüben steht Jürgen Klopp, der lacht und er heult und er schüttelt den Kopf; nicht auszuschließen, dass er sogar getanzt hat, zumindest ein bisschen.

Wir sind gestolpert und gefallen, haben uns die Knie aufgehauen und uns wieder berappelt. Und wir haben es geschafft: Olé, olé, Fiesta, Fiesta hier am Rhein! Ein Gefühl fürs Poesiealbum, ein Moment für die Ewigkeit.

GRUND 99

Weil wir uns für kein Klischee zu schade sind

Es ist ja leider so, dass wir unser Gründungsdatum nicht kennen. März 1905, so viel steht fest, aber war es der 16. März, wie es in jüngeren Quellen steht? Oder doch der 27. März, den die Vorkriegsfestschriften zum 20. und 25. Geburtstag nennen? Was soll's – man muss die Feste eben feiern, wie sie fallen. Und 100 Jahre später gibt es sowieso weder am 16. März, einem Mittwoch, ein Spiel, noch am 27. März, denn da ist Länderspielpause. Am 20. März kommt dafür Schalke an den Bruchweg, sogar als Tabellenführer. Was ja nicht der schlechteste Rahmen für ein Jubiläum ist – also werden die 100 Jahre eben da gefeiert.

Dabei ruhen alle Augen zunächst auf der Tribüne, oder viel mehr: den Tribünen. Die Ultras machen an diesem Abend nämlich ein ganz großes Fass auf und beflaggen das komplette Stadion: das aktuelle Vereinslogo, zwei aus lang vergangenen Zeiten und noch eins aus den Jahren dazwischen. »Deine Fahnen« als Transparent links und rechts vom Spielertunnel und, natürlich, den Vereinsnamen, zusammengesetzt aus unzähligen roten und weißen Zetteln, hochgehalten von den Fans auf der Haupt- und den beiden Ecktribünen.

Über die Nordtribüne ein weiteres Banner: »deine Legenden«, dazu Kloppo und sein Urschrei nach dem Aufstieg, die Amateurmeistertrophäe und der Präsident, der nach dem vergeigten Aufstieg in Braunschweig das Gesicht in den Händen verbirgt. Auf der Gegengerade, passend zu den Legenden, »deine Helden«, dargestellt mit den Portraits zahlreicher Spieler, alle von Hand auf Stoff gepinselt. Schließlich die Süd, als »deine Kurve«, und dazu die große, dicke Hundert, die es zu bejubeln gilt. Zur Feier des Tages ist sogar ein bisschen Pyro erlaubt, kontrolliert natürlich, nicht im Block, sondern vor der Trib…

Bämms!

Niemand im Stadion hat mitbekommen, dass das Spiel bereits angepfiffen worden ist. Entsprechend hat auch keiner die Flanke wahrgenommen, die da in den Strafraum geflogen ist – keiner weiß, wer sie geschlagen hat, wer den Ball verlängert. Und dass danach Fabian Gerber am Ball war, wissen wir nur deshalb, weil Klaus Hafner einen Riesenwind darum macht. Denn mitten in die noch nicht mal abgebaute Choreo fällt nach 20 Spielsekunden vor der Fantribüne das 1:0. Gesehen hat's kaum einer, vor lauter Bengalo-Rauch. Aber gehört haben wir es alle – das war der Jubiläumsroar zum Jubiläumstor.

Auch im weiteren Spielverlauf haben die Mainzer eindeutig bessere Chancen als der Tabellenführer aus Gelsenkirchen. Der zeigt sich dort unten auf dem grünen Rasen nicht annähernd so aggressiv, wie sich Manager Rudi Assauer zuletzt aufgeführt hat: Der wittert nämlich eine arglistige Täuschung seitens der Mainzer, denen er in der Winterpause Mimoun Azaouagh abgekauft hatte. Dass dessen Knie partout nicht verheilen will, kann nach Assauers Überzeugung nicht mit rechten Dingen zugehen, weshalb er die vereinbarte Ablösesumme nicht zahlen möchte. Denn, so tönt er, 05-Manager Christian Heidel habe ihm sein Ehrenwort gegeben, der Spieler müsse erst dann bezahlt werden, wenn er gesund ist. Mumpitz, sagt dazu Christian Heidel.

Eins steht fest, für die Gesundheit des damaligen Schalkemanagers dürfte das Spiel in Mainz Gift gewesen sein; auch den Rest des Vereins hat der Ausflug Nerven gekostet. Die Blauweißen können zwar in der 70. Minute per Elfmeter ausgleichen, neun Minuten später aber macht Michael Thurk mal wieder das Tor seines Lebens – 2:1. Von dem erneuten Rückstand erholen sich die Schalker nicht mehr, auf der Heimfahrt sind sie wieder Zweiter, die Tabellenführung ist futsch – und das für den Rest der Saison.

In Mainz bleibt dieses Jubiläumsspiel auf immer mit Michael Thurk verknüpft, der nach einem halben Jahr Cottbus im Winter in den Schoß der Familie zurückgekehrt war. Zurückgelassen im Osten der Republik hat die alte, neue Nummer 27 verletzungsbedingt ein paar Zähne, doch trotz Nuschelns ist seine Botschaft nach dem Spiel klar zu verstehen: Er hätte ja, so grinst der Blondschopf, nach dem Tor das Spiel gerne direkt abgepfiffen – aber leider habe er seine Trillerpfeife heute nicht dabei gehabt. Ach, Miffel[*]. Das waren noch Zeiten! Und heute? Steht er im 05-Trainerteam. Verrückt.

GRUND 100

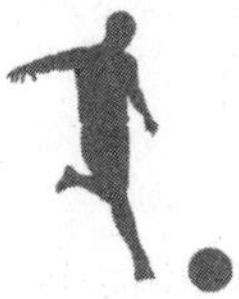

Weil Kloppo auf der Gladbacher Bande surft

Am 29. Spieltag der ersten Bundesligasaison erleben die Mainzer ein Auswärtsspiel, das niemand, der dabei gewesen ist, je wieder vergessen wird. Und das, obwohl die Dramatik im Vorfeld eigentlich überschaubar war: Abstiegskampf, ja schon, aber das ist ja nun wirklich keine große Überraschung. Und okay, an den letzten Spieltagen hat die Mannschaft einige Punkte liegen gelassen und dabei ist der Vorsprung auf die Abstiegsplätze relativ ohne Not von acht auf vier Punkte geschrumpft, trotzdem – das Spiel gegen die Borussia ist keines, von dem man sich besondere Emotionen erwartet. Auch Gladbach ist in dieser Saison abstiegsgefährdet, es ist zu diesem Zeitpunkt der Serie also eines der berüchtigten Sechs-Punkte-Spiele. In dem das bessere Team irgendwann mit 0:1 hinten liegt – leider ist das Mainz 05 nach einem Freistoß von Oliver Neuville.

Aber die Mannschaft von Jürgen Klopp gibt sich nicht auf. Die Spieler ackern, laufen und kämpfen, auf den Rängen macht sich eine enorme Unruhe breit und zwischen den Fanlagern der aneinandergrenzenden Blöcke wird alles Mögliche ausgetauscht, nur keine

* *Miffel, der | Kosewort. Ursprung: Michael, Kurzform: Michel | nach schwerer Kieferverletzung und Zahnverlust abgewandelt in die Nuschelform: Miffel.*

Nettigkeiten. Irgendwann ist Gladbach erkennbar siegessicher, die Fans sind es erst recht – sie hängen am Zaun und verspotten uns. Aber so, wie die Oper nicht vorbei ist, so lange die dicke Dame noch singt, ist das Spiel eben auch nicht unbedingt nach 90 Minuten zu Ende, sondern erst, wenn der Schiri abpfeift. Und in 74 Sekunden Nachspielzeit kann eine Menge passieren …

Mainzer Einwurf, Ecke, Gladbachs Torwartabwehr, Kloppo, der schreit, hüpft und gestikuliert, dass einem um seine Gesundheit angst und bange werden kann. Ein blockender Jürgen Kramny, ein Kullerball von Thomas Broich, der Ball wandert von Station zu Station zwischen den Teams hin und her, landet irgendwie bei Manuel Friedrich, der hat Übersicht, bedient Michael Thurk – klack, Ausgleich.

Der Mainzer Fanblock flippt vollkommen aus, die Borussen fallen reihenweise mit vor Erstaunen offenen Mündern vom Zaun, während Kloppo – und nein, wir wissen auch nicht, wie er das gemacht hat – zugleich in Zeitlupe und in irrem Roadrunnertempo zum Torschützen flitzt, unaufhaltsam, eine Bande hoch und wieder runter rutscht, fällt, sich aufrappelt, ganz eventuell zwischendurch ein paar Meter fliegt, bis er dann, endlich, endlich, beim Killermiffel ankommt – Tränen, Geigen, Musik, Abgang.

Ein Ausgleich für die Ewigkeit. Und der Legende nach hängt der eine oder andere Fan der Borussia bis heute versteinert am Zaun.

GRUND 101

Weil wir Peter Neururer zeigen, wann er den Mund zu voll genommen hat

So ganz zu verstehen ist es nicht, warum sich Peter Neururer vor dem Spiel seines VfL Bochum gar so ekelhaft auf den Gegner aus Mainz einschießt. In Bochum gibt's in dieser Saisonphase freilich nichts zu lachen, im Spätherbst noch hatte der Verein die europäische Bühne bespielt, dann war aber zuerst Schluss mit dem Europapokal und inzwischen hat man es sogar mit dem Abstiegskampf zu tun.

In selbigem stecken selbstverständlich auch die Bundesliganeulinge aus Mainz, nur, dass uns dabei die Würde nicht derart abhanden kommt wie Peter Neururer, der vor dem Spiel bei jeder sich bietenden Gelegenheit darauf hinweist, man werde Mainz schlagen, natürlich hoch, und überhaupt so tut, als seien die Verhältnisse erst wieder hergestellt, wenn Mainz zurück ist in Liga zwei, Bochum hingegen gerettet.

Die ganze Albernheit gipfelt in einem leidlich originellen Comic im Stadionheft, der Neururer vor einer Anzeigetafel mit der Aufschrift »Bochum – Mainz 6:2« sagen lässt: »Und alle sechs Jahre schießen wir mal sechs Tore in einem Spiel. Und das ist heute.« Sehr viel origineller ist aus Mainzer Sicht das Spiel selbst, in dessen Verlauf tatsächlich acht Tore fallen, und auch die prophezeite Verteilung stimmt – Endstand 6:2. Nur halt nicht für Bochum, sondern für den FSV, der damit schon so gut wie sicher seinen Verbleib in der 1. Liga feiern kann. »Es ist super, wenn der Trainer des Gegners so spricht, als würde er gegen eine F-Jugend antreten«, bedankt sich Michael Thurk im Fernsehinterview später indirekt bei Peter Neururer für dessen großzügige Aufbauhilfe. Da feiern die Mainzer noch lange in ihrem Block und sogar von den Rängen des VfL kommt Applaus für dieses Spiel.

Alle paar Jahre *kassiert* Bochum eben auch mal sechs Tore.

GRUND 102

Weil wir sieben Wörter Armenisch können und drei Isländisch

Schöner Gruß an Bielefeld und an Hannover: Es gibt etwas, das heißt Spielordnung. Die zu kennen, kann Blamagen verhindern wie das Geschrei aus Ostwestfalen und Niedersachsen, als Mainz 05 als Gewinner der Fair-Play-Wertung bekannt gegeben wird. In Bielefeld und Hannover haben sie die mit der Kartenstatistik verwechselt, wir wissen zum Saisonende 2004/05 hin, dass da noch ganz andere Dinge eine Rolle spielen. Wir wissen, in der Liste der Gelben und Roten Karten nicht ganz, aber weit vorne zu sein und wir wissen, dass wir mit unseren Tausenden Auswärtsfahrern im ersten Bundesligajahr, mit unserem Willkommensapplaus für Heimspielgegner, der Freude, oben mitspielen zu dürfen und mit unserem mutigen Offensivfußball in den weichen Kriterien einige Punkte haben müssten. Das, was die Konkurrenten »keinen nachvollziehbaren Grund« nennen, hätten sie in Annex V der UEFA-Cup-Regularien nachlesen können. So.

Wichtig ist das ganze Brimborium deshalb, weil via Fair-Play-Wertung drei Startplätze für den europäischen Wettbewerb vergeben werden – einer an die fairste Liga von allen (in diesem Jahr die norwegische), zwei, die unter allen anderen Ligen verlost werden, die einen Mindeststandard erfüllen (2005 sechs an der Zahl). Erst dürfen sich die Dänen freuen in jenem Sommer. Dann wir.

Was bei allem Hurra auch einen ganzen Sack Probleme mit sich bringt. Erstens: Stadion. Stehplätze sind verboten im Europapokal – am Bruchweg gibt's nur rund 10.000 Sitzplätze und das Flutlicht reicht auch nicht aus. Lösung: Umzug nach Frankfurt für die Heimspiele. Zweitens: Termin. Wir müssen durch alle Qualifikationsrunden und dafür das Trainingslager unterbrechen. Lösung: Machen wir's halt. Drittens: Gegner. Kein Mensch weiß, wo Aschtarak ist, keiner hat je vom FK MIKA gehört! Trotzdem fliegen nach dem lockeren 4:0 im Heimspiel gegen den armenischen Vizemeister und Pokalsieger vor 22.000 Zuschauern zwei klapprige Chartermaschinen in eine heiße, staubige, trockene Sommernacht. Die ortskundige Reiseleiterin, die uns am Flughafen erwartet, muss einst noch von der Roten Armee ausgebildet worden sein; als sie die Errungenschaften der Schnapsfabrik am Ufer des Hrasdan anpreist, duldet ihr strenger Befehlston keinen Widerspruch; das abschließende »Viel Spaß in Armenien« klingt wie eine kaum verhohlene Drohung. Manch einer glaubt gar, an der Uniform, in die Frau Major ihren massigen Leib gezwängt hat, noch die Abdrücke von gekreuzten Patronengurten zu erahnen.

Zwischen orientalischen, sowjetischen und westlichen Einflüssen ist die ganze Stadt nachts auf den Beinen, die Straßencafés sind voll. Per Reisebus geht's am nächsten Morgen über bucklige Straßen zu einem römischen Tempel und zu einem in den Fels gehauenen Kloster; dass abends noch ein Fußballspiel ansteht, interessiert gerade niemanden mehr. Und doch haben wir später einen Riesenspaß mit den Tausenden uniformierten armenischen Soldaten, die zu Marschmusik ins Stadion einlaufen, damit es auf den Tribünen nicht gar so leer ist. Rosenmontagsatmosphäre leitet ein träges 0:0 ein. Seitdem suchen wir einen Grund, um mal wieder nach Eriwan zu reisen und unseren neuen Fremdwortschatz anzuwenden: Zum Geburtstag gratuliert man mit »Tsnundet schnorhawor«.

Das Frieren lehrt uns nach dem 2:0-Hinspielsieg gegen ÍB Keflavík die nördlichste Hauptstadt der Welt: Tagsüber geht's, aber abends wird es in Reykjavík sogar im August bitterkalt. Trotzdem herrscht gute Laune im Nationalstadion Laugardalsvöllur, wo sich 100 Mainzer (»Keflavíhík!«) und 900 Isländer (»Eff-Ess-Vahau!«) nach dem frühen 1:0 per Wechselgesang gegenseitig hochleben lassen. Es folgt das 2:0, dann die erste Hauptrunde, das letzte K.o.-Hindernis vor der Gruppenphase. Wer es sich nicht leisten kann, auch noch nach Sevilla zu fliegen, sieht das 0:0 in der Kneipe ebenfalls nur im Videotext – im Fernsehen wird das Spiel nicht gezeigt. 600 Mainzer feiern ihr Team im steilen Estadio Sánchez Pizjuan mit der Humba, dafür gibt's von 40.000 Spaniern anerkennenden Applaus. Im Rückspiel sorgen 33.400 Zuschauer für einen 05-Heimspielrekord – wenn auch in Frankfurt, weiterhin. Sevilla macht kurzen Prozess, gewinnt durch Tore des riesigen Frédéric Kanouté 2:0 und holt ein Dreivierteljahr später gegen Middlesbrough den Pokal.

GRUND 103

Weil Elkin Soto Freistöße zum Genießen verwandelt

Am Bruchweg war es immer recht eng auf der Haupttribüne und eine der größten Schwierigkeiten für uns arme Journalist*innen war der gemeinsame Weg vom Sitzplatz zum Tribüneninneren und zurück mit den VIPs, die am Anfang und Ende einer jeden Spielhälfte minutenlang alles verstopften. Wer's eilig hatte, nachkicks ruckzuck in die Mixed Zone musste, brauchte entweder einen Kuhfänger oder musste früh los.

So stehen wir am 2. Mai 2008, der gemeinerweise auch noch ein Freitag ist (früher Andruck bei der Zeitung, Hektik nach dem Spiel) wie immer leicht gequetscht vorm Tribünenausgang und recken die Hälse, um über die Schultern der Kollegen noch was von den letzten Sekunden des Spiels gegen den FCK mitzukriegen. 1:1 steht's, als wir plötzlich spüren, irgendwo in einem verborgenen Hirnareal, das seit Jahren Fußballerfahrungen speichert: Es passiert gleich was Besonderes! Georges Mandjeck hat am Strafraum Elkin Soto umgeschubst. Der Freistoßspezialist Daniel Gunkel ist nicht auf dem Platz. Marco Rose (der kann das nicht) und Milorad Peković (der kann das auch nicht) streiten sich um den Ball. Soto geht dazwischen, besteht darauf: Ich mach das! Elkin Soto. Das Phantom. Seit fast anderthalb Jahren im Verein, aber auf dem Platz haben wir ihn kaum gesehen vor lauter Sperren und Verletzungen. Ob der das kann, wissen wir nicht.

Soto legt sich den Ball zurecht. Läuft an. Jeder weiß, das ist die letzte Chance in diesem Spiel. Soto schießt. Der Ball fliegt in den Winkel. Der Bruchweg explodiert: Derbysieg in der letzten Sekunde durch einen herrlichen Freistoßtreffer.

Fünf Jahre später – *TORToUR*-Interview mit Elkin Soto, der längst kein Phantom mehr ist, sondern einer der bedeutendsten 05-Spieler seiner Generation; aber immer noch der kleine, schüchterne, stille Junge. Es geht um seinen Kreuzbandriss im Sommer 2007. Unser Stichwort: »Nach dem Comeback wirst du immer nur eingewechselt – und dann gibt es diesen Freistoß gegen Kaiserslautern …« Soto staunt: »Das wisst ihr noch?« *Die TORToUR*: »Das weiß jeder Mainzer noch.« Und Elkin strahlt, flüstert fast: »Dieses Tor war super. Ich habe es genossen.« Wir auch, Elkin. Wir auch.[63]

GRUND 104

Weil wir, wenn's sein muss, auch Unmögliches schaffen

Fürth. Füüürth! Wir wissen, dass euch gerade das Buch aus der Hand gefallen ist, in die Badewanne, vom Balkon, vor die Straßenbahn oder so. Tja, da müsst ihr euch wohl ein neues kaufen. Füüüüürth! Ha, ha! Dies ist die Seite, die ihr zukleben werdet! Denn Fürth ist so richtig eklig. Das Schlimmste, was wir uns vorstellen können. Richtig, richtig abartig. Sogar die Allerallerhärtesten kriegen weiche Knie, wenn Fürth am Horizont auftaucht. Es ist die dicke haarige Spinne, die einem über die Hand krabbelt. Die Wurzelbehandlung beim Zahnarzt. Man geht wider besseres Wissens hin. Man weiß: Es wird nicht schön. Es wird unangenehm, es wird schmerzhaft. Man ist heilfroh, wenn's vorbei ist.

Dabei sollten uns die Fürther eigentlich sympathisch sein. Wir erkennen uns in ihnen ein bisschen wieder: Auch sie sind ein Verein, der nach langem Verschwinden in tiefen Klassen wieder in die 2. Liga gekommen ist, der mit wenig Geld vieles richtig macht. Auch sie müssen sich gegen starke Lokalkonkurrenten emanzipieren – ihr FCK ist der 1. FC Nürnberg. Und doch tritt all das in den Hintergrund, wenn man im Presseraum von Frau Hacks Obstkuchen kostet. (Die Gattin des ehemaligen Präsidenten backt den besten der Liga! Insgeheim mögen wir sie wirklich, die Fürther.)

Aber da ist ja noch diese andere Sache. Das Drama, das 1997 beginnt und anfangs keines ist. Die SpVgg Greuther Fürth, soeben in die 2. Liga aufgestiegen, kommt am zweiten Spieltag nach Mainz und liegt nach einer halben Stunde 0:4 zurück. Marco Grevelhörster hat zweimal getroffen! Der Konter-Marco! Der harmloseste Stürmer von allen hat auf einmal nach 70 Saisonminuten (45 im Auftaktspiel in Unterhaching) drei Saisontore! Das Spiel endet 4:1, »nett«, denken die immerhin fast 10.000 Zuschauer, »mal ein neuer Verein – schade, dass wir die nie wieder sehen«. Ja, denkste ... Das Rückspiel endet 2:2, unspektakulär, hätte nicht 05-Torwart Stephan Kuhnert sich das 1:1 selbst reingelegt. Passiert. Am Saisonende hat unser Konter-Marco immer noch drei Tore auf dem Konto und Fürth ist Neunter, eins über Mainz 05.

Im nächsten Jahr gibt's am ersten Spieltag einen 3:0-Heimsieg für Mainz 05. Unter Eingeweihten ist Fabi Hayers Führungstor legendär, aber das zu erklären würde hier zu weit führen. Im Rückspiel nimmt das Drama seinen Lauf. Rot für Jürgen Klopp nach einer Viertelstunde, Fürth gewinnt 3:1. Man ahnt es noch nicht, aber das ist die Schablone für so ziemlich jedes weitere Fürth-Spiel.

Zumindest auswärts, denn am Bruchweg lassen die Fürther weiterhin brav die Punkte. Saison 1999/00 – 1:0 für Mainz 05, auswärts 2:0 für Fürth, woraufhin der Feuerwehrmann Dirk Karkuth, der die Mannschaft im zweiten Spiel betreut und die Saison zu Ende bringen soll, in der Kabine einen Tobsuchtsanfall hat und direkt die Brocken hinschmeißen will. Selbst René Vandereycken gewinnt 2000/01 zu Hause gegen Fürth (und sonst nicht viel). Im Rückspiel ist Vandereycken längst nicht mehr in Mainz – sein Nachfolger Eckhard Krautzun einen Tag nach der 1:3-Niederlage auch nicht.

Jürgen Klopp begegnet den Fürthern zuerst im Pokal. Am Bruchweg erzwingt die SpVgg in der 87. Minute die Verlängerung – glaubt sie. In der Nachspielzeit trifft Christof Babatz zum 3:2. Keine zwei Wochen später revanchieren sich die Fürther mit ihrem 3:2-Heimsieg. Am vorletzten Spieltag kommen sie wieder nach Mainz. Der obligatorische Heimsieg würde den Aufstieg der 05er bedeuten. Aber nach fünf Heimerfolgen hintereinander gegen die SpVgg gibt es nur ein 1:1. Der Aufstieg ist vertagt und geht eine Woche später in Köpenick endgültig flöten.

Ihr Heimspiel in der Saison 2002/03 gewinnen die Fürther selbstverständlich. Sandro Schwarz sieht spät Rot, das 2:0 fällt in der 97. Minute. Das Rückspiel schnappen sich die Franken ebenfalls, 3:1 nach Rückstand. Ein Tor von Sascha Rösler, den wir Mainzer seit einem Zwischenfall, bei dem er noch das Ulmer Trikot trug, so gar nicht leiden können, zwei von Olivier Caillas, den überhaupt niemand mag.

2003/04 in Mainz ein 1:3 nach früher Führung. In Fürth das größte Fiasko von allen. Tags zuvor haben die 05-Amateure bereits vor den Toren Fürths beim 1. SC Feucht verloren. Vormittags geht die U19 bei der SpVgg 0:4 unter. Beim Profispiel sehen wir ein Eigentor von Tamás Bódog, einen verschossenen Elfmeter, der den Ausgleich hätte bringen sollen und eine Minute später ein Tor von Rösler. Dann ist Halbzeit und die Fans im Gästeblock klinken sich einfach aus. Sie setzen sich auf die Blechstufen ihrer Tribüne, lassen sich – weil es beim Auswärtsspiel in Fürth zum ersten Mal seit Menschengedenken nicht regnet! – die Sonne auf den Bauch scheinen und geben sich Mühe, so leise wie möglich zu sein. Nicht mal das funktioniert. »Jetzt machen wir schon gar nichts und sind immer noch lauter als die da drüben«, flüstert irgendwann der Vorsänger ins Megafon: »Das geht noch leiser.« Wer doch noch gelegentlich aufs Spielfeld guckt, sieht den Anschlusstreffer, den Platzverweis gegen Bódog und das 3:1. Der Aufstieg wird offiziell für verpasst erklärt.

In der 1. Liga haben wir drei Jahre Ruhe vor Fürth, erst 2007/08 treffen wir uns wieder. Der Auswärtsauftritt am zweiten Spieltag ist der beste, den wir je am Ronhof hingelegt haben; er endet 3:0 für Fürth. Bizarr. Auch das Heimspiel ist gar nicht so schlecht, bis der Mainzer Ersatz-Ersatztorwart Daniel Ischdonat dem Fürther Stürmer vorm Strafraum einen Querpass in die Füße spielt: Auftakt zu einer 1:2-Niederlage, die im Umfeld ohne Murren eingesteckt wird. Fürth halt. Normal.

Was macht man gegen eine solche Serie? Wie bricht man einen solchen Fluch? Andere vergraben tote Tiere im gegnerischen Stadion. Wir definieren uns die Misere schön, denn im Archiv stellen wir fest: Jede Fürth-Niederlage war wertvoll, weil die Antwort immer kam. Mal kurzfristig durch ein paar schnelle Siege in Serie. Mal aber auch in größerem Maßstab. Kloppo wäre nicht Trainer geworden, wäre nicht sein Vorgänger Krautzun nach der Niederlage in Fürth geflogen. Der Aufstieg von 2004 wurde nur möglich, weil die Niederlage in Fürth die Verkrampfungen löste. Die Mission war aufgegeben, die Mannschaft hatte keinen Druck mehr – und war am Ende Dritter.

Diesmal gibt's als Reaktion eine 1:0-Führung nach drei Minuten beim zu Hause ungeschlagenen Tabellenführer Mönchengladbach und eine herrliche 87-Minuten-Abwehrschlacht, die diese Führung ins Ziel bringt. Aber wir verpassen den Aufstieg, und Fürth ist schuld: Am letzten Spieltag hätten wir einen Sieg der Kleeblätter gegen die TSG Hoffenheim gebraucht; nicht mal dafür ist die SpVgg zu gebrauchen! Der einzige Trost, der uns bleibt: »Lieber Vierter als Fürther.« Nein, es ist nicht schön, ständig auf dem vierten Platz zu landen, dem ersten, der nicht zum Aufstieg berechtigt, aber die Fürther, die schaffen nicht mal das, die haben Platz fünf abonniert.

Wildentschlossen gehen wir in der Saison 2008/09 ins Hinspiel am Bruchweg. Wir haben alles probiert. Wir haben versucht, den Fluch Jürgen Klopp anzuhängen, der im Sommer nach Dortmund gegangen ist. Jørn Andersen, haben wir gesagt, schießt die so was von ab! Doch Srđan Baljaks 1:0 zählt nicht. Abseits, sagt der Schiri – dicke Fehlentscheidung. In der 91. Minute geht die SpVgg in Führung. Sofort gleicht der Bansemann aus – aber auch das Tor zählt nicht, wieder zu unrecht! Resignation. Alles ist zwecklos. Man kommt gegen die einfach nicht an.

Das Rückspiel am vorletzten Spieltag: ein Endspiel. Wie es ausgeht, ist eh klar, Fürth wird gewinnen und das Aufstiegsrennen noch einmal richtig eng machen. Mainz 05 wird auf den Relegationsplatz zurückfallen. Das wissen die Fürther. »Mainz hat noch nie am Ronhof gewonnen«, schreiben sie auf die Anzeigetafel. Doch Markus Feulner, der Franke, schießt das 1:0. Wieso der Fürther Verteidiger Marino Biliškov Rot sieht, weiß kein Mensch, was wir aber wissen: Elkin Soto erhöht in der 89. Minute sogar auf 2:0. Ein Pünktchen gegen Oberhausen brauchen wir noch, um den Aufstieg zu sichern, und kein Mensch zweifelt daran, das zu schaffen. Und auch, wenn es erst der 4:0-Sieg gegen RWO in der Woche darauf offiziell macht: Aufgestiegen sind wir in Fürth. Weil wir die SpVgg geknackt haben.

Drei Jahre später kommt die (kurzzeitig) nach in die 1. Liga und holt am zweiten Spieltag in unserer Arena direkt einen 1:0-Sieg. War klar: Fürth halt. Normal.

GRUND 105

Weil wir manchmal ganz schön entspannt sein können

Das schönste Moment an einem Rausch kann durchaus seine Flüchtigkeit sein. Für den Rausch selbst aber ist es ein schweres Schicksal, wenn er Sekunden, nachdem er noch unfassbare Glücksgefühle ausgelöst hat, bereits in die Bedeutungslosigkeit versinken muss. In gewisser Weise war die Saison unter Jørn Andersen ein Rausch: Nicht von überbordender Intensität, aber doch mit einer ungewöhnlichen Dichte an Höhepunkten – die allerdings an bereits erlebte lediglich heranreichen, sie nicht übertreffen, weshalb sie in der Erinnerung partout nicht richtig haften bleiben wollen. Am Ende musste Andersen denn auch konsequenterweise versinken.

Wer einen Mainzer fragt, wann, in welchem Moment, der Verein 2009 wieder in die Bundesliga aufgestiegen ist, wird in ratlose Augen blicken: Es ist schlicht unmöglich, diese Frage zu beantworten, weil die einzig richtige Antwort auch die einzig falsche ist. Diese Antwort lautet: Mit Abpfiff des letzten Spieltags, als Schiedsrichter Manuel Gräfe sich von einer Horde Ultras überrannt sieht und schnell das Spiel beendet. Mit 4:0 gewinnen die 05er gegen Rot-Weiß Oberhausen. Ein Punkt hätte auch gereicht – und genau darin liegt das Problem. Nach dem 2:0 in Fürth in der Vorwoche sind wir Zweiter, sieben Punkte vor Platz vier, drei vor dem Relegationsplatz, und müssen die Sache nur noch über einen Spieltag bringen. Formsache. Da soll keiner was von Arroganz sagen, zu Hause gegen Oberhausen, mit dieser Mannschaft, das Spiel kann man überhaupt nicht versemmeln. Das ist ausgeschlossen!

Zumal Srđan Baljak in der vierten Minute das 1:0 schießt. Das Ding noch verlieren? Nie im Leben. Zack, steht's 2:0. Wieder Baljak in der 17. Minute. So blöd kann man sich gar nicht mehr anstellen, dieses Ding doch noch herzugeben. Was machen wir jetzt also noch 73 Minuten? Pfeif einfach ab, Schiri. Das interessiert hier doch niemanden mehr. Selbst die allerletzten Schwarzseher sind in der 65. Minute überzeugt, als der Bansemann das 3:0 drauflegt – und vier Minuten danach das 4:0. Das Publikum wird ungeduldig. Das geht doch alles von unserer Feierzeit ab! Wir könnten schon längst irgendwo besoffen unterm Tisch liegen!

Denken sich auch die Ultras und halten es allen vernunftorientierten Bitten zum Trotz irgendwann nicht mehr aus. Die Nachspielzeit läuft noch lange nicht, da turnen schon die ersten von ihnen über den Zaun, bald ist kein Halten mehr. Immer mehr Leute klettern aus dem Block, beweisen aber doch ein Stück Restdisziplin: Die meisten bleiben hinter der Werbebande, ein paar stehen schon davor, aber das Spielfeld ist ziemlich lange tabu.

Trotzdem gibt es einige Fans, die damit nicht glücklich sind. Pfiffe sind zu hören im Stadion, gerichtet gegen die Voreiligen, die doch die paar Minuten auch noch hätten warten können. Irgendwann rennen die ersten los, eine Sekunde später pfeift Gräfe sicherheitshalber ab, sofort verschwindet der Schiri in der Menge.

Todesangst, um kurz die Brücke nach Düsseldorf 2012 zu schlagen, hat natürlich keiner, Gräfe nicht und die RWO-Spieler auch nicht. Die Meute will kein Blut, sie will feiern, dass sie im Jahr eins nach Jürgen Klopp den Sprung zurück in die 1. Liga geschafft hat – und dafür noch nicht einmal durch die Relegation muss.

Die Stimmung ist dennoch seltsam. Viele wissen nicht so recht, was sie mit dieser Situation anfangen sollen – vielleicht war das für Mainzer Verhältnisse schlicht nicht dramatisch genug. Jørn Andersen, der Norweger, der Hüne, der Aufsteiger, posiert auf dem Plexiglas-Spielertunnel, ihm jedenfalls ist der Rausch deutlich anzumerken, das Glück, der Stolz. Geht mir ein H – U – M – B – A! Singen wir also »Humba«, ein bisschen. Aristide Bancé und Chadli Amri spielen irgendwo mit einer algerischen Flagge, das eine oder andere Stück Rasen wird aus dem Boden gebohrt. Wir sind aufgestiegen. Und was machen wir jetzt mit dem angebrochenen Abend?

GRUND 106

Weil wir sogar 105 Punkte holen

Wenn eine Bundesligamannschaft die ersten sieben Saisonspiele gewinnt – und zwar *nur* die ersten sieben – dann wird Borussia Dortmund Meister. Das ist so, und das ist ein bisschen ärgerlich, denn wenn eine Mannschaft nach dem siebten auch noch das achte gewinnt – was bislang lediglich ein Mal gelungen ist, nämlich den Überfliegerbayern der Saison 2012/13 – holt sie die Schale einfach selbst. Schade eigentlich, dass uns das vorher niemand gesagt hat, dann hätten wir unser achtes einfach auch noch gewonnen!

Andy Brehme, man mag's nicht glauben, hat mit dem FCK mal sieben Auftaktsiege geholt, die Bayern selbst unter Rehhagel. Und 2010 auf einmal Mainz 05 mit Thomas Tuchel. 2:0 zum Auftakt gegen Stuttgart, das kann schon mal passieren. Danach 4:3 in Wolfsburg, das scheint normal, weil in diesen Spielen immer viele Tore fallen. Ist es aber diesmal nicht, denn Wolfsburg führt nach einer halben Stunde 3:0. Mainz 05 geht unter! Oder? 3:1 vor der Halbzeit. Morten Rasmussen, an den sich kein Mensch mehr erinnert, hat's geschossen. 3:2 gleich nach der Halbzeit – Soto. 3:3 nach einer Stunde – Schürrle. Tuchel will jetzt alles, stellt um auf Sieg. Bekommt ihn, weil der Wolfsburger Holzfuß Simon Kjær auf den ältesten Trick der Welt reinfällt, Szalai da blocken will, wo der überhaupt nicht ist, und so die Schussbahn aufmacht – 4:3 nach 0:3 auswärts, das gab's in der Bundesliga zuletzt 1991 (Bochum in Düsseldorf), das gab's für Mainz 05 zuletzt 1932 bei Mombach 03, wo unsere Buben in der ersten Hälfte – kein Witz – bergauf spielen mussten. Jungs, denken wir in Endlosschleife den ganzen Abend lang, ihr seid unglaublich!

2:1 nach Rückstand gegen den FCK, warum nicht? 2:0 in Bremen, Tabellenführer: Wir staunen. 2:0 gegen Köln, einerseits normal, andererseits sind 15 Punkte nach fünf Spielen eine Menge! Nun Bayern. Auswärts. Viertelstunde rum, Tor des Monats von

Sami Allagui mit der Hacke. Vor der Halbzeit baut Svensson einen Svensson, will den Ball zu Wetklo köpfen, ohne zu gucken, wo der überhaupt ist. Eigentor. 1:1, war's das jetzt? Nein, längst nicht, denn Mainz 05 presst weiterhin wie wahnsinnig, klemmt mit extremem Laufaufwand die Bayern komplett ab, erzwingt eine Million Pässe ins Seitenaus. Und krönt die taktische Meisterleistung mit dem Siegtor von Ádám Szalai: sechster Sieg im sechsten Spiel.

Der siebte Sieg im siebten folgt gegen Hoffenheim – 4:2. Bitte, danke. Und in den Schlussminuten, ehe Lewis Holtby und die B-Way Band mit der großen roten Papp-Eins, die die Ultras gebastelt haben, das Stadion rocken, hallt die schönste Steigerung von allen durch den Bruchweg: »Nie mehr 2. Liga, nie mehr, nie mehr, nie mehr!« – »Europapokal, Europapokal!« – »Wir steigen auf, auf, auf in die Champions-League!« Als Höhepunkt schließlich auf die schöne alte Guantanamera-Melodie: »Wir holen 102 Punkte, 102 Punkte!« Das ist wahre Größe!

Oder wahrer Größenwahn, je nachdem. Der ärgerlichen Heimniederlage gegen den HSV im Spiel Nummer acht folgt jedenfalls im neunten Saisonspiel der nächste Sieg, 1:0 in Leverkusen. Und am Ende sind es sogar 105 Punkte, drei mehr als gedacht – man muss bloß die 47 aus der vorangegangenen Saison mitzählen.

GRUND 107

Weil wir etwas Besseres können als Fallrückzieher

Der deutsche Michel, sofern er nicht Thurk heißt und am Wochenende beschäftigt ist, hatte früher sein Triumvirat: Sportschau, Tagesschau, Tatort. Ansprechen war verboten und wenn Waldi kläffte, musste sich jemand anders darum kümmern. Der Michel war beschäftigt mit Bier, Salzgebäck und Flimmerkiste. Die Errungenschaften des 21. Jahrhunderts haben das Michel-Idyll in

Feinripp und Gelsenkirchener Barock (zum Glück) zerrissen. Die Kommissare schleppen heute Seelenprobleme durch ihre Episoden und Waldi ist abgeschafft. Als letzte Konstante bleibt das Tor des Monats, traditionell ein Fallrückzieher.

Ein Fallrückziehertor eines Mainzers ist natürlich undenkbar, denn dazu bräuchte man erstens einen, der flanken kann, und zweitens jemanden, der danach in der Lage ist, einen Purzelbaum zu schlagen, ohne deshalb ausgewechselt werden zu müssen. Letzteren hatten wir zwar, er heißt Elkin Soto, kennt die Schwerkraft nur aus Erzählungen, tauchte aber nur einmal im Monat im Strafraum auf. Und Flanken – reden wir nicht drüber.

Reden wir lieber über Ludwig Scherhag, der im Oktober 1982 gegen den FSV Salmrohr einen Flugball von Markus Ott vom Sechzehnereck volley ins lange Eck gezimmert hat. Reden wir über unseren Torwart Stephan Kuhnert, der im Oktober 1989 gegen Borussia Neunkirchen einen Abschlag aus der Hand ins gegnerische Tor getreten hat – vor dem Strafraum ist der Ball aufgesprungen, in hohem Bogen unerreichbar unter die Latte: Platz zwei bei der Wahl zum Tor des Jahres, übertroffen nur von Klaus Augenthalers Tor des Jahrzehnts gegen Eintracht Frankfurt.

Reden wir über Thomas Ziemer, der im November 1994 gegen Fortuna Köln einen weiten Einwurf von Ansgar Brinkmann immerhin in Seitenlage volley genommen hat; so nah an einem Fallrückzieher waren Mainzer Spieler sonst selten. Und am unteren Bildrand reißt David Wagner mit seinem frisch gebrochenen Bein beide Krücken zum Jubel in die Luft, ohne umzufallen!

Reden wir über den Mainzer Michel, unseren Killermichel, der – na ja, Geschichte wiederholt sich. Flugball von Blaise Nkufo aus dem Wald hinter dem Saarbrücker Ludwigspark in Richtung Eckfahne, Volleyschuss von Thurk aus spitzem Winkel, Tor des Monats November 2001.

Und reden wir in aller Ausführlichkeit, denn die brauchen wir, über den Februar 2010. Fabian Lustenberger von Hertha BSC spielt am Mainzer Strafraum Radoslav Zabavník den Ball in die Füße. Der spielt nach außen zu Soto, der spielt wieder nach innen zu Eugen Polanski. Der lupft den Ball auf sich selbst, um sich der Zange zu entziehen, in die ihn Lustenberger und Christoph Janker im Mittelkreis nehmen wollen, treibt ihn weiter nach vorne, wird erst am Strafraum von Roman Hubník gestellt, abgedrängt, abgegrätscht. Nutzt aber nichts, denn am Strafraumeck lauert Ádám Szalai, nicht so richtig bedrängt von Arne Friedrich. Szalai hebt den Ball auf die andere Seite, wo Lewan Kobiaschwili Aristide Bancé aus den Augen verloren hat. Volleyschuss, langes Eck, siehe oben. Eher überraschend Tor des Monats, aber wir wollen nicht klagen. Nicht darüber jedenfalls.

Und reden wir außerdem noch über Sami Allagui, der den Bayern im September 2010 mit den Händen in den Hosentaschen, seinen Gedanken ganz woanders und mit der Hacke das 1:0 ins Netz gelegt hat. Und schimpfen darüber, dass auf das Sportschaupublikum, wenn es wirklich gebraucht wird, kein Verlass ist.

GRUND 108

Weil Schönheit Wahrheit ist …

… und Wahrheit Schönheit, Sir! Man kennt diese Momente, in denen die Welt kurz stehen bleibt und noch mal nachfragt: »Hast du das gesehen?« In Mainz hängen die eine Zeit lang meist mit Sami Allagui zusammen, der 2010 von der SpVgg Fürth zu den 05ern wechselt, nach einer großartigen ersten Saison irgendwie komisch wird – und ein Jahr später wieder in die 2. Liga verschwindet. Was jammerschade ist, weil es nichts Tolleres gibt in einer Fußballmannschaft, als einen zielorientierten Künstler. Allagui ist so einer und als solcher immer mal wieder für einen derartigen Moment gut.

Zehn Saisontore. Eine ganze Menge für einen Neuzugang aus der 2. Liga, der zwar ständig spielt, aber auch ständig ein- und ausgewechselt wird. Das zweite, mit der Hacke gegen die Bayern, wird im September 2010 Tor des Monats. Technisch fein ins lange Eck geschnickt, auf jeden Fall – aber: Das kann Sami besser.

Sein sechstes Saisontor gegen Nürnberg hätte den Titel eher verdient. Eckball für Nürnberg, locker gefangen von Christian Wetklo. Der vorne seinen Stürmer starten sieht. Langer Abwurf, der letzte Verteidiger fällt im Laufduell um, der Torwart kommt entgegen und Sami entscheidet sich für die anspruchsvolle, die schönere Variante, den perfekten Heber. Denn gegen die Laufrichtung schieben oder den Torwart umspielen und dabei den Ball verlieren, das kann ja jeder.

Unsterblichkeit erlangt Sami Allagui aber schon sechs Tage vorher – oder hätte er erlangen müssen, aber wie immer hat's keiner gemerkt. Auswärtsspiel in Gladbach. Ein schwieriges Spiel, 0:0 zur Halbzeit, dann geht Gladbach zweimal gegen den Ersatztorwart in Führung. Wetti hat sich früh verletzt, Martin Pieckenhagen, der älteste Neuzugang aller Zeiten, muss das regeln und entgeht erst mal haarscharf einem Platzverweis. André Schürrle gleicht aus, Allagui gleicht noch mal aus. Dann kommt die 88. Minute. In der ein Gladbacher Angriff auf der linken Abwehrseite der 05er hängen bleibt. Christian Fuchs einen unfassbaren Diagonalball über locker 50, 60 Meter nach vorne schickt. Der genau zwischen den Innenverteidigern runterfällt. Da ist Allagui.

Mit langem Bein schießt Sami den Ball senkrecht in die Luft, so dass der Torwart darunter durchrennt. Von den Verteidigern in die Zange genommen springt Allagui hinterher und erwischt den Ball mit der Stirn. Der Kopfball trifft die Gladbacher ins Herz. Nicht irgendwo halbhoch links rein, nein: Die Kugel schlägt genau ins große B in der Mitte der Borussia-Raute ein, die das Tornetz ziert. Ein Meisterwerk, das in seiner Entstehung, Plötzlichkeit, technischen Perfektion, seiner Symbolkraft und in seiner – jaha! – Poesie nicht noch herrlicher hätte sein können. Und das so was von zum Tor des Monats, des Jahres, ach was, der Ewigkeit erhöht worden wäre ... hätte nicht das Sportschau-Publikum einen (zugegeben auch nicht sooo schlechten) 30-Meter-Flatterball von Sidney Sam gegen den FCK vorgezogen. Barbaren.

GRUND 109

Weil wir keine Ahnung haben, was ein Gegentor ist

Wir haben uns ja schon gelegentlich gefragt, ob die Bundesliga eigentlich noch ganz dicht ist. Stuttgart kassiert in der Saison 2012/13 beim 1:6 gegen die Bayern sechs Tore in 20 Minuten, gegen Bremen und in Hannover trifft Heynckes' Mannschaft ebenfalls sechs Mal, gegen den HSV gewinnt Bayern 9:2. Dortmund schlägt Fürth 6:1, am gleichen Tag führt Bayerns B-Elf gegen Nürnberg nach einer halben Stunde 3:0. Schalke gegen Hannover endet 5:4, auf beiden Seiten sind die Verteidiger 90 Minuten lang auf der Flucht. Ja, spinnen die denn alle?

Wir treten in Dortmund mit einer veritablen Notelf an: Stefan Bell, Marcel Risse, Yunus Malli, Nikita Rukavytsya und Shawn Parker in der Startelf – teils unfertige, teils ewige Talente. Ohne Elkin Soto, ohne Ádám Szalai, ohne Nicolai Müller, ohne Jan Kirchhoff, ohne Eric Maxim Choupo-Moting und ohne Andy Ivanschitz, ohne so ziemlich alles also, was außerhalb der Abwehr Rang und Namen hat und Impulse geben kann. Nach 30 Sekunden steht's 1:0 für den BVB. Au fein. Kanterniederlage, ick hör dir trapsen!

Bloß dass der BVB volle 87 Minuten braucht, um das 2:0 zu schießen – und zwar zwischendrin nicht eine Torchance für unsere Buben zu verzeichnen ist (weil der Rukavytsya nicht mal den einfachsten Querpass auf Parker hinkriegt!) – aber jederzeit eine Zufallsszene, ein unberechtigter Elfmeter, ein idiotischer Rückpass hätte ausreichen können: Schwups, steht's 1:1. Hypothetisch, diesmal. Aber sei's drum, das hat auch schon geklappt.

Mainz 05, das zeichnet die Mannschaft aus, bricht einfach nicht zusammen auf dem Platz. 0:2 nach einer Viertelstunde gegen die Bayern? Häufiger erlebt und selbstverständlich drehen wir das nicht mehr, klar ist das Spiel in diesem Moment verloren. Am Ende aber eben nur 1:3 (bis wir uns diese Statistik 2019 selbst einreißen).

Die Leute hielten uns weiland gerne für übergeschnappt mit der Altherrenabwehr, fünf Mann inklusive Torwart, keiner unter 30. Wo doch der BVB hinten mit einem Altersschnitt von zehn Jahren jünger … Mit Wolfgang Frank wurde aber Tradition, dass bei Mainz sogar in Katastrophenjahren in der Regel weniger Gegentore in der Tabelle stehen als bei Mannschaften zehn Plätze weiter oben.

Beste Abwehr der Liga? In der 2. Liga mehr als einmal. In der Bundesliga? 2011 zweitbeste meilenweit hinter Dortmund, 2013 bis kurz vor Schluss beste, wenn man die Bayern übersieht, die ja bekanntlich in einer ganz eigenen Liga gespielt haben. Es mag sein, dass wir manchmal ein Langzeitgedächtnis brauchen, um uns an unser letztes Tor zu erinnern. Aber was ein Gegentor ist, wissen unsere alten und weniger alten Herren in der Abwehr und wir auf der Tribüne auch nicht.

GRUND 110

Weil wir an Orte kommen, die noch kein Sterblicher gesehen hat

Wir müssen ja gar nicht so tun, als sei ein Trainingslager interessant. Ist es nicht. Dreimal für die Zeitung an die Costa Ballena mitgefahren, an die andalusische Atlantikküste. Was den Vorteil hat, eine Woche dem kalten mitteleuropäischen Januar entfliehen zu können. Und den Nachteil, dass dort im spanischen Winter bis auf ein halb geöffnetes Golf- und Strandhotel, einen winzigen Supermarkt, ein Zeitungslädchen und einen Kleinwagen der Guardia Civil, der morgens von rechts nach links und abends wieder retour fährt, weit und breit nicht die geringste Spur menschlichen Lebens zu finden ist. Oder Lebens überhaupt, sofern man nicht drei Palmen, zwei Kakteen und die gelegentliche verwilderte Katze mitzählt. Morgens einmal Training, nachmittags noch mal Training. Als Höhepunkt der Testkick gegen den VfL Wolfsburg, am letzten Tag kann man vielleicht »Reise nach Cádiz« spielen, ein lustiges Gesellschaftsspiel, bei dem eine lange Autoschlange in andächtiger Prozession einmal im Uhrzeigersinn um die Halbinsel schleicht, keinen einzigen Parkplatz findet und sich vor den Toren der alten Stadt in die Tiefgarage verkriecht, denn wozu gibt's Stadtbusse?

Dreimal Trainingslager langt. Es sei denn, das vierte Mal ist in Barcelona. Auf dem alten Barça-Trainingsgelände. Einem buckligen Rasenplatz, eng mit Maschendraht eingezäunt, keine 30 Meter vom Camp Nou. Morgens steigen Pep Guardiola, Xavi Hernández, Carles Puyol und die anderen in den Bus – Abfahrt zum Pokalspiel. Die internationalen Touristen müssen draußen bleiben, außerhalb des Stadiongeländes. Die Mainzer Zaungäste haben sich am ersten Tag beim Portier angemeldet und werden ab dem zweiten Tag ohne großes Zeremoniell am Tor durchgewunken, halten den respektvollen Abstand von zwei geparkten Autos ein, fühlen sich aber mittendrin. Der kleine Eugen Gopko wird von irgendwelchen Franzosen für Messi gehalten.

Ein alter, weißhaariger Katalane taucht am Trainingsplatz auf, holt eine Handvoll Barça-Pins mit Strasssteinchen aus der Jackentasche und verteilt sie an das Mainzer Publikum. »Wer seid Ihr?«, fragt er in so etwas ähnlichem wie Englisch, »Manchester? Ach so, Mainz? Wo ist das, Mainz? Ah, Germany, Bundesliga! Kommt doch mal mit!« Zwanzig Schritte sind es zur Masía, dem alten Bauernhaus, dem Heiligtum der legendären Jugendabteilung des FC Barcelona. Wo uns ein eleganter Herr mit elegantem Anzug, eleganter Begleiterin und elegantem Handschlag begrüßt: »Journalists from Germany? Nice to meet you.« Auch für uns schön, ihm zu begegnen: Sandro Rosell, dem mächtigen Präsidenten des besten Vereins dieser Tage.

In einem Bilderrahmen sind alle Nachwuchsspieler der letzten Jahre in Briefmarkengröße versammelt. Der 18-jährige Puyol hatte damals schon keine Frisur, sondern nur Haare. Der kleine Andrés Iniesta, vielleicht 14 Jahre alt, hatte früher einen dichten Pelz auf dem Skalp. Und oben rechts, das ist doch Haruna Babangida, eben erst bei Mainz 05 gescheitert! Die Welt *ist* klein – derweil pfeffern draußen Marcel Risse und Eugen Polanski die Bälle in den Maschendrahtzaun, den einst schon Diego Maradona malträtiert hat.

GRUND 111

Weil jeder Moment mit diesem Verein irgendwie magisch ist

So viel ist sicher: 111 Gründe, Mainz 05 zu lieben, sind sehr schnell gefunden. Und in jeder neuen Saison steht da eine Mannschaft auf dem Platz, die uns Hunderte neuer Gründe liefert, um die Liebe zu unserem Verein weiter wachsen zu lassen, sitzt da ein Team auf der Bank, mit dem wir jubeln wollen. Wären wir noch Teenager, wir würden die Zeitungsfotos von Loris Karius, Daniel Brosinski, Jean-Philippe Mateta & Co. über unsere Betten pinnen! Mit jedem Tag, an dem man überlegt, was Mainz 05 ausmacht, was die eigene Beziehung zum Verein oder darüber nachdenkt, was sich hier in den letzten Jahren entwickelt hat, ploppen neue Erinnerungen an magische Momente ins Bewusstsein.

Es ist, als läge man in einer schaumgefüllten Badewanne und puste in die Bläschen – dabei entstehen immer weitere, kleine neue, die schillernd wachsen, schließlich warm und wohlig auf dem Wasser schwimmend platzen und Raum machen für neue, die unaufhörlich nachblubbern: Von Hölzchen auf Stöckchen, von einem Spieler auf den anderen, von einer Erinnerung zum nächsten Moment, der auf immer unvergessen bleiben wird.

Und wenn man nicht daheim in der Badewanne sitzt, sondern (um trotz der zunehmender Absurdität bei diesem Bild zu bleiben), mit guten Freunden im Whirlpool des nächsten Hallenbades, ist die Vermehrung der Erinnerungsbläschen erst recht nicht zu stoppen, kommen noch aus völlig unerwarteten Ecken neue hinzu; einige dieser Anekdoten untermalt unser Gedächtnis mit Bildern, andere bleiben dadurch besonders lebendig, dass man sie mit einer ganz speziellen Person geteilt hat. In manchen Dingen wird man sich miteinander einig, in anderen, wenn es zum Beispiel um bestimmte Spieler geht, fliegen die Bläschen, äh: Fetzen. Ein bisschen so, als blättre man gemeinsam in einem großen Familienalbum – was natürlich weder in der Badewanne noch im Whirlpool zu empfehlen ist.

Was die Autoren damit sagen wollen: Es ist nicht einfach, nach Tagen und Wochen, durchgeschriebenen Nächten, gemeinsamen Bürositzungen, lachendem Erinnern und erbitterten Gefechten einen letzten Punkt zu setzen hinter die Gründe, die wir gefunden haben dafür, den Verein unseres Herzens zu lieben, ausgerechnet und unumstößlich, heute und in Zukunft, in Freud und Leid. Es wird noch viel schwerer, wenn man zwei und sechs Jahre nach dem Erscheinen des Buches für Neuauflagen darin blättert, nur um dabei festzustellen, man könnte es direkt noch einmal schreiben, mit lauter neuen Gründen. Deshalb weigern wir uns auch einfach, diesen letzten Punkt zu setzen und sagen: Macht das doch selbst!

In diesem vorerst letzten Part unserer Liebeserklärung nennen wir keinen weiteren Grund, wir lassen vielmehr Raum für eure eigenen. Ob es dazu Fotos gibt oder nicht, die Seite am Ende vollgeschrieben ist oder bunt bemalt, sorgfältig gehütet oder herausgerissen und übers Bett gehängt wird, ist dabei jedem selbst überlassen. Ganz Verwegene können uns ihre Erinnerungen auch schicken – wir tüfteln derweil elf neue Gründe aus!

12. KAPITEL

DIE BONUS-GRÜNDE

GRUND 112

Weil wir kein Äffchen und kein Pferd haben, aber ein kunterbuntes Haus

Man sollte es zwar bei manch Wehklage über verbruzzelte oder halbgare Stadionwurst nicht glauben, aber tatsächlich kommt *Mainzer*in* nicht von meckern, sondern von machen. Eine Situation, die nicht optimal erscheint, greift man hier frontal und beidhändig an und ändert die Umstände so lange, bis sie passen. Ein perfektes Beispiel dafür ist das Fanhaus, das im August 2018 eröffnet wurde. Darin hat nicht nur das unabhängige Fanprojekt Mainz seine Büroräume, auch der Jugendtreff ist hierhin umgezogen. Als Herzstück gehört die Kneipe Kick'n Rush zum Ensemble des »Alten Rohrlagers«, das von den Stadtwerken angemietet wurde. Begonnen hat alles mit einer Ortsbegehung im September 2015, wobei das nur für den Standort gilt. Den Traum von einem Haus für alle Fans hegte Fanprojektleiter Thomas »Becki« Beckmann schon seit dem ersten Aufstieg ins Oberhaus 2004.

Für besagte Begehung opfert Becki seinen freien Sonntag, was mittlerweile legendär ist und ohne Umwege dazu führte, dass er und der Fanprojekt-Vorsitzende Markus Delnef sich Hals über Kopf verlieben, ins Rohrlager nämlich, als Standpunkt für das Fanhaus. Die Gespräche mit den Stadtwerken verlaufen positiv, ebenso wie jene mit Fanvertretern, die von Anfang an ins Boot geholt werden. Anfang 2016 steht die Planung für das Projekt, zu dem sich alle Beteiligten eindeutig bekennen. Der Komplex allerdings ist mit »sanierungsbedürftig« noch verniedlichend beschrieben und bevor er zum Zuhause für Fans aller Gruppierungen und jeden Alters werden kann, steht sehr viel Arbeit an. Die leisten neben größeren Firmen auch lokale Handwerksbetriebe, die sich dem Verein verbunden fühlen, vor allem aber die Fans, die Wochenende um Wochenende klopfen, schleppen und renovieren.

Und nicht nur das. Unter anderem, weil die Gebäude unter Denkmalschutz stehen, verteuern sich die Arbeiten. Als neue Geldquelle tut das Organisationsteam des Fanhauses um Nils Friedrich die Plattform CrowdFANding auf, über die Finanzierungen im Sport angeschoben werden. Im Projektzeitraum im Sommer 2017 kommen statt der angepeilten 100.000 Euro unfassbare 156.000 Euro zusammen und gut ein Jahr später erfüllt sich mit der Eröffnung des Fanhauses nicht nur Beckis persönlicher Traum. Das soll uns mal einer nachmachen!

GRUND 113

Weil wir sogar Sauerländer integrieren

Wer dieses Buch bis hierher gelesen hat, der weiß längst, die Entwicklung verlief bei Mainz 05 nicht immer geradlinig. Damit unterscheidet sich unser aller Herzensverein kein bisschen von den anderen in der Republik und darüber hinaus – ohne Chaostage geht es in der Regel nicht. Was aber, wenn man die nicht miterleben musste? Oder sie derart lange zurückliegen, dass man sich im angenehm molligen Status Quo wunderbar eingerichtet hat, fest davon überzeugt, es würde sich nie wieder etwas daran ändern?

So ging es vielen 05-Fans im Winter 2015/16. Mit Christian Heidel und Harald Strutz standen zwei Männer auf der Kommandobrücke, die diesen Verein zusammengezählt seit rund 50 Jahren führten, und nichts deutete darauf hin, dass sich daran in den folgenden 50 Jahren etwas ändern sollte. Bis sich plötzlich die Meldungen mehrten, Heidel habe Schalke 04 eine Zusage gemacht, gar bereits unterschrieben, und werde seine Heimat verlassen.

Anfangs konnte sich das so recht niemand vorstellen, noch viel länger wollten es die Fans, als die Gerüchte sich zu Fakten verdichteten, nicht glauben. Fastnacht 2016 kam und ging, zwei Tage nach

Aschermittwoch schlug Mainz 05 den FC Schalke 04 vor heimischem Publikum – und schließlich bestätigte der Mainzer Erfolgsmanager seinen nahenden Abgang.

Auf den heftigen Schockzustand folgte in typisch Mainzer Manier der Impuls, die Situation anzupacken, zu bewältigen, verbunden mit der natürlichen Erwartungshaltung, dass dabei derjenige helfen müsse, der sie auch eingebrockt hatte: der scheidende Heidel. Und in der Phase dieses Abschiednehmens zeigte sich Mainz von genau der Seite, die Menschen wie Christian Heidel und Harald Strutz als Verantwortliche lange Zeit geprägt haben. Hier hält man zusammen, bis zum allerletzten Tag. Klar, ganz ohne Reibung läuft es in einer solchen Situation nicht ab und so sind in der Rückschau beispielsweise Heidel und Strutz jeweils sehr überzeugt davon, den Nachfolge-Sportchef aus dem Hut gezaubert zu haben. Wer ihn letztlich ansprach, beantwortet Rouven Schröder im Zweifelsfall so geduldig wie willig.

Jener Schröder, Sauerländer, trickreich abgeworben von Werder Bremen, arbeitete in den letzten Wochen der Saison Tür an Tür mit seinem Amtsvorgänger Christian Heidel, ließ sich erklären, wie dieser Verein funktioniert, schüttelte Hände und sicherlich auch das eine oder andere Mal verwundert den Kopf. Er ließ sich anleiten und ließ sich – viel wichtiger – ein, er adaptierte den Mainzer Weg ohne Umleitungen in sein Handeln, brachte dazu eigene Ideen und Impulse mit und wurde in kürzester Zeit zu einer immens wichtigen Person des Vereins. Er wuppte, als es zwischenzeitlich erst richtig chaotisch wurde, weit mehr, als sein Vertrag ihm an Verantwortung zuwies, zog sich zufrieden aufs sportliche Geschäft zurück, als der Verein sich durchgeschüttelt und neu sortiert hatte. Er wildert gerne in den französischen Ligen und spricht noch immer so schnell, dass kein Simultanübersetzer hinterherkommt. Er wird regelmäßig um-, aber niemals abgeworben. Er ist längst ein echter 05er: zum Glück.

GRUND 114

Weil wir Fehler nicht nur machen, sondern auch korrigieren

Man kennt das: Jeden Tag hält man sich stundenlang in der eigenen Wohnung auf und alles wirkt soweit gesittet und in Ordnung. Bis zu diesem Tag, an dem man in der Speisekammer etwas bewegt, wovon man zuvor jahrelang die Finger gelassen hatte. Dahinter verbirgt sich, völlig unerwartet, eine Krümelei. Um die zu entfernen, bewegt man noch zwei, drei andere Dinge. Man hat dafür eigentlich keine Zeit und würde gerne alles wieder dahin zurückstellen, wo es war, ganz so, als sei nichts gewesen. Aber längst sieht man sich mit einem Chaos von epischem Ausmaß konfrontiert – und nun wackelt auch noch das Regalbrett, auf dem all die Dinge lange Zeit sicher standen, einfach nur, weil man einmal falsch gegriffen hat.

So ähnlich erging es in den Monaten nach dem Abgang von Christian Heidel unserem lieben Verein. Und das kam durchaus überraschend, denn so immens wichtig der Manager auch für dessen Geschicke gewesen war, gab es doch auch andere, die in Verantwortung standen. Und gerade, da sein Nachfolger sich so gut in die vorhandenen Strukturen fügte, sahen sämtliche Vereinsbeobachter eigentlich positiv in die nahe Zukunft.

Sagte ich: vorhandene Strukturen? Streicht das. Es stellte sich nämlich plötzlich heraus, diese so genannten vorhandenen Strukturen existierten überhaupt nicht. Es existierte ein System, das fast vollständig an Christian Heidel hing, der mit Harald Strutz und dem Vorstand zwar in der gemeinsamen Amtszeit unfassbar Grandioses für den Verein geleistet hatte, dabei aber vor lauter Verbindung und fest im Glauben daran, von Mainz aus in die Rente zu gehen, nicht für eine Zeit nach der eigenen Ära gesorgt hatte.

Entscheidungen? Wurden links getroffen und rechts abgenickt, weil man sich vertraute. Was für diese Zeit wunderbar gewesen sein mochte, aber nicht mehr funktionierte, nachdem im bisherigen System ein so wichtiges Teil fehlte. Strukturen? Hatte man immer mal etablieren wollen, aber ach, ist ja auch irgendwie eine langweilige Aufgabe, verschieben wir es halt. Ist prinzipiell sicher verständlich, gibt eben angenehmere Vorhaben, als einen Verein komplett zu reformieren, daran sind schon ganz andere gescheitert. Blöd ist nur, wenn plötzlich der Kopf fehlt und der Schwanz nicht mehr weiß, wann er wackeln und wann stillhalten soll.

Was soll's, packen es eben die Menschen an, die dem Verein niemals den Rücken zuwenden werden – die Fans. In Teilen angeleitet von einer Kommission, an wichtigen Punkten wie bei der Gründung einer Fanabteilung fabelhaft unterstützt von Altvorständlern um Harald Strutz und Peter Arens und nach dessen Wahl mit angeleitet vom ersten Aufsichtsrat des Vereins, führten die Fans die jahrzehntelang überraschend gut funktionierende Kommune 05 über in eine hochoffizielle Beziehungsstruktur. Sie verwählten sich dabei kurzzeitig, als es um das Amt des Vereinsvorsitzenden ging, inthronisieren schließlich mit Stefan Hofmann einen Mann, der zuvor elf Jahre die Geschicke des Nachwuchsleistungszentrums mit gelenkt hatte und ließen sich in all der Zeit von Störfeuern weder ablenken noch auseinanderbringen.

Grüße an die untergegangenen Traditionsvereine: So wird das in Mainz gemacht.

GRUND 115

Weil wir bis heute eingetragener Verein sind

»Verein«, das ist auch so ein Stichwort, mit dem man in Mainz die Fan-Augen zum Leuchten bringen kann. Und außerdem eines, das zeigt, wie eng die neuen Verantwortlichen und die Anhänger zusammenstehen. Es gibt ja im Fußball nicht mehr viele Clubs, die als eingetragene Vereine unterwegs sind und zudem mehren sich die Stimmen jener, die davon überzeugt sind, bei diesem Thema bewege man sich in Richtung Rechtsbruch.

Unsinn, weiß man in Mainz und blickt bedauernd auf jene Vereine, die sich von der mit viel Tamtam durchgeführten Ausgliederung ihrer Profiabteilung warme Geldsegen und eine ganz grundsätzliche Verbesserung ihrer Situation erhofft haben. Eingetreten ist in aller Regel das komplette Gegenteil und, ganz ehrlich, wir wollen weder tauschen noch nachziehen.

Zumindest, solang es in unserer eigenen Macht steht, das zu entscheiden. Und »Macht« ist bei dieser Thematik auch ein ganz entscheidendes Stichwort. Die liegt bei Mainz 05 nämlich nach wie vor da, wo sie hingehört, in den Händen der Mitglieder. Warum sollten wir daran freiwillig etwas ändern?

Ob wir es unfreiwillig müssen, das wird sich zeigen. Seit Herbst 2018 steht diese Bedrohung im Raum, als nämlich – bei der jährlichen Mitgliederversammlung – jenes Schreiben aus der Rechtspflege des Amtsgerichts Mainz öffentlich gemacht wurde, in dem der Verein aufgrund von Zweifeln an der Gemeinnützigkeit zu einer Änderung seiner Struktur gedrängt wird. Den 05ern drohe andernfalls die Löschung aus dem Vereinsregister, hieß es da.

Die Verantwortlichen positionierten sich darauf unmissverständlich. Aufsichtsratschef Detlev Höhne nannte die Aufforderung »einen unglaublichen Angriff auf die Selbstbestimmung des Vereins«, der kaufmännische Vorstand Jan Lehmann betonte, man fühle sich in dieser Sache »juristisch auf der sicheren Seite« und der Vereinsvorsitzende Stefan Hofmann erklärte ganz gelassen: »Es gibt für uns keinen Grund, die Profiabteilung auszugliedern.«

Die Reihen im Verein sind bei diesem Thema also fest geschlossen. Warten wir ab, wie es in der Angelegenheit weitergeht. Die Verantwortlichen in Gelsenkirchen und Freiburg dürften dasselbe tun.

GRUND 116

Weil wir auch bei Gegenwind Kurs halten

Ich behaupte, für jede*n von uns gab es im Leben den Punkt, an dem wir gemerkt haben: Wir können nicht alle Menschen um uns herum zufriedenstellen mit den Entscheidungen, die wir täglich treffen. Sprich, wie man's macht, für irgendwen macht man's eben immer verkehrt – und es gehört zum Prozess des Erwachsenwerdens, damit souverän umzugehen und sich irgendwann von den Gegenstimmen zum eigenen Lebensentwurf nicht mehr aus der Ruhe bringen zu lassen.

Das gilt analog für Menschen mit Verantwortung in gesellschaftlichen Positionen, wie jene in der Leitung unseres geliebten Vereins. Will heißen, es muss eine Richtung geben, auf die sich alle einigen, einen gemeinsamen Weg, der das Handeln im Sinne des Clubs prägt. Weil einen Weg zu gehen aber zugleich bedeutet, tausend andere eben *nicht* zu gehen, müssen sich die handelnden Personen darüber im Klaren sein: Es wird dabei immer auch Widerstand geben. Zwar gehört es zu den Aufgaben der Verantwortlichen, sich darum zu bemühen, das Umfeld für den eingeschlagenen Weg zu begeistern, aber das wird nicht in jedem Fall gelingen. Den eigenen Werten muss der Verein trotzdem treu bleiben, denn, siehe oben: Den einen Weg, der alle und jeden zufriedenstellt, gibt es schlicht nicht.

Der »Mainzer Weg« ist seit langer Zeit jener als Aus- und Weiterbildungsverein. Daran hat die herausragende Arbeit im Nachwuchsleistungszentrum, wir haben sie im Buch bereits beschrieben, einen ebenso wichtigen Anteil wie die Transferpolitik, bei der man auf junge Talente setzt, die hier im Verein entwickelt werden und den Durchbruch schaffen können, bevor sie zu einem größeren Club wechseln. So sind einst Talente wie André Schürrle, Suat Serdar oder Ridle Baku ihren Weg gegangen und tun es noch, das hat uns Ablösecoups wie Jhon Córdobas Wechsel nach Köln oder Abdou

Diallos zum BVB beschert und Kicker wie Jean-Philippe Gbamin, Aarón Martín oder Moussa Niakhaté nach Rheinhessen gebracht.

Werden diese Spieler bis zur Rente bei Mainz 05 bleiben? Nein, sie wecken in der Regel nach der ersten guten Saison Begehrlichkeiten und verlassen die 05er nach der zweiten Serie und mit einer Restvertragslaufzeit, die sensationelle Erlöse in die Vereinskasse spült. So ist der Deal – und das wissen beide Seiten. Nach dem ersten Jahr gehen die jungen Talente nur in absoluten Ausnahmefällen von Bord, nach dem zweiten werden sie nicht festgekettet und von diesem silent Agreement profitieren beide Seiten.

Es gibt Fans, die mit der 05-Philosophie nicht einverstanden sind, die sich wünschten, der Verein postuliere ambitioniertere Ziele, würde versuchen, im Konzert der größeren Clubs mitzuspielen und zu Beginn jeder Saison Europa ausrufen. Diese Anhänger müssen sich die Fragen gefallen lassen, ob sie sich bei der Wahl ihres Vereins vertan haben und ob sie sich gelegentlich mal damit auseinandersetzen, wie es in den vergangenen Jahrzehnten jenen Clubs ergangen ist, die den Mund zu voll genommen haben. Vermutlich nicht, denn sonst würden sie jeden Morgen mit einem glücklichen Strahlen darüber aufwachen, wie gut und nachhaltig bei 05 gearbeitet wird. Aber da geht es der Vereinsführung wie jedem von uns: Man kann es halt im Leben nicht allen Recht machen. Und deshalb sollte man es gar nicht erst versuchen, sondern sich einfach treu bleiben. Das gelingt in Mainz hervorragend.

GRUND 117

Weil Daniel Brosinski bei uns die Stimmung macht

Es gibt diese Spieler, die bei Fans lange Zeit unter dem Radar fliegen. Bis irgendwann auch die Letzten kapiert haben, wie wichtig sie für den Verein sind, winkt den entsprechenden Kickern schon fast die

Rente und die Verliebtheit trägt so in sich bereits eine Ahnung von Abschiedsschmerz. So ein Spieler ist Daniel Brosinski. Im Sommer 2014 von Fürth an den Rhein gewechselt, gehört er in der aktuellen Generation der 05er mit seinen Anfang 30 schon zum alten Eisen. Zwischendurch schien es gar, als könne der gebürtige Karlsruher seine beste Zeit in Mainz bereits hinter sich haben, bis er sich als derart variabler Spieler entpuppte, dass er plötzlich außer in Tor und Sturm auf quasi jeder Position der logische erste Ersatz- oder Wechselkandidat wurde. Noch entscheidender als seine spielerische Flexibilität ist aber die mentale Bereitschaft, immer genau das zu tun, was der Mannschaft am meisten nutzt – ganz unabhängig von eigenen Vorlieben oder Interessen.

Diese Bereitschaft hat Brosinski nicht zwangsläufig und unter Druck entwickelt, sondern, so scheint es, aus voller Überzeugung. Die zweimalige Vertragsverlängerung binnen kürzester Zeit bis aktuell 2020 war insofern nicht nur konsequent, sondern ein wichtiges Signal: Brosi steht für Mainz 05 und der Verein steht zu Brosi – und wäre blöd, ihn eben nicht zu binden.

Seine Rolle auf dem Platz füllt Daniel Brosinski längst nicht nur spielerisch aus, sondern mit seiner ganzen Persönlichkeit und Reife. Der Ärger über vergeigte Spieltage, diese absolute Bereitschaft, den Bock umzustoßen, der Wunsch, über sämtliche Grenzen zu gehen, um den so wichtigen Sieg einzufahren, die Leidenschaft für sein Team und unser aller Herzensverein, all das strömte Brosinski aus jeder Pore, wenn er auf dem Platz steht. Und weil weder einer alleine noch die Elf auf dem Platz ohne entsprechenden Rückenwind die Gegner mit purer Willenskraft aus dem Stadion fegen kann, wird Brosinski nicht müde, bei engen Partien die Fans zu animieren. Beispielhaft beobachten ließ sich das einst im Abstiegskampf der Saison 2016/2017 beim Heimspiel im April 2017 gegen die Berliner Hertha.

Zugegeben, auf der Hintertortribüne war der eine oder die andere erst fast erschrocken, als die Nummer 18 unterwegs zum Eckstoß plötzlich mit wild entschlossenem Gesichtsausdruck die Arme in die Luft riss und in Richtung Fans brüllte. Aber besser vom Hocker gefallen, als einfach nur sitzen geblieben – und bei seinem zweiten Antritt dieser Art sprangen die ersten Fans schon klatschend von den Sitzen, als Brosi sich nur in ihre Richtung wendete.

Besonders schön ließ sich der emotionale Funke, den er ins Publikum springen ließ, bei den Jüngsten im Stadion beobachten. Im Block F erleben regelmäßig Mitglieder des KidsClubs die Spiele, an jenem Wochenende waren 50 von ihnen da, um das Team zum Sieg zu schreien. Wann immer Brosinski sich dem Block näherte, hüpften die Dötze von ihren Sitzschalen, johlten und jubelten ihm zu. Und als ein Vater, der später zum Spiel eintraf, seinen Sohn fragte, wer denn der Spieler sei und wieso das Kind ihm winke, antwortete dieser strahlend: »Das ist der Daniel Brosinski. Der macht hier die Stimmung.« Und nicht nur das.

GRUND 118

Weil Elkin Soto immer ein 05er bleiben wird

Es gibt Feiertage, die stehen nicht im Kalender und einen solchen konnten sämtliche 05er im April 2016 begehen: Zum ersten Mal seit der schweren Verletzung, die er sich im Heimspiel gegen den Hamburger SV in der vorangegangenen Saison zugezogen hatte, trainierte Elkin Soto wieder mit der Mannschaft. Er sei, erklärte der Kolumbianer mit dem für ihn typischen zurückhaltenden Lächeln, an diesem so besonderen Morgen ein wenig aufgeregt gewesen beim Frühstück und habe schon am Vorabend mit seiner Frau über diesen Tag gesprochen.

Wieder mit den Jungs auf dem Platz zu sein, das fühle sich gut an. Sein größter Wunsch? In der Saison noch ein paar Minuten für Mainz 05 auflaufen zu können, in einem tatsächlichen Bundesligaspiel. Es war ein Wunsch, den viele Fans in und auch außerhalb von Mainz teilten: Selten hat unser Verein eine solch durchweg positive Aufmerksamkeit erfahren wie rund um Sotos fiese Verletzung. Der hatte nach jener Saison eigentlich die Rückkehr in die Heimat geplant, wo er seine Karriere ausklingen lassen wollte – stattdessen drohte ihm plötzlich das Karriereende. Mainz 05 verlängerte seinen Vertrag, um zu verhindern, dass der Spieler vor dem Nichts steht; eine alles andere als alltäglich Geschichte im Zirkus Profifußball.

All das sagt natürlich einiges aus über die Beziehung zwischen Verein und Spieler und über den so besonnenen, stets freundlichen und bescheidenen Menschen Elkin Soto. Aber wie sehr die Fußballnation an seinem Schicksal Anteil nahm, hing auch mit einer romantischen Sehnsucht nach Vereinsbekenntnis zusammen, die viele Fans verbindet. Soto gehört zu einer Generation Spieler, in der es immer mal einen gab, der den Mammutteil seiner Karriere bei einem Verein verbrachte – zu unserem großen Glück war es bei ihm Mainz 05.

Sein Aus im kolumbianischen Nationalteam war durchaus Medienthema über Mainz hinaus, wie uneitel und aufrichtig er danach während der Weltmeisterschaft 2014 in Brasilien den ehemaligen Teamkollegen die Daumen drückte, ließ sich auf Facebook beobachten, wo er sehr aktiv ist. Zu der absoluten Loyalität, die man von ihm bereits so angenehm gewohnt war, kam diese aufrichtige Freude an den Erfolgen seiner Nationalmannschaft, und das ganz ohne Bitterkeit, ohne nachtragend zu sein oder seine Verletztheit kapriziös vor sich her zu tragen. Dadurch hat er nie aufgehört, Teil des Teams zu sein, so wie er auch in Phasen, in denen er bei Mainz 05 selten eingesetzt wurde, nie aufhörte, Teil dieses Teams zu sein. Spielte er, so tat Soto das zu 100 Prozent im Dienste der Mannschaft und als eines Winters die Nachricht aufkam, er könne vielleicht vorzeitig zurückkehren in seine Heimat, bluteten viele Mainzer Herzen.

Soto aber blieb, weil das so seine Art ist, einen Vertrag einzuhalten, selbst, wenn man ihm die Möglichkeit gibt, ohne Widerstand gehen zu dürfen. Und dann die Verletzung, gefolgt von dem Vertragsangebot, das ausschließlich seiner Absicherung diente: Weil Soto dem Verein die Treue gehalten hat, hielt der ihm nun die Stange. Das sind die Geschichten, die in der zunehmenden Plastikwelt dieses Sports viel zu selten geschrieben werden und das ist die Dimension an dieser Verletzung, die aus ihr ein Medienthema gemacht hat: So pur, so ohne Inszenierung, so nah an der Grasnarbe vermissen wir Fußball häufiger, als dass wir ihn noch erleben dürfen. Das ist die Bedeutung dieser Geschichte außerhalb von Mainz.

Die Bedeutung von Soto in Mainz hingegen lässt sich kaum ermessen oder beschreiben. Es ist ein großes Glück, dass der Publikumsliebling so viele Jahre einer von uns geblieben ist. Elkins Lebewohl wäre auch ohne dieses so bewegende letzte Kapitel seiner Mainzer Zeit ein unfassbar emotionales geworden. Nun aber musste der Verein bei Sotos letztem Spiel die Rasenheizung einstellen, um die Tränen verdunsten zu lassen, die wir darüber vergossen, ihn ziehen zu lassen. Mit ihm geht ein Teil von Mainz 05 unwiederbringlich, der sich nie mehr zurückholend lässt, endet eine Zeit, die uns stark geprägt hat. Und deshalb sind wir bis heute überzeugt, das Stadion hat sich einen Meter abgesenkt an jenem Tag, weil unsere Herzen so schwer waren im Abschied. Niemals werden wir den kleinen Kolumbianer mit dem großen Charakter vergessen. Im Herzen gehört er für immer zu unserer 05-Familie.

GRUND 119

Weil Nikolče doch noch ein Abschiedsspiel bekam

Ein ganzes Kapitel haben wir Nikolče Noveski in diesem Buch gewidmet, als wir es im heißen Sommer 2013 gemeinsam geschrieben haben. Das war ganz schön gewagt, immerhin hatten wir damals noch eine lange Liste ehemaliger Spieler, denen wir gern zumindest einen Grund zugestanden hätten. Die Autorin beispielsweise beißt sich bis heute bei jeder Begegnung mit Christof Babatz auf die Zunge, weil sie vom Bedürfnis überwältigt wird, sich bei ihm dafür zu entschuldigen, seinen Platz in dieser Liste nicht gegen den Autor verteidigt zu haben. Aber so ist das nun mal, 111 Gründe sind für eine Vereinsliebe noch lange nicht genug und irgendwie muss man sich ja einigen, um sie in einem solchen Buch zu Papier zu bringen.

Aber wir waren bei Nikolče Noveski.

So ganz ist uns ja ehrlich gesagt bis heute nicht klargeworden, ob er aus übergroßer Liebe zu den 05ern so lange bei uns geblieben ist oder weil er einfach zu bequem war, sich mit einem Umzug zu beschäftigen. Als er im Mai 2015 am 33. Spieltag zum letzten Mal vor heimischem Publikum als Profi im Trikot der Mainzer auflief, schien es jedenfalls ein bisschen so, als hoffe er noch, es handle sich beim seinem Vertragsende um einen Irrtum und er würde auch in der nachfolgenden Saison wieder mit seinem Team auf dem Platz stehen. Wo er allerdings gegen Ende der Karriere schon nicht mehr allzu häufig gestanden hatte, oftmals sah der Kapitän die Spiele auch nur von der Bank.

Wieso es nach Noveskis Karriereende bis zum 2. September 2017 dauerte, das versprochene Abschiedsspiel auf die Beine zu stellen, darüber gehen die Aussagen auseinander. Die einen schimpfen hinter vorgehaltener Hand, es sei eine unwürdig lange Zeit gewesen, die anderen sagen, mit dem Mazedonier einen Termin zu finden, sei schwieriger, als in Rheinhessen eine Woche ohne Schoppen durchzuhalten. Wie dem auch sei, am Ende wurde das Versprechen in die Tat umgesetzt, und es war glorreich. Vor, wie in Mainz leider dieser Tage üblich, viel zu wenig Zuschauern, trat Jürgen Klopp auf der einen gegen Thomas Tuchel auf der anderen Seite an, wobei NiNo eine Halbzeit in jedem Team spielte. Umgeben war der ewige Kapitän dabei von allem, was in Mainz Legende wurde und Publikumsliebling war und das Spiel interessierte natürlich am Ende niemanden so wirklich. Wohl aber, wer sich alles aufgemacht hatte in die alte Fußball-Heimat, um Noveski zu verabschieden, die Jungs von früher mal wieder zu sehen, einander um den Hals zu fallen, die Atmosphäre im Stadion und die Liebe der Fans zu genießen.

GRUND 120

Weil unsere Enten oft süß und manchmal sauer sind

In der Auflistung von Unternehmensbereichen findet sich heutzutage in der Regel auch die Abkürzung CSR. Das steht abkürzender Weise für Corporate Social Responsibility und damit ist, vereinfacht gesagt, gemeint: Weil Firmen von der Gesellschaft profitieren, sollten sie an diese auch zurückgeben. Jetzt ist ein Verein strenggenommen kein Unternehmen – und ist es in gewissen Bereichen natürlich doch. Weshalb der Gedanke, etwas zurückzugeben an die Gesellschaft, auch im Profisport längst angekommen ist. Unter dem CSR-Dach bei Mainz 05 sind beispielsweise das 05er Klassenzimmer, der KidsClub, die Classics oder natürlich »Mainz 05 hilft« gebündelt. Das Engagement des Vereins endet da aber nicht, es führt vielmehr vom Bruchweg aus entlang der Universität in Richtung des Bretzenheimer Ortskerns direkt zu der »Entenarena«. Gemeinsam mit dem Amateurclub 1. FC Ente Bagdad und der Stiftung Juvente Mainz bildet der 1. FSV Mainz 05 hier das Bündnis »Willkommen im Fußball«.

In lokal variierender Zusammensetzung ermöglichen diese Bündnisse jungen Geflüchteten bis 27 Jahren einen niedrigschwelligen Zugang zum Sport und somit der gesellschaftlichen Teilhabe. Die oft von den Ereignissen der Flucht traumatisierten Jugendlichen erfahren auf dem Sportplatz Gemeinschaft, finden hier oft schneller einen Zugang zu der neuen Sprache, als in ihren jeweiligen Bildungseinrichtungen und unternehmen allerlei in der Gruppe. Auch bei Behördengängen, der Jobsuche oder als generelle

Ansprechpartner sind die Partner im Bündnis für die Jugendlichen da und so wichtiger Integrationsmotor für deren ganze Familie.

Das Motto der Enten ist dabei einfach, sie stellen sich entschlossen gegen jede ausgrenzende Strömung, mit der die Unverbesserlichen versuchen, das Zusammenleben auf dem Planeten zu vergiften, sei es Rassismus, Sexismus, Homophobie, Antisemitismus oder ähnlicher Unsinn mehr. Wer diesen Gedanken positiv mitträgt und unterstützt, sozusagen süß, ist den Enten in ihrer Arena jederzeit willkommen. Wer ihnen aber etwas erzählen möchte von ihrem vermeintlichen Gutmenschentum oder warum die Sache mit den Flüchtlingen so doch nicht weitergehen können und sie mit Vorurteilen oder Schubladendenken beleidigt, sollte lieber gleich wegbleiben. Sonst werden die Enten sauer, und das zurecht.

GRUND 121

Weil ein Aufstieg mit uns für immer unvergleichlich bleibt

»Das Team wieder ins Champions-League-Finale zu bringen, ob das der größte Moment meiner Karriere ist? Nein, nein, der größte Moment meiner Karriere war 2004, mit Mainz 05 aufzusteigen.« Jürgen Klopp hat das gesagt, nachdem er mit Liverpool zum zweiten Mal nacheinander das Finale der Champions League erreicht hatte. Und die ganze Welt wurde Zeuge, als er das vollkommen selbstverständlich und wie aus der Pistole verkündete. Kein Herz, das da in Mainz nicht einen seligen Schlag ausgesetzt hat. Und ja, wir haben es auch gehört, dass er anschließend laut überlegte, bei einem eventuellen Sieg müsse er darüber nochmal neu nachdenken. Aber wir haben seither nicht nochmal gefragt. Sicher ist sicher.

GRUND 122

Weil Sandro weiß: *all love is equal* und alle Rassisten sind Arschlöcher

Als im Januar 2014 mit Thomas Hitzlsperger der erste ehemalige Fußballprofi in Deutschland seine Homosexualität öffentlich machte, ging von dieser Nachricht die Hoffnung aus, dass es nicht bei einem ehemaligen Spieler bleiben würde. Vielleicht war tatsächlich der Zeitpunkt gekommen, um den unerklärlich verkrampften Umgang mit diesem Thema zu beenden. Und damit auch jene Schizophrenie, wonach bei Spielerinnen fast schon unterstellt wird, sie seien lesbisch, aber ein schwuler Kicker immer noch undenkbar scheint. Warum eigentlich?

Fünfeinhalb Jahre später hat sich bei diesem Thema wenig bis gar nichts bewegt. Während ausgerechnet im Amerika der Trump-Jahre Spielerinnen wie Megan Rapinoe ihre Sexualität nicht nur benennen, sondern offensiv feiern, ist eine vergleichbare Haltung bei den Kollegen nach wie vor undenkbar. Andererseits steht fest, dass sich bei diesem Thema nun mal nichts verändern wird, so lange man ängstlich darüber schweigt. Dieses Schweigen schadet allen – jenen Spielern, die sich verstecken müssen ebenso wie den Fans, die bequem bleiben dürfen im Schubladendenken, statt herausgefordert zu werden, auf dass sie Vorurteile ablegen und anerkennen, dass zwei Menschen, die einander lieben, immer etwas Wunderbares sind.

Weil der Fußball aber bei diesem Thema immer noch derart rückschrittlich ist, rieb sich der eine oder die andere überrascht die Augen, als bei der Mainzer Sommerschwüle 05-Trainer Sandro Schwarz aus dem Programmheft grüßte. Der Coach war neben Schirmherrin Simona Aurelia Meier, Winzermeisterin und erste trans* Weinprinzessin, Schirmherr des CSD 2019 in der Landeshauptstadt. Bemerkenswert daran ist vor allem die Selbstverständlichkeit, mit der Schwarz diese Rolle zum einen ausfüllte und mit der sie andererseits in Mainz angenommen wurde: Daraus wächst letztlich wiederum Hoffnung, dass der Tag tatsächlich kommen wird, von dem kettcar-Frontmann Marcus Wiebusch singt, wir würden alle unsere Gläser heben, auf »den Einen, der es schafft, den Mutigsten von allen«. Mehr noch darauf, es werde bald kein Mut mehr notwendig sein, um jede Liebe öffentlich zu zeigen. Der 05-Coach benennt diese so wichtigen Themen in seinem Grußwort klar: »Auch, wenn Respekt bei uns auf viele Arten gelebt wird, dürfen wir nicht die Augen davor verschließen, dass Rassismus, Sexismus und Homophobie leider noch immer in den Stadien präsent sind. Noch immer werden schwarze Spieler rassistisch beleidigt, noch immer ist in vielen Köpfen die blödsinnige These verankert, Frauen hätten keine Ahnung von Fußball, noch immer haben Homosexuelle Angst, ihre Liebe öffentlich zu leben, noch immer denken viele, dass *m* und *w* die einzigen akzeptablen Geschlechter sind und Transgender und Intersexualität keinen Platz in der Gesellschaft haben.«

Und Schwarz belässt es, Stichwort Rassismus, nicht bei Worten. Als bei einem Testspiel der Mainzer einige Fans des Gegners 05-Spieler rassistisch beleidigen, steigt der Trainer auf die Tribüne, um ihnen deutlich die Meinung zu geigen. Seine Botschaft ist klar, angekommen ist sie außerdem: In Mainz hat ausgrenzendes Gedankengut nichts verloren, weder im Stadion noch irgendwo sonst, und wer so denkt, fühlt und handelt, gehört nicht zu uns. Es ist eine absolute Wohltat, zumal in der aktuellen gesellschaftlichen Atmosphäre, die vielerorts gefährlich rückwärtsgewandt ist, unseren Sandro zum Coach zu haben. Einen, der eine klare Haltung hat und sich nicht scheut, sie zu benennen. Danke!

ANMERKUNGEN

1 Klaus Deckert, Rimini Piranhas: *Fröhliche Mainzer überall-* Songlyrics. Veröffentlicht auf: *Mainz 05 - Liebe meines Lebens* (Rimini Piranhas), 2004.

2 Max Herre, Philippe Kayser, Martin Welzer: *Leg dein Ohr auf die Schiene der Geschichte* - Songlyrics. Veröffentlicht auf: *Die Quadratur des Kreises* (Freundeskreis), Four Music 1997.

3 Heinz Schenk, Gerd Schmidt: *Olé Fiesta* - Songlyrics. Veröffentlicht auf: *Kings of Carneval* (Mainzer Hofsänger).

4 Charly Niessen, Franz Rüger: *Am Rosenmontag bin ich geboren* - Songlyrics. Veröffentlicht auf: *Am Rosenmontag bin ich geboren* (Margit Sponheimer), Ariola 1969.

5 Reinhard Rehberg/Christian Karn: *Karneval am Bruchweg. Die großen Jahre von Mainz 05.* Verlag Die Werkstatt, Göttingen 2008. Seite 111 f.

6 Carl Zuckmayer: *Des Teufels General: Drama in drei Akten.* Fischer Taschenbuch, Frankfurt 1995.

7 1. FSV Mainz 05 (Hrsg.): *50 Jahre 1. FSV Mainz 05. Festschrift zum 50-jährigen Jubiläum.* Mainz 1955.

8 Zahlen laut *Mainzer Anzeiger*, div. Jahrgänge der 1920er und 1930er.

9 1. FSV Mainz 05 (Hrsg.): *100 Jahre. Das Buch zum Jubiläum.* Mainz2005.

10 Marcel Lods war ein französischer Stadtplaner, der Mainz nach dem 2. Weltkrieg in eine »Planstadt« umwandeln wollte. Nachzulesen u. a. bei Franz Dumont, Ferdinand Scherf, Friedrich Schütz (Hrsg.): *Mainz. Die Geschichte der Stadt.* Verlag Philipp von Zabern, Mainz 1998.

11 Martin Mundo, Georg Zimmer-Emden: *Heile heile Gänsje* - Songlyrics. Veröffentlicht auf: *Heile heile Gänsje* (Ernst Neger), Telefunken 1967.

12 Toni Hämmerle: *Das Humbta Täterä* - Songlyrics. Veröffentlicht auf: *Ernst Neger singt Toni Hämmerle* (Ernst Neger), Baccarola.

13 1. FSV Mainz 05 (Hrsg.): *Der 05er, Saison 2007/2008*, Ausgabe #15.

14 Jörg Schneider: *Bei Aufstieg kimmt de 05-Zuch, Mainzer Rhein-Zeitung (MRZ)* vom 25. April 2002.

15 Peter H. Eisenhuth: *Per Gelenkbus geht's vom Zug zum Zug, MRZ* vom 04. Mai 2002.

16 Peter H. Eisenhuth: *Tägliche Arbeit an Führungsrolle, MRZ* vom 12. Februar 2005.

17 Christian Karn: *It's fun to stay at the FPMZ, Die TORToUR #27.*

18 TV-Pressekonferenz, 19. November 2011.

19 Rainer Mathes: *Im Schatten des Doms* - Songlyrics. Veröffentlicht auf: *SWR4 Schlager-Fastnacht* (Various Artists), Ariola 2003.

20 Michael-Herzog-Gedächtnissatz

21 Klaus Deckert, Rimini Piranhas: *Liebe meines Lebens* - Songlyrics. Veröffentlicht auf: *Auf die 12* (Various Artists), 2002.

22 Se Bummtschacks: *Wir sind nur ein Karnevalsverein* - Songlyrics. Veröffentlicht auf: *Karnevalsverein* (Se Bummtschacks), Maxi-Single, 2000.

23 Nick Hornby: *Fever Pitch.* Indigo (New Edition), London 1996.

24 Hermann Hesse: *Stufen. Ausgewählte Gedichte.* Insel Verlag (3. Auflage), Berlin/Frankfurt 2012.

25 Mara Braun: *Zwerge lieben Mainz 05, Die TORToUR #25.*

26 Mara Braun: *Einer verliert immer meistens, Die TORToUR #28.*

27 Leonard Cohen: *Who by Fire*, veröffentlicht auf: *New Skin for the old Ceremony* (Leonard Cohen), Columbia 1974.
28 Christian Karn: *Mainz 05 – Von Jahr zu Jahr.* Mainz 2008, S. 76.
29 *MRZ*, zitiert nach: Rehberg/Karn: *a. a. O.*, S. 34
30 Interview mit Volker Kersting und Bosiljko Jurkić: *Erst kommt der Mensch, dann der Fußballer, Die TORToUR #29.*
31 Rehberg/Karn: *a. a. O.*, S 284.
32 ebd., S. 286.
33 ebd.
34 ebd.
35 Carl Barks: *Wehe dem, der Schulden macht.* – coa.inducks.org/story.php?c=W+WDC+124-02 (abgerufen am 02. Juni 2013).
36 Interview mit Christian Heidel: *Und das wird der Nachfolger für den Andy, Die TORToUR #32.*
37 Karn: *a. a. O.*, S. 8.
38 Toni Brandel: *Icke – Zum Gedenken.* Zitiert aus: Karn: *Von Jahr zu Jahr*, S. 10.
39 Interview mit Peter Arens: *Zu 05 bin ich schon als Kind an der Hand meines Vaters gegangen, Die TORToUR #27.*
40 Rick Telander: *Monster of the Midway, Sports Illustrated*, 04. November 1985.
41 Interview mit Elkin Soto: *Immer auf Ballhöhe, Die TORToUR #32.*
42 Mara Braun: *Soto Unser, Die TORToUR #28*
43 Friedrich Torberg: *Auf den Tod eines Fußballspielers.* In: *Lebenslied. Gedichte aus 25 Jahren.* Langen/Müller 1958.
44 Jon Landau: *Growing young with Rock and Roll*, veröffentlicht in: *The Real Paper*, 22. Mai 1974.
45 Noel Gallagher: *Don't look back in Anger* – Songlyrics. Veröffentlicht auf: *(What's the Story) Morning Glory* (Oasis), Creation 1995.
46 Mara Braun/Christian Karn: *The Next Big Thing, Die TORToUR #25.*
47 Rehberg/Karn: *a. a. O.*, S. 126.
48 ebd., S. 189.
49 REI/SID/DPA: *Mainz-Kapitän Noveski: Der Eigentor-König der Bundesliga.* 18. Februar 2012 – www.spiegel.de/sport/fussball/mainz-kapitaen-noveski-der-eigentor-koenig-der-bundesliga-a-816148.html (abgerufen am 19. Juni 2013)
50 Jens Grützner: *Noveski macht Berater verrückt, MRZ* vom 26. Mai 2007.
51 ebd.
52 Mara Braun: *Liebe! Liebe! Liebe!, Die TORToUR #31.*
53 Christian Karn: *Pekos Ampel, Die TORToUR #23.*
54 Rehberg/Karn: *a. a. O.*, S. 102.
55 ebd., S. 119.
56 ebd., S. 115.
57 Manowar: *I believe* – Songlyrics. Veröffentlicht auf: *Dawn of Battle* (Manowar), Nuclear Blast 2002.
58 Rehberg/Karn: *a. a. O.*, S. 124.
59 ebd., S. 128.
60 ebd., S. 157.
61 ebd., S. 368.
62 Se Bummtschacks: *Wir alle sind Mainzer* – Songlyrics. Veröffentlicht auf: *Wir alle sind Mainzer* (Se Bummtschacks), Maxi-Fan-CD 2002.
63 Interview mit Elkin Soto: *Immer auf Ballhöhe, Die TORToUR #32.*

Anmerkung: Bei allen nicht gekennzeichneten Zitaten war mindestens einer der Autoren anwesend, als sie getätigt wurden.

BÜCHER UND MAGAZINE

- 1. FSV Mainz 05 (Hrsg.): *50 Jahre 1. FSV Mainz 05. Festschrift zum 50-jährigen Jubiläum.* Mainz 1955.
- 1. FSV Mainz 05 (Hrsg.): *100 Jahre. Das Buch zum Jubiläum.* Mainz 2005.
- Franz Dumont, Ferdinand Scherf, Friedrich Schütz (Hrsg.): *Mainz. Die Geschichte der Stadt.* Verlag Philipp von Zabern, Mainz 1998.
- Reinhard Rehberg/Christian Karn: *Karneval am Bruchweg. Die großen Jahre von Mainz 05.* Verlag Die Werkstatt, Göttingen 2008.
- Christian Karn: *Mainz 05 – Von Jahr zu Jahr.* Mainz 2008.
- *Die TORToUR*
- *Der 05er – Stadionzeitschrift*

WEITERE QUELLEN

- www.fsv05.de
- www.wikipedia.org
- www.youtube.de
- www.mainz05.de
- www.bruchweg.fussball-fans.de
- www.mainz-sued.net

Außerdem: diverse Ausgaben der Mainzer Rhein Zeitung und des Mainzer Anzeigers bzw. der Allgemeinen Zeitung Mainz

LINKTIPPS DER AUTOREN

- www.mainz05.de
- www.supporters-mainz.de
- www.facebook.com/SupportersMainz
- www.fanprojekt-mainz.de
- www.facebook.com/fanprojekt.mainz
- www.fanprojekt-freunde-mainz.de
- www.facebook.com/FreundeUnd FoerdererDesFanprojektMainzEv
- www.q-block.de
- www.crowdfanding.net
- www.facebook.com/crowdfanding
- www.facebook.com/fanhausmainz
- www.facebook.com/Aerztefanclub-Mainz05
- www.facebook.com/die.tortour
- www.kigges.net
- www.facebook.com/kigges
- www.meenzer-on-tour.de
- www.facebook.com/MeenzerOnTour
- www.twitter.de/meenzer_on_tour
- www.drahtlos.org/serendipity/
- www.rheinhessen-on-tour.de
- www.facebook.com/rheinhessen.on.tour
- www.ballesterer.at
- www.facebook.com/ballesterer.at
- www.ente-bagdad.de
- www.rimini-piranhas.de
- www.sebummtschacks.de
- www.facebook.com/SeBummtschacks
- www.f-in.org

VON HERZEN

Der gemeinsame Dank der Autoren gilt … Unserem wunderbaren Verein Mainz 05, ohne den es dieses Buch, aber auch viele unvergessliche Begegnungen mit tollen Menschen nicht geben würde. Martin Brinkmann für sein Vertrauen. Piers Harig für seine grandiose Idee. Unseren Gesprächspartnern für ihre klugen Gedanken. Clatra Sajak für die spontane, sensationelle Unterstützung. Dem fabelhaften Team der aktuellen Saison auf und neben dem Platz, das uns begeistert, uns jubeln und träumen lässt. (Das gilt für das Team zum Zeitpunkt der Erstauflage ebenso wie für das im Herbst 2015 und Sommer 2019 – und ganz sicher alle kommenden, in jeder neuen Saison.) Und natürlich allen ehemaligen und künftigen Redaktionen von *Die TORToUR* für ihre unfassbare Großartigkeit. Ihr seid die Besten. Alle.

Der Dank der Autorin gilt … Meinem Herzmann Alex: Ich liebe dich. Meinen Geschwistern Sabine, Jörg und Nina: Ohne euch wäre alles Mist. Meinen Nachwuchsherzen Sebi, Steffi, Kira, Jakob und Marie: Ihr bringt Sonne in jeden Tag. Meinen Weibern Prinzessin, Göschelle, MiriMiriMiri, Tessy und Nicole: Ihr gebt mir Flügel, wenn das Leben mich stolpern lässt. Meinen Jungs Nils, Jens und Thierry: Ihr gebt mir Bier, wenn auch die Flügel streiken. Meinen Knypis Oli, Conny, Sebastian und Eva. Dem FRÜF-Team, für generelle Großartigkeit. Meinen 120-Minuten-Kollegen. Den Menschen, die ich für meine Videokolumne getroffen und von denen ich so viel über den Verein gelernt habe. Sebastian Frank, für die Geschichte seines Vaters. Lutz Eberhard, für beste Komplizenschaft. Peter Arens, für sein großes Herz am rechten Fleck. Dem Team des ballesterer und des Zeitspiels sowie den Kollegen beim Freitag für wunderbare Zusammenarbeiten. Ich bin ein Glückskind. Danke.

DIE AUTOREN IM NETZ

Mara Pfeiffer:
www.wortpiratin.de
www.marapfeiffer.de
www.facebook.com/dieWortpiratin
www.twitter.com/Wortpiratin

Christian Karn:
www.fsv05.de
www.cka-mz.de

111 GRÜNDE:

FUSSBALL: 111 GRÜNDE, BAYERN MÜNCHEN ZU LIEBEN • 111 GRÜNDE, BAYER 04 LEVERKUSEN ZU LIEBEN • 111 GRÜNDE, SCHALKE 04 ZU LIEBEN • 111 GRÜNDE, MAINZ 05 ZU LIEBEN • 111 GRÜNDE, HERTHA BSC ZU LIEBEN • 111 GRÜNDE, EINTRACHT BRAUNSCHWEIG ZU LIEBEN • 111 GRÜNDE, DEN 1. FC KAISERSLAUTERN ZU LIEBEN • 111 GRÜNDE, FRAUENFUSSBALL ZU LIEBEN • 111 GRÜNDE, DIE PREMIER LEAGUE ZU LIEBEN • 111 GRÜNDE, DEN SV WEHEN WIESBADEN ZU LIEBEN • 111 GRÜNDE, MANCHESTER UNITED ZU LIEBEN • 111 GRÜNDE, DEN FC ARSENAL ZU LIEBEN • 111 GRÜNDE, DEN FC BARCELONA ZU LIEBEN • 111 GRÜNDE, DEN AC MAILAND ZU LIEBEN • 111 GRÜNDE, JUVENTUS TURIN ZU LIEBEN • 111 GRÜNDE, GALATASARAY ZU LIEBEN • 111 GRÜNDE, DEN FC AUGSBURG ZU LIEBEN • 111 GRÜNDE, DIE SPVGG GREUTHER FÜRTH ZU LIEBEN • 111 GRÜNDE, DEN VFL BOCHUM ZU LIEBEN • 111 GRÜNDE, DEN VFL WOLFSBURG ZU LIEBEN • 111 GRÜNDE, ARMINIA BIELEFELD ZU LIEBEN • 111 GRÜNDE, HANSA ROSTOCK ZU LIEBEN • 111 GRÜNDE, DYNAMO DRESDEN ZU LIEBEN • 111 GRÜNDE, DEN FC CARL ZEISS JENA ZU LIEBEN • 111 GRÜNDE, DEN SC PADERBORN ZU LIEBEN • 111 GRÜNDE, DEN KARLSRUHER SC ZU LIEBEN • 111 GRÜNDE, 1899 HOFFENHEIM ZU LIEBEN • 111 GRÜNDE, ALEMANNIA AACHEN ZU LIEBEN • 111 GRÜNDE, BAYERN-FAN ZU SEIN • 111 GRÜNDE, DEN FC BASEL 1893 ZU LIEBEN • 111 GRÜNDE, DEN FC INGOLSTADT 04 ZU LIEBEN • 111 GRÜNDE, DEN SK RAPID WIEN ZU LIEBEN • 111 GRÜNDE, DEN SV DARMSTADT 98 ZU LIEBEN • 111 GRÜNDE, PREUSSEN MÜNSTER ZU LIEBEN • 111 GRÜNDE, RB LEIPZIG ZU LIEBEN • 111 GRÜNDE, UNIONER ZU SEIN • 111 GRÜNDE, DIE NATIONALMANNSCHAFT ZU LIEBEN • 111 GRÜNDE, DIE SELEÇÃO BRASILEIRA ZU LIEBEN • 111 GRÜNDE, ROT-WEISS ESSEN ZU LIEBEN • 111 GRÜNDE, KICKERS OFFENBACH ZU LIEBEN • 111 GRÜNDE, ROT-WEISS ERFURT ZU LIEBEN • 111 GRÜNDE, BEŞIKTAŞ ZU LIEBEN • 111 GRÜNDE, DEN 1. FC SAARBRÜCKEN ZU LIEBEN • 111 GRÜNDE, DEN VFL OSNABRÜCK ZU LIEBEN • 111 GRÜNDE, ST.-PAULI-FAN ZU SEIN • 111 GRÜNDE, DIE MiLLi TAKIM ZU LIEBEN • 111 GRÜNDE, DEN FK AUSTRIA WIEN ZU LIEBEN • 111 GRÜNDE, ATLÉTICO MADRID ZU LIEBEN • 111 GRÜNDE, DEN VFL SPORTFREUNDE LOTTE ZU LIEBEN • 111 GRÜNDE, DEN SV WALDHOF MANNHEIM 07 ZU LIEBEN • 111 GRÜNDE, DEN FC 08 HOMBURG ZU LIEBEN • 111 GRÜNDE, DEN FC RED BULL SALZBURG ZU LIEBEN • 111 GRÜNDE, DEN SK STURM GRAZ ZU LIEBEN • 111 GRÜNDE, EINTRACHT FRANKFURT ZU LIEBEN • 111 GRÜNDE, DEN 1. FC NÜRNBERG ZU LIEBEN • 111 GRÜNDE, REAL MADRID ZU LIEBEN • 111 GRÜNDE, HOLSTEIN KIEL ZU LIEBEN • 111 GRÜNDE, DEN SSV JAHN REGENSBURG ZU LIEBEN • 111 GRÜNDE, DEN TSV 1860 MÜNCHEN ZU LIEBEN •

WWW.111-GRUENDE.DE

SONST NICHTS.

111 GRÜNDE, DEN FC LIVERPOOL ZU LIEBEN • 111 GRÜNDE, BENFICA LISSABON ZU LIEBEN • 111 GRÜNDE, BORUSSIA DORTMUND ZU LIEBEN • 111 GRÜNDE, BORUSSIA MÖNCHENGLADBACH ZU LIEBEN • 111 GRÜNDE, DEN VFB STUTTGART ZU LIEBEN • 111 GRÜNDE, WERDER BREMEN ZU LIEBEN • 111 GRÜNDE, HANNOVER 96 ZU LIEBEN • 111 GRÜNDE, DEN SC FREIBURG ZU LIEBEN • 111 GRÜNDE, DEN 1. FC KÖLN ZU LIEBEN • 111 GRÜNDE, FORTUNA DÜSSELDORF ZU LIEBEN • 111 GRÜNDE, DEN 1. FC UNION BERLIN ZU LIEBEN • 111 GRÜNDE, DEN 1. FC MAGDEBURG ZU LIEBEN • 111 GRÜNDE, DEN MSV DUISBURG ZU LIEBEN • 111 GRÜNDE, DEN FC ST. PAULI ZU LIEBEN • 111 GRÜNDE, DEN HAMBURGER SV ZU LIEBEN • 111 GRÜNDE, ENERGIE COTTBUS ZU LIEBEN • 111 GRÜNDE, DIE WÜRZBURGER KICKERS ZU LIEBEN • 111 GRÜNDE, DEN KFC UERDINGEN ZU LIEBEN • 111 GRÜNDE, BAYERN MÜNCHEN ZU HASSEN • **HANDBALL:** 111 GRÜNDE, HANDBALL ZU LIEBEN • 111 GRÜNDE, DIE SG FLENSBURG-HANDEWITT ZU LIEBEN • 111 GRÜNDE, DIE RHEIN-NECKAR LÖWEN ZU LIEBEN • **BASKETBALL:** 111 GRÜNDE, BASKETBALL ZU LIEBEN • 111 GRÜNDE, DIE FRAPORT SKYLINERS ZU LIEBEN • 111 GRÜNDE, ALBA BERLIN ZU LIEBEN • 111 GRÜNDE, FC BAYERN MÜNCHEN BASKETBALL ZU LIEBEN • 111 GRÜNDE, BROSE BAMBERG ZU LIEBEN • 111 GRÜNDE, MEDI BAYREUTH ZU LIEBEN • **EISHOCKEY:** 111 GRÜNDE, EISHOCKEY ZU LIEBEN • 111 GRÜNDE, DIE DÜSSELDORFER EG ZU LIEBEN • 111 GRÜNDE, DEN SC BERN ZU LIEBEN • 111 GRÜNDE, DEN EHC RED BULL MÜNCHEN ZU LIEBEN • 111 GRÜNDE, DIE ADLER MANNHEIM ZU LIEBEN • 111 GRÜNDE, DIE ICE TIGERS ZU LIEBEN • 111 GRÜNDE, DIE KÖLNER HAIE ZU LIEBEN • 111 GRÜNDE, DEN ERC INGOLSTADT ZU LIEBEN • 111 GRÜNDE, DIE EISBÄREN BERLIN ZU LIEBEN • 111 GRÜNDE, DIE VIENNA CAPITALS ZU LIEBEN • **SONSTIGER SPORT:** 111 GRÜNDE, BOXEN ZU LIEBEN • 111 GRÜNDE, BIATHLON ZU LIEBEN • 111 GRÜNDE, DIE FORMEL 1 ZU LIEBEN • 111 GRÜNDE, DAS RADFAHREN ZU LIEBEN • 111 GRÜNDE, TENNIS ZU LIEBEN • 111 GRÜNDE, MOTORRAD ZU FAHREN • 111 GRÜNDE, TISCHTENNIS ZU LIEBEN • 111 GRÜNDE, KLETTERN ZU GEHEN • 111 GRÜNDE, WRESTLING ZU LIEBEN • 111 GRÜNDE, SNOOKER ZU LIEBEN • 111 GRÜNDE, BODYBUILDING ZU LIEBEN • 111 GRÜNDE, DARTS ZU LIEBEN • 111 GRÜNDE, TRIATHLON ZU LIEBEN • 111 GRÜNDE, GOLF ZU LIEBEN • 111 GRÜNDE, DAS RUDERN ZU LIEBEN • 111 GRÜNDE, BASEBALL ZU LIEBEN • 111 GRÜNDE, DAS BOGENSCHIESSEN ZU LIEBEN • 111 GRÜNDE, DEN GALOPPRENNSPORT ZU LIEBEN • 111 GRÜNDE, AMERICAN FOOTBALL ZU LIEBEN • 111 GRÜNDE, HOCKEY ZU LIEBEN • 111 GRÜNDE, JUDO ZU LIEBEN • 111 GRÜNDE, CRICKET ZU LIEBEN • 111 GRÜNDE, RUGBY ZU LIEBEN • **FÜR JEDEN IST ETWAS DABEI.**

WWW.SCHWARZKOPF-SCHWARZKOPF.DE

111 GRÜNDE:

REISE INTERNATIONAL: 111 GRÜNDE, GEORGIEN ZU LIEBEN • 111 GRÜNDE, DIE SCHWEIZ ZU LIEBEN • 111 GRÜNDE, ALBANIEN ZU LIEBEN • 111 GRÜNDE, CHINA ZU LIEBEN • 111 GRÜNDE, BULGARIEN ZU LIEBEN • 111 GRÜNDE, COSTA RICA ZU LIEBEN • 111 GRÜNDE, DIE SLOWAKEI ZU LIEBEN • 111 GRÜNDE, SINGAPUR ZU LIEBEN • 111 GRÜNDE, TSCHECHIEN ZU LIEBEN • 111 GRÜNDE, ARMENIEN ZU LIEBEN • 111 GRÜNDE, DUBLIN ZU LIEBEN • 111 GRÜNDE, ÄGYPTEN ZU LIEBEN • 111 GRÜNDE, DIE NIEDERLANDE ZU LIEBEN • 111 GRÜNDE, DIE UKRAINE ZU LIEBEN • 111 GRÜNDE, ARGENTINIEN ZU LIEBEN • 111 GRÜNDE, DIE TÜRKEI ZU LIEBEN • 111 GRÜNDE, SÜDAFRIKA ZU LIEBEN • 111 GRÜNDE, LONDON ZU LIEBEN • 111 GRÜNDE, NEW YORK ZU LIEBEN • 111 GRÜNDE, MALLORCA ZU LIEBEN • 111 GRÜNDE, DÄNEMARK ZU LIEBEN • 111 GRÜNDE, SCHWEDEN ZU LIEBEN • 111 GRÜNDE, FINNLAND ZU LIEBEN • 111 GRÜNDE, IRLAND ZU LIEBEN • 111 GRÜNDE, ISLAND ZU LIEBEN • 111 GRÜNDE, SCHOTTLAND ZU LIEBEN • 111 GRÜNDE, POLEN ZU LIEBEN • 111 GRÜNDE, PORTUGAL ZU LIEBEN • 111 GRÜNDE, AUSTRALIEN ZU LIEBEN • 111 GRÜNDE, NEUSEELAND ZU LIEBEN • 111 GRÜNDE, INDIEN ZU LIEBEN • 111 GRÜNDE, KUBA ZU LIEBEN • 111 GRÜNDE, RUSSLAND ZU LIEBEN • 111 GRÜNDE, FRANKREICH ZU LIEBEN • 111 GRÜNDE, ROM ZU LIEBEN • 111 GRÜNDE, ENGLAND ZU LIEBEN • 111 GRÜNDE, BRASILIEN ZU LIEBEN • 111 GRÜNDE, JAPAN ZU LIEBEN • 111 GRÜNDE, WALES ZU LIEBEN • 111 GRÜNDE, KANADA ZU LIEBEN • 111 GRÜNDE, ITALIEN ZU LIEBEN • 111 GRÜNDE, NORWEGEN ZU LIEBEN • **REISE DEUTSCHLAND:** 111 GRÜNDE, DEN RUHRPOTT ZU LIEBEN • 111 GRÜNDE, DIE NORDSEE ZU LIEBEN • 111 GRÜNDE, KÖLN ZU LIEBEN • 111 GRÜNDE, DAS RHEINLAND ZU LIEBEN • 111 GRÜNDE, THÜRINGEN ZU LIEBEN • 111 GRÜNDE, FRANKEN ZU LIEBEN • 111 GRÜNDE, BADEN ZU LIEBEN • 111 GRÜNDE, BAYERN ZU LIEBEN • 111 GRÜNDE, SACHSEN ZU LIEBEN • 111 GRÜNDE, HAMBURG ZU LIEBEN • 111 GRÜNDE, DIE PFALZ ZU LIEBEN • 111 GRÜNDE, SYLT ZU LIEBEN • 111 GRÜNDE, SCHWABEN ZU LIEBEN • **MUSIK:** 111 GRÜNDE, HIPHOP ZU LIEBEN • 111 GRÜNDE, HEAVY METAL ZU LIEBEN • 111 GRÜNDE, KLASSISCHE MUSIK ZU LIEBEN • 111 GRÜNDE, JAZZ ZU LIEBEN • **EROTIK:** 111 GRÜNDE, SM ZU LIEBEN • 111 GRÜNDE, OFFEN ZU LIEBEN • **HOBBY & FREIZEIT:** 111 GRÜNDE, SELBST ZU KOCHEN • 111 GRÜNDE, POKER ZU LIEBEN • 111 GRÜNDE, SCHACH ZU LIEBEN • 111 GRÜNDE, BÜCHER ZU LIEBEN • 111 GRÜNDE, DAS BÖSE ZU LIEBEN • 111 GRÜNDE, COMPUTERSPIELE ZU LIEBEN • 111 GRÜNDE, DIE EISENBAHN

WWW.111-GRUENDE.DE

SONST NICHTS.

ZU LIEBEN • 111 GRÜNDE, UM DIE WELT ZU REISEN • 111 GRÜNDE, KRIMIS ZU LIEBEN • 111 GRÜNDE, ROLLENSPIEL ZU LIEBEN • 111 GRÜNDE, ANGELN ZU GEHEN • 111 GRÜNDE, SEGELN ZU GEHEN • 111 GRÜNDE, DAS FLIEGEN ZU LIEBEN • 111 GRÜNDE, WANDERN ZU GEHEN • 111 GRÜNDE, PILGERN ZU GEHEN • 111 GRÜNDE, PADDELN ZU GEHEN • 111 GRÜNDE, SURFEN ZU GEHEN • 111 GRÜNDE, MANGA ZU LIEBEN • 111 GRÜNDE ZU TANZEN • 111 GRÜNDE, TAUCHEN ZU GEHEN • 111 GRÜNDE, YOGA ZU LIEBEN • **HASSEN:** 111 GRÜNDE, ANWÄLTE ZU HASSEN • 111 GRÜNDE, BERLIN ZU HASSEN • 111 GRÜNDE, SEINEN CHEF ZU HASSEN • 111 GRÜNDE, SEINE KOLLEGEN ZU HASSEN • 111 GRÜNDE, SEINEN VERMIETER ZU HASSEN • 111 GRÜNDE, HAMBURG ZU HASSEN • 111 GRÜNDE, MÜNCHEN ZU HASSEN • 111 GRÜNDE, SEINE MITARBEITER ZU HASSEN • 111 GRÜNDE, NACHBARN ZU HASSEN • 111 GRÜNDE, HIPSTER ZU HASSEN • 111 GRÜNDE, KÖLN ZU HASSEN • 111 GRÜNDE, WIEN ZU HASSEN • **SONSTIGE:** 111 GRÜNDE, BIER ZU LIEBEN • 111 GRÜNDE, VEGETARIER ZU SEIN • 111 GRÜNDE, APPLE ZU LIEBEN • 111 GRÜNDE, LEHRER ZU SEIN • WEITERE 111 GRÜNDE, LEHRER ZU SEIN • 111 GRÜNDE, IHR KIND AUF DEN MOND ZU SCHIESSEN (UND NOCH MEHR, ES NICHT ZU TUN) • 111 GRÜNDE, SICH AUF DIE RENTE ZU FREUEN • 111 GRÜNDE, AN DIE GROSSE LIEBE ZU GLAUBEN • 111 GRÜNDE, AUFS LAND ZU ZIEHEN • 111 GRÜNDE, ARZT ZU SEIN • 111 GRÜNDE, EIN HAUS ZU BAUEN • 111 GRÜNDE, DEN WALD ZU LIEBEN • 112 GRÜNDE, DIE FEUERWEHR ZU LIEBEN • 112 GRÜNDE, FEUERWEHRMANN ZU SEIN • 110 GRÜNDE, POLIZIST ZU SEIN • IMMER DIESE SENIOREN! 111 GRÜNDE, WARUM SIE UNS IN DEN WAHNSINN TREIBEN • 111 GRÜNDE, KEIN ARZT ZU SEIN • **HOW TO SURVIVE:** HOW TO SURVIVE DEN TOD • HOW TO SURVIVE KINDER • HOW TO SURVIVE MIT GESCHWISTERN • HOW TO SURVIVE ALS SINGLE • HOW TO SURVIVE ALS STIEFMUTTER • HOW TO SURVIVE SCHULE • HOW TO SURVIVE SCHEIDUNG • HOW TO SURVIVE ALS FRAU AB 40 • HOW TO SURVIVE UNTER MÜTTERN • HOW TO SURVIVE BÜRO • HOW TO SURVIVE IM RUHESTAND • HOW TO SURVIVE OHNE FUSSBALL • HOW TO SURVIVE KREISLIGA • NICHT AUF LAGER! • HOW TO SURVIVE ELTERNABEND • HOW TO SURVIVE AUF DEM DORF • HOW TO SURVIVE MOBBING • HOW TO SURVIVE MIT TEENAGER • HOW TO SURVIVE ALS EINZELKIND • HOW TO SURVIVE UNTER BESSERWISSERN • HOW TO SURVIVE SCHEISSJOBS • HOW TO SURVIVE ALS ALLEINERZIEHENDE • HOW TO SURVIVE ALS RADFAHRER • HOW TO SURVIVE NERVIGE ELTERN • **FÜR JEDEN IST ETWAS DABEI.**

WWW.SCHWARZKOPF-SCHWARZKOPF.DE

DIE AUTOREN

Mara Pfeiffer beschäftigt sich unter anderem in der *Allgemeinen Zeitung Mainz* und im *SWR Flutlicht* mit Mainz 05. Die »Wortpiratin« schreibt für die Magazine *Zeitspiel* und *ballesterer* sowie die Wochenzeitung *der Freitag* über Fußball, gehört zur Redaktion von *120minuten – Fußball, anders erzählt* und der Crew von *FRÜF – Frauen reden über Fußball.* Ihr Zauberneffe ist inzwischen 13 und seine Liebe für Mainz 05 ungebrochen. Pfeiffer lebt mit ihrer Familie (#sechsFüßeachtPfoten) in Wiesbaden.

Christian Karn war noch nie länger als drei Wochen am Stück außerhalb des Mainzer Rings, dafür sein halbes Leben lang bei jedem 05-Heimspiel dabei. Der Sporthistoriker, der die 05er lange auch journalistisch begleitete, ist Medienbeauftragter bei den Mainz Athletics, Hüter des 05-Vereinsarchives und schreibt das gelegentliche Fußballbuch. Karn lebt in der Mainzer Altstadt.

Mara Pfeiffer & Christian Karn
111 GRÜNDE, MAINZ 05 ZU LIEBEN
Eine Liebeserklärung an den großartigsten Fußballverein der Welt
Erweiterte Neuausgabe mit 11 Bonusgründen
ISBN 978-3-86265-818-3

ZWÖLFTER MANN – Das Programm für Fußballfans von Schwarzkopf & Schwarzkopf. © Schwarzkopf & Schwarzkopf Verlag GmbH, Berlin 2013, 2015, 2019. Dritte Auflage und erste Auflage der erweiterten Neuausgabe mit 11 Bonusgründen, Dezember 2019. Alle Rechte vorbehalten. Dieses Werk ist urheberrechtlich geschützt. Jede Verwendung, die über den Rahmen des Zitatrechtes bei korrekter und vollständiger Quellenangabe hinausgeht, ist honorarpflichtig und bedarf der schriftlichen Genehmigung des Verlages. Illustrationen im Innenteil: © Christos Georghiou/www.shutterstock.com

KATALOG
Wir senden Ihnen gern kostenlos unseren Katalog.
Schwarzkopf & Schwarzkopf Verlag GmbH
Kastanienallee 32, 10435 Berlin

INTERNET | E-MAIL
www.schwarzkopf-schwarzkopf.de
info@schwarzkopf-schwarzkopf.de